# हजारीप्रसाद द्विवेदी

**बचपन का नाम :** बैजनाथ द्विवेदी

**जन्म :** श्रावणशुक्ल एकादशी संवत् 1964 (1907 ई.)

**जन्मस्थान :** आरत दुबे का छपरा, ओझवलिया, बलिया (उत्तर प्रदेश)

**शिक्षा :** संस्कृत महाविद्यालय, काशी में। 1929 ई. में संस्कृत साहित्य में शास्त्री और 1930 में ज्योतिष विषय लेकर शास्त्राचार्य की उपाधि।

**गतिविधियाँ :** 8 नवम्बर, 1930 को हिन्दी शिक्षक के रूप में शान्तिनिकेतन में कार्यारम्भ; वहीं 1930 से 1950 तक अध्यापन; सन् 1950 में काशी हिन्दू विश्वविद्यालय में हिन्दी प्राध्यापक और हिन्दी विभागाध्यक्ष; सन् 1960-67 में पंजाब विश्वविद्यालय चण्डीगढ़ में हिन्दी प्राध्यापक और विभागाध्यक्ष; 1967 के बाद पुनः काशी हिन्दू विश्वविद्यालय में; कुछ दिनों तक रेक्टर पद पर भी।

हिन्दी भवन, विश्वभारती के संचालक 1945-50; 'विश्व-भारती' विश्वविद्यालय की एक्जीक्यूटिव काउन्सिल के सदस्य 1950-53; काशी नागरी प्रचारिणी सभा के अध्यक्ष 1952-53 साहित्य अकादमी, दिल्ली की साधारण सभा और प्रबन्ध-समिति के सदस्य; राजभाषा आयोग के राष्ट्रपति मनोनीत सदस्य 1955 ई.; जीवन के अन्तिम दिनों में उत्तर प्रदेश हिन्दी संस्थान के उपाध्यक्ष रहे। नागरी प्रचारिणी सभा, काशी के हस्तलेखों की खोज (1952) तथा साहित्य अकादमी से प्रकाशित नेशनल बिब्लियोग्राफी (1954) के निरीक्षक।

**सम्मान :** लखनऊ विश्वविद्यालय से सम्मानार्थ डॉक्टर ऑफ लिटरेचर उपाधि (1949), पद्मभूषण (1957), पश्चिम बंग साहित्य अकादमी का टैगोर पुरस्कार तथा केन्द्रीय साहित्य अकादमी पुरस्कार (1973)।

**निधन :** 19 मई, 1979

हजारीप्रसाद द्विवेदी

# कुटज

## एवं अन्य निबन्ध

लोकभारती पेपरबैक्स

**वर्तमान पेपरबैक संस्करण :** 2023



**लोकभारती पेपरबैक्स :** उत्कृष्ट साहित्य के लोकप्रिय संस्करण

**लोकभारती प्रकाशन**
पहली मंजिल, दरबारी बिल्डिंग, महात्मा गाँधी मार्ग,
प्रयागराज-211 001

वेबसाइट : www.lokbhartiprakashan.com
ईमेल : info@lokbhartiprakashan.com
**शाखाएँ :** 1-बी, नेताजी सुभाष मार्ग, दरियागंज, नई दिल्ली-110 002
अशोक राजपथ, साइंस कॉलेज के सामने, पटना-800 006 (बिहार)
36-ए, शेक्सपियर सरणी, कोलकाता-700 017

**जे.के. आर्ट प्रेस**
प्रयागराज द्वारा मुद्रित

**मूल्य :** ₹ 110

KUTAJ
by Hazariprasad Dwivedi

ISBN : 978-81-8031-901-3

हजारीप्रसाद द्विवेदी

# कुटज

## एवं अन्य निबन्ध

लोकभारती पेपरबैक्स

**वर्तमान पेपरबैक संस्करण :** 2023



**लोकभारती पेपरबैक्स :** उत्कृष्ट साहित्य के लोकप्रिय संस्करण

**लोकभारती प्रकाशन**
पहली मंजिल, दरबारी बिल्डिंग, महात्मा गाँधी मार्ग,
प्रयागराज-211 001

वेबसाइट : www.lokbhartiprakashan.com
ईमेल : info@lokbhartiprakashan.com
**शाखाएँ :** 1-बी, नेताजी सुभाष मार्ग, दरियागंज, नई दिल्ली-110 002
अशोक राजपथ, साइंस कॉलेज के सामने, पटना-800 006 (बिहार)
36-ए, शेक्सपियर सरणी, कोलकाता-700 017

**जे.के. आर्ट प्रेस**
प्रयागराज द्वारा मुद्रित

**मूल्य :** ₹ 110

KUTAJ
by Hazariprasad Dwivedi

ISBN : 978-81-8031-901-3

# शीर्षक-सूची

# कुटज

कहते हैं, पर्वत शोभा-निकेतन होते हैं। फिर हिमालय का तो कहना ही क्या! पूर्व और अपर समुद्र—महोदधि और रत्नाकर—दोनों को दोनों भुजाओं से थाहता हुआ हिमालय 'पृथ्वी का मानदण्ड' कहा जाय तो गलत क्या है? कालिदास ने ऐसा ही कहा था। इसी के पाद-देश में यह जो श्रृंखला दूर तक लोटी हुई है, लोग इसे 'शिवालक' श्रृंखला कहते हैं। 'शिवालिक' का क्या अर्थ है, 'शिवालक' या शिव के जटाजूट का निचला हिस्सा तो नहीं है? लगता तो ऐसा ही है। 'सपाद-लक्ष' या सवा लाख की मालगुजारी वाला इलाका तो वह लगता नहीं। शिव की लटियाई जटा ही इतनी सूखी, नीरस और कठोर हो सकती है। वैसे, अलकनंदा का स्रोत यहाँ से काफी दूर पर है, लेकिन शिव का अलक तो दूर-दूर तक छितराया ही रहता होगा। सम्पूर्ण हिमालय को देखकर ही किसी के मन में समाधिस्थ महादेव की मूर्ति स्पष्ट हुई होगी। उसी समाधिस्थ महादेव के अलकजाल के निचले हिस्से का प्रतिनिधित्व यह गिरि-श्रृंखला कर रही होगी। कहीं-कहीं अज्ञात-नाम-गोत्र झाड़-झंखाड़ और बेहया-से पेड़ दिख अवश्य जाते हैं, पर कोई हरियाली नहीं। दूब तक सूख गई है। काली-काली चट्टानें और बीच-बीच में शुष्कता की अंतर्निरुद्ध सत्ता का इजहार करने वाली रक्ताभ रेती! रस कहाँ है? ये जो ठिगने-से लेकिन शानदार दरख्त गर्मी की भयंकर मार खा-खाकर और भूख-प्यास की निरन्तर चोट सह-सहकर भी जी रहे हैं, इन्हें क्या कहूँ? सिर्फ जी ही नहीं रहे हैं, हँस भी रहे हैं। बेहया हैं, क्या? या मस्तमौला हैं? कभी-कभी जो लोग ऊपर से बेहया दिखते हैं, उनकी जड़ें काफी गहरे पैठी रहती हैं। ये भी पाषाण की छाती फाड़कर न जाने किस अतल गह्वर से अपना भोग्य खींच लाते हैं।

शिवालिक की सूखी नीरस पहाड़ियों पर मुस्कराते हुए ये वृक्ष द्वन्द्वातीत हैं, अलमस्त हैं। मैं किसी का नाम नहीं जानता, कुल नहीं जानता, शील नहीं जानता पर लगता है, ये जैसे मुझे अनादि काल से जानते हैं। इन्हीं में एक छोटा-सा—बहुत ही ठिगना—पेड़ है। पत्ते चौड़े भी हैं, बड़े भी हैं। फूलों से तो ऐसा लदा है कि कुछ पूछिए नहीं। अजीब-सी अदा है, मुस्कराता जान पड़ता है। लगता है, पूछ रहा है कि क्या तुम मुझे भी नहीं पहचानते? पहचानता तो हूँ, अवश्य पहचानता हूँ। लगता है, बहुत बार देख चुका हूँ। पहचानता हूँ। उजाड़ के

साथी, तुम्हें अच्छी तरह पहचानता हूँ। नाम भूल रहा हूँ। प्रायः भूल जाता हूँ। रूप देखकर प्रायः पहचान जाता हूँ, नाम नहीं याद आता। पर नाम ऐसा है कि जब तक रूप के पहले ही हाजिर न हो जाय, तब तक रूप की पहचान अधूरी रह जाती है। भारतीय पण्डितों का सैकड़ों बार का कचरा-निचोड़ा प्रश्न सामने आ गया—रूप मुख्य है या नाम? नाम बड़ा है या रूप? पद पहले है या पदार्थ सामने हैं, पद नहीं सूझ रहा है। मन व्याकुल हो गया, स्मृतियों के पंख फैलाकर सुदूर अतीत के कोनों में झाँकता रहा। सोचता हूँ इसमें व्याकुल होने की क्या बात है? नाम में क्या रखा है—ह्वाट्स देयर इन ए नेम! नाम की जरूरत ही हो तो सौ दिए जा सकते हैं। सुस्मिता, गिरिकांता, वनप्रभा, शुभ्रकिरीटिनी, मदोद्धता, विजितातपा, अलकावतंसा, बहुत से नाम हैं। या फिर पौरुष-व्यंजक नाम भी दिये जा सकते हैं—अकुतोभय, गिरिगौरव, कुटोल्लास, अपराजित, धरतीधकेल, पहाड़फोड़, पातालभेद! पर मन नहीं मानता। नाम इसलिए बड़ा नहीं है कि वह नाम है। वह इसलिए बड़ा होता है कि उसे सामाजिक स्वीकृति मिली होती है। रूप व्यक्ति सत्य है, नाम समाज-सत्य। नाम उस पद को कहते हैं कि, जिस पर समाज की मुहर लगी होती है, आधुनिक शिक्षित लोग उसे 'सोशल सैक्शन' कहा करते हैं। मेरा मन नाम के लिए व्याकुल है, समाज द्वारा स्वीकृत, इतिहास द्वारा प्रमाणित, समष्टि-मानव की चित्त-गंगा में स्नात!

इस गिरिकूट-बिहारी का नाम क्या है। मन दूर-दूर तक उड़ रहा है—देश में और काल में—**मनोरथानामगतिर्न विद्यते!** अचानक याद आया—अरे, यह तो कुटज है! संस्कृत साहित्य का बहुत परिचित किन्तु कवियों द्वारा अवमानित यह छोटा-सा शानदार वृक्ष 'कुटज' है। 'कुटज' कहा गया होता तो कदाचित् ज्यादा अच्छा होता। पर इसका नाम चाहे कुटज ही हो, विरुद तो निस्संदेह 'कुटज' होगा। गिरिकूट पर उत्पन्न होने वाले इस वृक्ष को 'कुटज' कहने में विशेष आनन्द मिलता है। बहरहाल यह कूटज—कुटज है, मनोहर कुसुम-स्तवकों से झबराया, उल्लास-लोल चारुस्मित कुटज! जी भर आया। कालिदास ने 'आषाढस्य प्रथमदिवसे' रामगिरि पर यक्ष को जब मेघ की अभ्यर्थना के लिए नियोजित किया तो कम्बख्त को ताजे कुटज पुष्पों की अंजलि देकर ही सन्तोष करना पड़ा—चंपक नहीं, बकुल नहीं, नीलोत्पल नहीं, मल्लिका नहीं, अरविन्द नहीं,—फकत कुटज के फूल! यह और बात है कि आज आषाढ़ का नहीं, जुलाई का पहला दिन है। मगर फर्क भी कितना है। बार-बार मन विश्वास करने को उतारू हो जाता है कि यक्ष बहाना मात्र है, कालिदास ही कभी **'शापेनास्तंगमितमहिमा'** (शाप से जिनकी महिमा अस्त हो गई हो) होकर रामगिरि पहुँचे थे, अपने ही हाथों से इस कुटज पुष्प का अर्घ्य देकर उन्होंने मेघ की अभ्यर्थना की थी। शिवालिक की इस अनत्युच्च पर्वत-शृंखला की भाँति रामगिरि पर भी उस समय और कोई फूल नहीं मिला होगा। कुटज ने उसके संतप्त चित्त को सहारा दिया था—बड़भागी फूल है यह। धन्य हो कुटज, 'तुम

गाढ़े के साथी' हो। उत्तर की ओर से सिर उठाकर देखता हूँ, सुदूर तक ऊँची काली पर्वत-शृंखला छाई हुई है और एकाध सफेद बाल के बच्चे उससे लिपटे खेल रहे हैं। मैं भी इन पुष्पों का अर्घ्य उन्हें चढ़ा दूँ ? पर काहे वास्ते? लेकिन बुरा भी क्या है?

कुटज के ये सुन्दर फूल बहुत बुरे तो नहीं। जो कालिदास के काम आया हो, उसे ज्यादा इज्जत मिलनी चाहिए। मिली कम है। पर इज्जत तो नसीब की बात है। रहीम को मैं बड़े आदर के साथ स्मरण करता हूँ। दरियादिल आदमी थे, पाया सो लुटाया। लेकिन दुनिया है कि मतलब से मतलब है, रस चूस लेती है छिलका और गुठली फेंक देती है। सुना है, रस चूस लेने के बाद रहीम को भी फेंक दिया गया। एक बादशाह ने आदर के साथ बुलाया, दूसरे ने फेंक दिया! हुआ ही करता है। इससे रहीम का मोल घट नहीं जाता। उनकी फक्कड़ाना मस्ती कहीं गई नहीं। अच्छे भले कद्रदान थे। लेकिन बड़े लोगों पर भी कभी-कभी ऐसी वितृष्णा सवार होती है कि गलती कर बैठते हैं। मन खराब रहा होगा, लोगों की बेरुखी और बेकद्रदानी से मुरझा गए होंगे—ऐसी ही मनः स्थिति में उन्होंने बिचारे कुटज को भी एक चपत लगा दी। झुँझलाये थे, कह दिया—

**वे रहीम अब बिरछ कहँ, जिनकर छाँह गँभीर।**
**बागन बिच-बिच देखियत, सेंहुड़, कुटज करीर॥**

गोया कुटज अदना-सा 'बिरछ' हो। 'छाँह' ही क्या बड़ी बात है, फूल क्या कुछ भी नहीं? छाया के लिए न सही, फूल के लिए तो कुछ सम्मान होना चाहिए। मगर कभी-कभी कवियों का भी 'मूड' खराब हो जाया करता है, वे भी गलतबयानी के शिकार हो जाया करते हैं। फिर बागों से गिरिकूट-बिहारी कुटज का क्या तुक है?

कुटज अर्थात् जो कुट से पैदा हुआ है। 'कुट' घड़े को भी कहते हैं, घर को भी कहते हैं। कुट अर्थात् घड़े से उत्पन्न होने के कारण प्रतापी अगस्त्य मुनि भी 'कुटज' कहे जाते हैं। घड़े से तो क्या उत्पन्न हुए होंगे। कोई और बात होगी। संस्कृत में 'कुटहारिका' और 'कुटकारिका' दासी को कहते हैं। क्यों कहते हैं! 'कुटिया' या 'कुटीर' शब्द भी कदाचित इसी शब्द से सम्बद्ध है। क्या इस शब्द का अर्थ घर ही है? घर में काम-काज करने वाली दासी कुटकारिका और कुटहारिका कही ही जा सकती है। एक जरा गलत ढंग की दासी 'कुटनी' भी कही जाती है। संस्कृत में उसकी गलतियों को थोड़ा अधिक मुखर बनाने के लिए उसे 'कुट्टनी' कह दिया गया है। अगस्त्य मुनि भी नारदजी की तरह दासी के पुत्र थे क्या? घड़े में पैदा होने का तो कोई तुक नहीं है, न मुनि कुटज के सिलसिले में, न फूल कुटज के। फूल गमले में होते अवश्य हैं, पर कुटज तो जंगल का सैलानी है। उसे घड़े या गमले से क्या लेना-देना है? शब्द

विचारोत्तेजक अवश्य है। कहाँ से आया? मुझे तो इसी में सन्देह है कि वह आर्यभाषाओं का शब्द है भी या नहीं। एक भाषा-भाषी किसी संस्कृत शब्द को एक से अधिक रूप में प्रचलित पाते थे, तो तुरन्त उसकी कुलीनता पर शक कर बैठते थे। संस्कृत में 'कुटज' रूप भी मिलता है और 'कुटच' भी। मिलने को तो 'कुटज' भी मिल जाता है। तो यह शब्द किस जाति का? आर्य जाति का तो नहीं जान पड़ता। सिलवाँ लेवी कह गये हैं कि संस्कृत भाषा में फूलों, वृक्षों और खेती-बागवानी के अधिकांश शब्द आग्नेय भाषा-परिवार के हैं। यह भी वहीं का तो नहीं। एक जमाना था जब आस्ट्रेलिया और एशिया के महाद्वीप मिले हुए थे, फिर कोई भयंकर प्राकृतिक विस्फोट हुआ और ये दोनों अलग हो गये। उन्नीसवीं शताब्दी के भाषा-विज्ञानी पण्डितों को यह देखकर आश्चर्य हुआ कि आस्ट्रेलिया के सुदूर जंगलों में बसी जातियों की भाषा एशिया में बसी हुई कुछ जातियों की भाषा से सम्बद्ध है। भारत की अनेक जातियाँ वह भाषा बोलती हैं जिनमें संथाल, मुंडा आदि भी शामिल हैं। शुरू-शुरू में इस भाषा का नाम आस्ट्रो-एशियाटिक दिया गया था। दक्षिण-पूर्व या अग्निकोण की भाषा होने के कारण इसे आग्नेय परिवार भी कहा जाने लगा है। अब हम लोग भारतीय जनता के वर्ग विशेष को ध्यान में रखकर और पुराने साहित्य का स्मरण करके इसे कोल-परिवार की भाषा कहने लगे हैं। पण्डितों ने बताया है कि संस्कृत भाषा के अनेक शब्द, जो अब भारतीय संस्कृति के अविच्छेद्य अंग बन गए हैं, इसी श्रेणी की भाषा के हैं। कमल, कुड्मल, कंबु, कंबल, ताम्बूल आदि शब्द ऐसे ही बताये जाते हैं। पेड़-पौधों, खेती के उपकरणों और औजारों के नाम भी ऐसे ही हैं। कुटज भी हो तो क्या आश्चर्य? संस्कृत भाषा ने शब्दों के संग्रह में कभी छूत नहीं मानी। न जाने किस-किस नस्ल के कितने शब्द उसमें आकर अपने बन गये हैं। पण्डित लोग उसकी छानबीन करके हैरान होते हैं। संस्कृत सर्वग्रासी भाषा है।

यह जो मेरे सामने कुटज का लहराया पौधा खड़ा है, वह नाम और रूप दोनों में अपनी अपराजेय जीवनी-शक्ति की घोषणा कर रहा है। इसीलिए वह इतना आकर्षक है। नाम है कि हजारों वर्ष से जीता चला आ रहा है। कितने नाम आये और गये। दुनिया उनको भूल गई, वे दुनिया को भूल गये। मगर कुटज है कि संस्कृत की निरन्तर स्फीयमान शब्दराशि में जो जम के बैठा सो बैठा ही है और रूप की तो बात ही क्या है। बलिहारी है इस मादक शोभा की। चारों ओर कुपित यमराज के दारुण निःश्वास के समान धधकती लू में यह हरा भी है और भरा भी है, दुर्जन के चित्त से भी अधिक कठोर पाषाण की कारा में रुद्ध अज्ञात जल-स्रोत से बरबस रस खींचकर सरस बना हुआ है और मूर्ख के मस्तिष्क से भी अधिक सूने गिरि कांतार में भी ऐसा मस्त बना है कि ईर्ष्या होती है, कितनी कठिन जीवनी-शक्ति है! प्राण ही प्राण को पुलकित करता है,

जीवनी-शक्ति ही जीवनी-शक्ति को प्रेरणा देती है। दूर पर्वतराज हिमालय की हिमाच्छादित चोटियाँ हैं, वहीं कहीं भगवान महादेव समाधि लगाकर बैठे होंगे, नीचे सपाट पथरीली जमीन का मैदान है, कहीं-कहीं पर्वतनंदिनी सरिताएँ आगे बढ़ने का रास्ता खोज रही होंगी—बीच में यह चट्टानों की ऊबड़खाबड़ जटाभूमि है—सूखी, नीरस, कठोर! यहीं आसन मारकर बैठे हैं मेरे चिरपरिचित दोस्त कुटज। एक बार अपने झबरीले मूर्धा को हिलाकर समाधिनिष्ठ महादेव को पुष्पस्तवक का उपहार चढ़ा देते हैं और एक बार नीचे की ओर अपनी पाताल-भेदी जड़ों को दबा कर गिरिनंदिनी सरिताओं को संकेत से बता देते हैं कि रस स्रोत कहाँ हैं। जीना चाहते हो? कठोर पाषाण को भेदकर, पाताल की छाती चीरकर अपना भोग संग्रह करो, वायुमण्डल को चूसकर, झंझा-तूफान को रगड़कर, अपना प्राप्य वसूल लो, आकाश को चूमकर, अवकाश की लहरी में झूमकर, उल्लास खींच लो। कुटज का यही उपदेश है—

**भित्त्वा पाषाणपिठरं छित्त्वा प्राभञ्जनीं व्यथाम्।**<br>
**पीत्वा पातालपानीयं कुटजश्चुम्बते नभः।**

दुरंत जीवन-शक्ति है! कठिन उपदेश है। जीना भी एक कला है। लेकिन कला ही नहीं तपस्या है। जियो तो प्राण ढाल दो जिन्दगी में, ढाल दो जीवन रस के उपकरणों में! ठीक है! लेकिन क्यों? क्या जीने के लिए जीना ही बड़ी बात है? सारा संसार अपने मतलब के लिए ही तो जी रहा है। याज्ञवल्क्य बहुत बड़े ब्रह्मवादी ऋषि थे। उन्होंने अपनी पत्नी को विचित्र भाव से समझाने की कोशिश की कि सब कुछ स्वार्थ के लिए है। पुत्र के लिए पुत्र प्रिय नहीं होता, पत्नी के लिए पत्नी प्रिया नहीं होती—सब अपने मतलब के लिए होते हैं—'**आत्मस्तु-कामाय सर्वं पियं भवति!**' विचित्र नहीं है यह तर्क? संसार में जहाँ कहीं प्रेम है सब मतलब के लिए। सुना है, पश्चिम के हॉब्स और हेल्वेशियस जैसे विचारकों ने भी ऐसी ही बात कही है। सुन के हैरानी होती है। दुनिया में त्याग नहीं है, प्रेम नहीं है, परार्थ नहीं है, परमार्थ नहीं है—है केवल प्रचंड स्वार्थ। भीतर की जिजीविषा—जीते रहने की प्रचंड इच्छा—ही अगर बड़ी बात हो तो फिर यह सारी बड़ी-बड़ी बोलियाँ, जिनके बल पर दल बनाए जाते हैं, शत्रुमर्दन का अभिनय किया जाता है, देशोद्धार का नारा लगाया जाता है, साहित्य और कला की महिमा गाई जाती है, झूठ हैं, इनके द्वारा कोई न कोई अपना स्वार्थ सिद्ध करता है। लेकिन अंतरतर से कोई कह रहा है, ऐसा सोचना गलत ढंग से सोचना है। स्वार्थ से भी बड़ी कोई-न-कोई बात अवश्य है, जिजीविषा से भी प्रचंड कोई-न-कोई शक्ति अवश्य है। क्या है?

याज्ञवल्क्य ने जो बात धक्कामार ढंग से कह दी थी, वह अन्तिम नहीं थी। वे 'आत्मनः' का अर्थ कुछ और बड़ा करना चाहते थे। व्यक्ति की 'आत्मा' केवल व्यक्ति तक सीमित नहीं है, वह व्यापक है। अपने में सब और सबमें

आप—इस प्रकार की एक समष्टि-बुद्धि जब तक नहीं आती, तब तक पूर्ण सुख का आनन्द भी नहीं मिलता। अपने-आपको दलित द्राक्षा की भाँति निचोड़कर जब तक 'सर्व' के लिए निछावर नहीं कर दिया जाता, तब तक 'स्वार्थ' खंड-सत्य है, वह मोह को बढ़ावा देता है, तृष्णा को उत्पन्न करता है और मनुष्य को दयनीय—कृपण बना देता है। कार्पण्य दोष से जिसका स्वभाव उपहत हो गया है, उसकी दृष्टि म्लान हो जाती है, वह स्पष्ट नहीं देख पाता। वह स्वार्थ भी नहीं समझ पाता, परमार्थ तो दूर की बात है।

कुटज क्या केवल जी रहा है? वह दूसरे के द्वार पर भीख माँगने नहीं जाता, कोई निकट आ गया तो भय के मारे अधमरा नहीं हो जाता, नीति और धर्म उपदेश नहीं देता फिरता, अपनी उन्नति के लिए अफसरों का जूता नहीं चाटता फिरता, दूसरों को अवमानित करने के लिए ग्रहों की खुशामद नहीं करता, आत्मोन्नति के हेतु नीलम नहीं धारण करता, अँगूठियों की लड़ी नहीं पहनता, दाँत नहीं निपोरता, बगलें नहीं झाँकता। जीता है और शान से जीता है—काहे वास्ते, किस उद्देश्य से? कोई नहीं जानता। मगर कुछ बड़ी बात है। स्वार्थ दायरे से बाहर की बात है। भीष्म पितामह की भाँति अवधूत की भाषा में कह रहा है—चाहे सुख हो या दुःख, प्रिय हो या अप्रिय, जो मिल जाय उसे शान के साथ, हृदय से बिलकुल अपराजित होकर, सोल्लास ग्रहण करो। हार मत मानो!

**सुखं वा यदि वा दुःखं प्रियं वा यदि वाऽप्रियम्।**
**प्राप्तं प्राप्तिमुपासीत हृदयेनापराजितः।**

*(शान्तिपर्व 25/26)*

हृदयेनापराजितः! कितना विशाल वह हृदय होगा, जो सुख से, दुःख से, प्रिय से, अप्रिय से विचलित न होता होगा। कुटज को देखकर रोमांच हो आता है। कहाँ से मिली है यह अकुतोभया वृत्ति, अपराजित स्वभाव, अविचल जीवन-दृष्टि!

जो समझता है कि वह दूसरों का अपकार कर रहा है, वह अबोध है, जो समझता है कि दूसरा उसका अपकार कर रहा है, वह भी बुद्धिहीन है? मनुष्य जी रहा है, केवल जी रहा है, अपनी इच्छा से नहीं, इतिहास-विधाता की योजना के अनुसार। किसी को उससे सुख मिल जाय, बहुत अच्छी बात है; नहीं मिल सका, कोई बात नहीं; परन्तु उसे अभिमान नहीं होना चाहिए। सुख पहुँचाने का अभिमान यदि गलत है, तो दुःख पहुँचाने का अभिमान तो नितराँ गलत।

दुख और सुख तो मन के विकल्प हैं। सुखी वह है जिसका मन वश में है, दुखी वह है जिसका मन परवश है। परवश होने का अर्थ खुशामद करना, दाँत निपोरना, चाटुकारिता, हाँ-हुजूरी। जिसका मन अपने वश में नहीं, वही दूसरे के मन का छंदावर्तन करता है, अपने को छिपाने के लिए मिथ्या आडंबर रचता है, दूसरों को फँसाने के लिए जाल बिछाता है। कुटज इन सब मिथ्याचारों से मुक्त

है। वह वशी है। वह वैरागी है। राजा जनक की तरह संसार में रहकर, सम्पूर्ण भोगों को भोगकर भी उनसे मुक्त है। जनक की ही भाँति वह घोषणा करता है—मैं स्वार्थ के लिए अपने मन को सदा दूसरे के मन में घुसाता नहीं फिरता, इसलिए मैं मन को जीत सका हूँ, उसे वश में कर सका हूँ—

**नाहमात्मार्थमिच्छामि मनो नित्यं मनोऽन्तरे।**
**मतो मे निर्जितं तस्मात् वशे तिष्ठति सर्वदा॥**

कुटज अपने मन पर सवारी करता है, मन को अपने पर सवार नहीं होने देता। मनस्वी मित्र, तुम धन्य हो।

●

# राष्ट्रीय संकट और हमारा दायित्व

आपने इस अधिवेशन का सभापति बनाकर मेरा जो गौरव बढ़ाया है, उसके लिये किन शब्दों में कृतज्ञता प्रकट करूँ। यह आपकी विशालहृदयता और विरल उदारता का ही परिचायक है। "**परगुणा-परमाणून् पर्वतीकृत्य नित्यं, निज हृदि विलसन्तः सन्ति सन्तः कियन्तः!**"(दूसरों के परमाणु-भर गुण को सदा पर्वत के समान बताकर अपने हृदय में आनन्दित होने वाले सन्त कितने हैं?)

हमारा यह अधिवेशन बड़े भारी संकटकाल में हो रहा है। हमारी मातृभूमि इस समय सीमापार के शत्रुओं के अकारण आक्रमण से विक्षुब्ध है। हमारी साहित्यिक, धार्मिक और आध्यात्मिक प्रेरणा का सर्वोच्च स्रोत देवतात्मा नगाधिराज हिमालय शत्रु के अपावन पद संचार से कलुषित हुआ है। सारा देश अप्रत्याशित अपमान से जगकर उस क्रुद्ध केसरी की भाँति हुँकार उठा है, जिसे सोया समझकर मदमत्त भेड़िये ने उसके केसर सटाभार को पैरों से कुचलने का दुःसाहस किया था। सारा संसार इस बर्बरतापूर्ण आक्रमण को देखकर हैरान है। किसलिए यह वीरता का दंभ किया गया, किसलिए मनुष्यता द्वारा अर्जित समस्त मूल्यों की अवहेलना करके यह साहसिक अभियान किया गया और फिर किसलिए दुम दबाकर सरक जाने की कलाबाजी दिखाई जा रही है? धूर्तता और मूर्खता का ऐसा अद्भुत दृश्य संसार के इतिहास में विरल है।

यदि इस दुःसाहसपूर्ण कार्य का कोई उद्देश्य हो सकता है कि केवल यही कि यह हमारी संस्कृति को, हमारे जीवन-दर्शन को, हमारी चिरलालित आशा-आकांक्षाओं को और हमारी स्वाधीन मनोवृत्ति को कुचलने का संकल्प है। शायद आक्रांता यह समझ रहा था कि उसकी गीदड़ भभकियों से डरकर हम घुटने टेक देंगे और उसके इशारे पर चलने को लाचार हो जायेंगे। पर धोखा देने वाला धोखा खाता है, प्रवंचना का परिणाम हार होता है, दूसरों के रास्ते में गड्ढा खोदने वाले को कुआँ मिलता है। बहुत से मदमत्त शासकों ने विश्वविजेता होने का स्वप्न देखा था, सब काल के अथाह पेट में लापता हो गये। थोड़ी देर तक ऊधम मचाकर, थोड़ी देर तक आकाश की निर्मल शोभा को धूसर बनाकर लुटेरे सदा के लिए विनाश के गर्त में जा गिरते हैं। जीतता वह है जिसमें शौर्य होता है, धैर्य होता है, साहस होता है, सत्त्व होता है, धर्म होता है।

उद्दंड बर्बरता की यह धमाचौकड़ी निश्चित रूप से सच्चे वीरों के हुंकार-मात्र से समाप्त होने वाली है। तभी तक मदमत्त हाथियों के पैरों के धमाके सुने जाते हैं, जब तक कुम्भस्थल पर सिंह का चपेटा चटाक से नहीं बज उठता।

**जामण णिवडइ कुंभयडि,सीह चवेड चडक्क।**
**ताम समत्तहँ मयगलहँ पइ पइं बज्जइ टक्क॥**

यह आक्रमण उन मानवीय मूल्यों पर है, जिनकी प्रतिष्ठा और संवर्द्धना के लिए इस देश के विश्वविद्यालयों की स्थापना हुई। विश्वविद्यालयों के अध्यापकों के रूप में हम इसकी उपेक्षा नहीं कर सकते। अगर इस अन्याय को बल मिला तो वे सारी बड़ी-बड़ी बातें हवा हो जाएँगी, जिनकी प्रतिष्ठा और संवर्द्धना के लिए हम संघर्ष कर रहे हैं। विश्वविद्यालय मनुष्य को अन्धकार से हटाकर ज्योति की ओर ले जाने के संकल्प से चालित हैं। उनका लक्ष्य ज्ञान की साधना है। दीर्घकाल से मनुष्य सत्य की खोज में लगा रहकर जिन महान मानवीय मूल्यों की स्थापना कर सका है, उन्हें लोकगोचर बनाने और अधिकाधिक परिष्कृत करने का काम विश्वविद्यालय करते हैं। ज्ञान से बढ़कर पवित्र वस्तु कुछ भी नहीं है—"**नहिं ज्ञानेन सदृशं पवित्रमिह विद्यते।**" विश्वविद्यालयों के विविध विभाग ज्ञान की विभिन्न शाखाओं का अनुशीलन करते हैं और उनके प्रचार के द्वारा लोकचित्त को परिष्कृत और सत्यनिष्ठ बनाते हैं। यद्यपि ज्ञान की अनेक शाखाएँ हैं, पर ज्ञान एक और अविचल है। विभिन्न दिशाओं से चलकर मनुष्य उसी के पूर्णस्वरूप की उपलब्धि करते हैं। एक बार उसके सच्चे स्वरूप की उपलब्धि होने पर मनुष्य भय-शोक की काल्पनिक आशंका से मुक्ति पा जाता है। वह शक्ति को ग्रहण कर सकता है और तदनुसार आचरण कर सकता है। उपनिषद् के ऋषियों ने बताया है कि ज्ञान के इस स्वरूप की उपलब्धि जिसे हो जाती है, वह कभी भय का शिकार नहीं होता—"**आनन्दं ब्राह्मणो विद्वान न विभेति कदाचन।**" विश्वविद्यालय के अध्यापकों से यह आशा की जाती है कि वे निर्भीक होकर सत्य का अनुशीलन, ग्रहण और संवर्द्धन करेंगे। उन्हें भय दुर्बल नहीं बनायेगा; मोह आसक्त नहीं होने देगा, शोक चिन्तित बनाकर कातर नहीं बनने देगा। परन्तु इस महती तपश्चर्या के लिए देश के राजनीतिक और आर्थिक वातावरण की शान्ति आवश्यक है। आततायी जब अविचारपूर्ण आक्रमण करता है तो पशुबल का सहारा भी लेता है और प्रतिपक्षी को पशुबल का सहारा लेने को बाध्य भी करता है। साधारणतः आक्रान्त देश जब आक्रमण के प्रतिरोध की तैयारी करने लगता है तो उसे बहुत-से सांस्कृतिक महत्त्व के कामों को स्थापित करना पड़ता है। विश्वविद्यालय इसके पहले शिकार होते हैं। वस्तुतः युद्ध का प्रथम डिंडिम घोष अनासक्त चिन्तन और ज्ञान की निर्भीक उपासना को सबसे पहले निष्क्रिय बनाता है। संसार के युद्ध के इतिहास को देख लीजिए। इनका प्रथम प्रहार ज्ञान की पवित्र साधना

पर ही होता है। ऐसी स्थिति में विश्वविद्यालय में काम करने वाले सहज गति से चल नहीं पाते। देश ही जहाँ संकट में हो, वहाँ देश को बचाना ही प्रथम कर्तव्य हो जाता है। पेड़ और लता के नष्ट हो जाने पर अच्छे फल और फूल की आशा करना मोह मात्र है। भवभूति ने ठीक ही कहा था—"**लतायां पूर्वलूनायां प्रसूनस्यागमः कुतः।**" (जो लता पहले ही कट गई हो, उसमें फूल कहाँ से आएगा!) इसलिए मित्रो, इस आक्रमण का उद्देश्य चाहे जो कुछ भी रहा हो, यह निःसन्देह हमारी ज्ञान-साधना पर कसकर आघात करता है। हम इसकी उपेक्षा नहीं कर सकते और अनासक्त साधना के नाम पर देश के मूल पर ही किए गए इस कुठाराघात का प्रतिरोध किए बिना नहीं रह सकते। अन्याय का विरोध और बर्बरता का उन्मूलन हमारा प्रथम कर्तव्य है। परन्तु साथ ही हम उन मानवीय मूल्यों को नष्ट भी नहीं होने देना चाहते, जो हमारी दीर्घकालीन संस्कृति के मनोहर परिणाम हैं।

यदि हम सावधानी से मोहमुक्त होकर इस आक्रमण के परिणामों का विश्लेषण करें तो हम अपनी कमजोरी और शक्ति का ठीक-ठीक मूल्यांकन कर सकेंगे। इस आक्रमण ने हमारे सामने कुछ अत्यन्त स्पष्ट परिस्थितियाँ खोलकर रख दी हैं। देखा गया है कि हमारे देश की जनता के सम्बन्ध में जो यह समझा गया था कि उसमें एकता नहीं है, परिस्थिति को ठीक-ठीक समझने की क्षमता नहीं है, फिरकापरस्ती है, गुटबन्दी है, व्यर्थ की लड़ाई है, वह सब झूठ था। देश की जनता अपने प्यारे नेता नेहरू के एक ही आह्वान पर वज्रनिर्मित चट्टान की भाँति दृढ़ होकर खड़ी हो गई। उसने अपने आराम और सुख की परवाह किए बिना सब-कुछ तो अपने नेता के हवाले कर दिया है। फूट और गुटबन्दी का आरोप मिथ्या और कुहेलिका मात्र सिद्ध हो चुका है। देश की गरीब जनता ने दिल खोलकर सब कुछ मातृभूमि की सेवा में अर्पण कर दिया है। उसमें कहीं भी हिचक और द्विविधा का भाव नहीं है। धार्मिक मतभेद और प्रान्तीय भेदभाव केवल शशशृंग की भाँति बहस करने वालों की कल्पना मात्र सिद्ध हुए हैं। हिचक, द्विविधा, बुद्धिभेद, फूट, कलह अगर कहीं दिखाई पड़ते हैं तो उन लोगों में जो ऊपर के स्तर के हैं, जिनके पास खाने-पहनने को अफरात पड़ा है और बौद्धिक कसरत दिखाने का अपार समय उपलब्ध है। देश की जनता इससे मुक्त है। वह रोग का निदान और उपचार दोनों को ही सीधे देखती है, जब कि उपरले स्तर के लोगों की दृष्टि मोहग्रस्त और कुटिल है। अपवाद सर्वत्र होते हैं, इनमें भी हैं। परन्तु मैं अपवादों की चर्चा नहीं कर रहा हूँ। मैं साधारण खरी सचाई की ओर आपका ध्यान आकृष्ट करना चाहता हूँ। जनता और जनता के तथाकथित भाग्य-नियन्ताओं के बीच इतना बड़ा अन्तर कभी नहीं हुआ था। हमें सावधानी से और यथाशक्ति अनासक्ति के साथ यह सोचना चाहिए कि इस भारी व्यवधान का कारण क्या है? क्या कारण है कि जो लोग

पढ़े-लिखे और समझदार हैं, जो लोग आधुनिक व्यवसाय-बुद्धि से सम्पन्न और जिन लोगों के पास देश को सम्पन्न बनाने के मजबूत साधन विद्यमान हैं, वे जनता के साथ एकमेक होकर चल नहीं पा रहे हैं। हमें सोचना चाहिए कि इनमें विश्वविद्यालयों का कितना उत्तरदायित्व है और हम जो विश्वविद्यालयों के अंग हैं, किस प्रकार इस गहरी और चौड़ी खाई को पाटने में समर्थ हो सकते हैं।

हमारी शिक्षा-व्यवस्था में ही कहीं ऐसी त्रुटि रह गई है, जिससे शिक्षित व्यक्ति अपने को साधारण जनता से पृथक् अनुभव करने लगता है और ज्यों-ज्यों कार्य-क्षेत्र में अग्रसर होता जाता है और सफलता प्राप्त करता जाता है, त्यों-त्यों वह अपने-आपमें सिमटता जाता है। शिक्षित व्यक्ति वह है, जिसको हमने शिक्षा दी है और शिक्षा देने का काम विश्वविद्यालयों का है। एक क्षण रुककर सोचने की आवश्यकता है कि कहीं हमारी शिक्षा-व्यवस्था में ही तो कोई ऐसा दोष—त्रुटि नहीं रह गई, जो ग्रहीता के चित्त को संकुचित, सीमित और तेजोहीन बनाती है। भारतवर्ष के चिरोद्घोषित ज्ञान के लक्ष्य, "**भूमैव सुखं नाल्पे सुखमस्ति**"—चराचर के साथ एकमेक हो जाने में ही सुख है, थोड़े में सुख पाना कोई सुख नहीं है—के साथ हमारी आधुनिक शिक्षा व्यवस्था के परिणाम का यह भयंकर विरोध क्यों है? कहीं जानकारी का गट्ठर संग्रह करने की जो पद्धति है वह हमें भारग्रस्त तो नहीं बना रही है? परीक्षा की वैतरणी पार करने के लिए हमारे युवकों ने हर दुकान से जो लोहा, पत्थर इकट्ठा किया और पीठ पर लादकर चल पड़े, उसी ने तो उनकी कमर नहीं तोड़ दी और उसी के बोझ से वे असली वैतरणी के पास आकर डूबने को बाध्य तो नहीं हुए? क्षण भर रुककर सोचने की आवश्यकता है कि ज्ञान हमारे जीवन और मरण के साथ एकमेक क्यों नहीं हुआ? क्या हुआ उस ज्ञान को लेकर जो शिक्षित व्यक्तियों के चित्त में मोह और भय का ही संचार करता हो, स्वार्थ और लिप्सा का ही अनुयायी बनाता हो और सबसे बड़ी बात यह है कि अपने देश की विशाल जनता से अलग कर देता हो? बाहरी बोझ में ही भारवाहक को तेज चला देने की क्षमता होती है, लेकिन वह सहज गति नहीं है। लेकिन किसी प्रकार जल्दी से जल्दी अपने को भार-मुक्त कर देने की उतावली मात्र है। कविवर रवीन्द्रनाथ ने अपने एक गान में कहा था—

"हे बन्धु, हम भार के वेग से जा रहे हैं, तुम दया करो और इस बोझ के भार को उतारकर हमें सहज गति दो।"

**भरेर वेगे ते बहिया चलेछि,**

**ए बोझा आमार नामाओ बन्धु, नामाओ;**

**—ए यात्रा मोर थामाओ बन्धु थामाओ।**

यदि सचमुच ही शिक्षा-व्यवस्था ने हमें भार ढोने को बाध्य किया है तो हमें इसका प्रतिकार करना होगा। चीनी आक्रान्ताओं ने हमें इस सच्चाई के सम्मुख

आमने-सामने खड़ा कर दिया है। मित्रो! दीर्घकाल से हम यह माँग पेश करते आ रहे हैं कि देश की जनता के साथ देश के शिक्षितों के व्यवधान का एक प्रमुख कारण विदेशी भाषा का माध्यम है। यद्यपि हम अन्तरतर से चाहते हैं कि इस दुर्घट काल में हम किसी भी ऐसे मतभेद को ऊपर न आने दें, जो हमारे युद्ध प्रयत्नों में बुद्धिभेद उत्पन्न करे। परन्तु यह एक मौलिक प्रश्न है और इसने जिस विकराल रूप में हमें प्रभावित किया है, उसकी अपेक्षा करना बुद्धिमानी नहीं होगी। हमारी शिक्षा व्यवस्था और सैनिक संगठन में लोकभाषाओं की उपेक्षा की गई है। साधारण जनता की आशाओं-आकांक्षाओं से हमारे शासक अनभिज्ञ सिद्ध हुए हैं। स्थानीय समस्याओं से वे एकदम अपरिचित साबित हुए हैं, क्योंकि हमने अपनी शिक्षा-व्यवस्था में बहुत दूर के लोगों का अन्धानुकरण किया है। अपने देश की मिट्टी से अपरिचित रह जाते हैं। उन्हें वास्तविक देश से, उसकी रहन-सहन से, उसकी रीति-नीति से, उसकी भाषा से, उसके दुख-सुख से, उसकी आशा-आकांक्षा से, उसके संस्कारों से परिचित होने का अवसर ही नहीं मिलता। बुद्धि में हमारे युवक संसार के अन्य देशों के युवकों से कम नहीं, परिश्रम में वे कभी-कभी बीस ही सिद्ध होते हैं, उन्नीस नहीं। किन्तु यदि हमारी उच्चतर शिक्षा-व्यवस्था उन्हें अपने घर में ही विदेशी बना देती है, अपनी ही भाषा में अपने भावों को अभिव्यक्त करने में असमर्थ बना देती है, अपने ही समाज में उन्हें अजनबी कर देती है तो दोष उनका नहीं, उस शिक्षा-व्यवस्था का ही है, इसलिए आज के संकटकाल में हमें नये सिरे से सोचने की जरूरत है कि किस प्रकार अपने शिक्षित युवकों को इस देश की धरती और जनता के अनुकूल बनाना सम्भव है। सबसे पहली बात जो समझ में आती है, वह यह है कि उन्हें ऐसी शिक्षा मिलनी चाहिए, जो उनके जीवन में एकमेक होकर रह सके और उसे अपनी भाषा में अपने देशवासियों के सामने प्रस्तुत करने की सामर्थ्य दे सके। इसमें कोई द्विविधा या संकोच हमारे मन में नहीं होना चाहिए। **''नान्यः पन्था विद्यतेऽयनाय''**—छुटकारा का दूसरा रास्ता नहीं है।

मैं किसी की ईमानदारी पर शंका नहीं करता। परन्तु ईमानदारी से कही हुई बात भी कभी-कभी गलत होती है। कहते हैं, वृक्ष की पहचान उसके फल से होती है। मैं यह बात इसलिए कहने को बाध्य हुआ हूँ कि फल हमारे सामने है और अब निस्सन्दिग्ध रूप से अपना परिचय दे चुका है। हमारे बुद्धिजीवी वर्ग के उपरले स्तर के लोगों ने पिछले पन्द्रह वर्षों में वक्त-बेवक्त बराबर यह प्रचारित किया है कि हमारी भाषाएँ कमजोर हैं, असमर्थ हैं और इस प्रकार प्रकारान्तर से देश और जनता को ही कमजोर बनाने का प्रयास किया है। इस कठोर संकट ने बिलकुल साफ कर दिया है कि न देश कमजोर है, न जनता। भाषा, जो जनता को सही ढंग से सोचने की प्रेरणा देती है, किसी तरह कमजोर नहीं कही जा सकती। वस्तुतः उन्नति की कसौटी भाषा की उन्नति से मापी जानी चाहिए इस

उक्ति में सार है। जब भारतेन्दु हरिश्चन्द्र ने कहा था कि —

**''निज भाषा उन्नति अहै सब उन्नति को मूल।**
**बिन निज भाषा ज्ञान के मिटै न हिय को सूल॥**

तो वह एक बहुत बड़ी सच्चाई को व्यक्त कर रहे थे। भाषा की उन्नति सच्ची उन्नति की माप है। अगर हमारे युवक देश की जनता की कमाई के करोड़ों रुपये व्यय करके विदेशी भाषा में ही लिखते-बोलते हैं तो इससे बढ़कर फिजूलखर्ची कुछ नहीं है। लेकिन फिजूलखर्ची तो यह है ही, यह बहुत बड़ा अन्याय भी है। याद रखिए कि ये विश्वविद्यालय जनता की रक्त और पसीने की गाढ़ी कमाई के बल पर खड़े हैं, किन्तु प्रतिदिन में उन्हें मिलता क्या है? बुन्देलखण्ड के एक अनपढ़ किसान के मुँह से मैंने एक छोटा-सा वाक्य सुना था, जो जनता की प्रतिक्रिया की सच्ची आवाज है और शिक्षित समुदाय के बार-बार सोचने का आह्वान भी है। उस किसान ने कहा था कि यह पढ़ाई क्या है, ''थोड़ा पढ़ै तो हर छूटै, ज्यादा पढ़ै तो घर छूटै।'' इस घर छोड़ पढ़ाई की कड़ी जाँच अब आवश्यक हो गई है।

विश्वविद्यालयों ने अपनी पढ़ाई में हिन्दी-साहित्य के उच्च शिक्षण की भी जैसी-तैसी व्यवस्था की है। परन्तु अब भी हिन्दी अपना उचित गौरव प्राप्त नहीं कर सकी है। यह बात मैं बड़े दुःख से निवेदन कर रहा हूँ और साथ ही यह अनुभव कर रहा हूँ कि अपनी उचित मर्यादा प्राप्त करने में हिन्दी की असमर्थता हिन्दी के सेवकों की असमर्थता को सामने लाती है। यह भूलना बड़ी भारी गलती होगी कि हिन्दी वही है, जो हम उसे बना रहे हैं। अगर हम बड़े नहीं हो पाते, हम संकीर्ण स्वार्थों के दलदल में फँसे रहते हैं और मौका-बे-मौका एक-दूसरे के मुँह पर थूकने में ही गौरव प्राप्त करते हैं तो हिन्दी को हम छोटा बनाते हैं, उसे उसके उचित आसन दिलाने में बाधा खड़ी करते हैं।

बड़ा काम करने के लिए बड़ा हृदय होना चाहिए। यदि हम विश्वास करते हैं कि हमने अपने ऊपर बड़ी जिम्मेदारी ली है और सचमुच ही देश की मौलिक समस्या के समाधान में लगे हैं, संक्षेप में यदि हमारा संकल्प महान है तो हमारे प्रयत्न भी महान होने चाहिए। हमारा आचरण भी तदनुकूल शुद्ध और प्रयत्न विशाल होना चाहिए। हमें यह भी सोचना चाहिए कि आज हम जो कुछ कर रहे हैं, उसके मूल में केवल स्वार्थ का संघर्ष ही निहित है या उससे बड़ा कोई उद्देश्य हमारे सामने है। हिन्दी का आन्दोलन केवल कुछ व्यक्तियों के ज्यादा वेतन पाने का आन्दोलन नहीं है, वह उससे बड़ा है—बहुत बड़ा है। वह समूचे देश को आत्मनिर्भर और समृद्ध बनाने का संकल्प है। भाषा की उन्नति केवल कुछ शब्दों का भाण्डार-बर्धन नहीं है। भाषा और अर्थ का अविच्छेद्य सम्बन्ध है। तुलसीदास ने 'गिरा अरथ जल बीचि सम' कहकर भाषा और अर्थ के अविच्छेद्य सम्बन्ध की ओर इंगित किया है। यदि हमारी भाषा में हवाई जहाज

शब्द हो और एक भी हवाई जहाज न हो, तो भाषा व्यर्थ का बोझ होती है। व्यर्थ अर्थात् अर्थहीन। बाह्य जगत् में पदार्थों की बहुलता ही पदबहुलता के औचित्य को सिद्ध कर सकती है। इसीलिए भाषा की उन्नति का सच्चा अर्थ है पदार्थगत समृद्धि। जब हम पदार्थ का संचय छोड़कर केवल पद का संचय करते हैं तो वह सच्चे अर्थों में 'निरर्थक' है। निरर्थक का मतलब ही होता है कि पद है, किन्तु अर्थ नहीं है। हम जो देश की भाषा की उन्नति में लगे हैं, उसका सीधा अर्थ यही हो सकता है कि हम देश की जनता की समृद्धिसूचक पदार्थों की समृद्धि चाहते हैं। यह बात केवल भौतिक पदार्थों की सीमा में सत्य नहीं है। यह हमारे बौद्धिक और आध्यात्मिक क्षेत्र में भी उतना ही सत्य है। यदि हमारी भाषा में सत्य शब्द है और आचरण में नहीं है, तो यह भी एक निरर्थक बोझ मात्र है। किसी जाति की उन्नति का अर्थ है, उसके प्रत्येक क्षेत्र की समृद्धि और यह समृद्धि ही भाषा में नये-नये अर्थों और प्रकाशन भंगिमाओं को उत्पन्न करती है और भाषा को शक्तिशालिनी बनाती है। आत्मबल, बाहुबल और धनबल यदि सच्चे अर्थों में हमारे सामने उपस्थित नहीं हैं, तो वे बात की बात मात्र हैं। और यदि वे सच्चे अर्थों में हमारे पास हैं तो वे भाषा को नित्य नवीन समृद्धि से पुष्ट करते रहते हैं। इसलिए जिन लोगों ने भाषा की उपासना का व्रत ले रखा है, उनका व्रत बहुत बड़ा है। देश की भाषा में देश के समूचे ज्ञान-विज्ञान को प्रकट करने का सामर्थ्य इस बात का प्रमाण है कि वे वस्तुएँ हमारे पास हैं और उन पर देश की जनता का स्वामित्व है। विश्वविद्यालयों में हिन्दी का प्रवेश एक सीमित अर्थ में हुआ है। वह क्षेत्र साहित्य का क्षेत्र है। परन्तु देश की समृद्धि का अर्थ इससे बड़ा है। हम दर्शन, विज्ञान, शिल्पकला सब पर जनता का स्वामित्व चाहते हैं और इसीलिए हम जनता की भाषा की उन्नति की बात करते हैं। हमारा उद्देश्य इससे छोटा नहीं है, और हमारा दृढ़ विश्वास है कि इससे बड़ा कोई उद्देश्य और किसी के सामने है भी नहीं। एक बार इस बड़े संकल्प की ओर देखिए और फिर देखिए अपनी भाषा में फैली हुई साहित्यिक अखाड़ेबाजी, एक-दूसरे को धकिया देने वाली गुटबन्दी और स्वार्थ के लिए किसी भी स्तर पर उतर आने की हल्की मनोवृत्ति, तो आपको स्पष्ट हो जाएगा कि हमारे उद्देश्य और हमारे प्रयत्नों में कितना बड़ा व्यवधान है।

देश की स्वाधीनता के बाद जहाँ हमारी शक्ति जनता की आवाज को शक्तिशाली प्रभावोत्पादक बनाने के लिए लगनी चाहिए थी, वहाँ सारी ताकत मुकदमेबाजी और अखाड़ेबाजी में खर्च हो रही है। इससे बढ़कर दयनीय अवस्था और क्या हो सकती है। आज हमारी साहित्यिक संस्थाएँ अन्तर्विरोधों से पंगु हो गई हैं और हमारे विश्वविद्यालयों में आपसी मतभेद के द्वन्द्व ने हमें निष्क्रिय और हतचेतन बना दिया। सर्वत्र एक प्रकार की निराशा और उत्साह-हीनता का दौर-दौरा है। सच्ची पुरानी तेजस्विता को लकवा मार गया है और

अपनी गलतियों से अशक्त बने हुए हम दूसरों पर दोषारोप की मनोवृत्ति के बुरी तरह शिकार सिद्ध हो रहे हैं।

यह बड़ी ही भयंकर स्थिति है। इसे खत्म होना चाहिए। गुटबंदियों ने हमें ही जर्जर नहीं बनाया है, हमारी साधना के स्तर को नीचा किया है। घटिया माल पैदा करने की हमने होड़ पैदा की है और अपने ही भीतर के विकारों और अपने ही बनाये फन्दों में फँसाकर अपने स्वयं के मनन और चिन्तन को धूमिल बनाया है। हम काम करते हैं—बहुत काम करते हैं, परन्तु कुछ पैदा नहीं कर पाते। जो शक्ति चिन्तन और स्वाध्याय में लगनी चाहिए, वह दूसरे ऐसे गलत कामों में व्यय हो रही है, जिसे किसी प्रकार विद्वज्जनोचित नहीं कहा जा सकता। किसी दूसरे पर दोषारोपण करने के पहले हमें आत्मसंशोधन की ही सबसे बड़ी आवश्यकता है।

अपना दोष स्वयं देख लेना कमजोरी नहीं, मजबूती का लक्षण है। इस कटु तथ्य की चर्चा करने का मेरा उद्देश्य यह नहीं है कि हम यह बताना चाहते हैं कि हमने कोई बड़ा काम किया ही नहीं। निस्संदेह भाषा और साहित्य के क्षेत्र में हमने कुछ किया भी है और जितना किया है, उससे हमारी शक्ति को बल भी मिला है। मेरा यह सब कहने का उद्देश्य सिर्फ यही है कि इस संकट में भी जब हम छोटी-छोटी बातों में फिजूलखर्ची रोकने का प्रयास कर रहे हैं, यह बेमतलब की बरबादी अवश्य रुकनी चाहिए। ईमानदारी और बुद्धिमानी के साथ किया हुआ काम कभी व्यर्थ नहीं जाता। यदि हम अपनी सारी ताकत सच्चे दिल से अपने महान आदर्श को साकार बनाने में लगा दें तो निस्सन्देह देश का बहुत बड़ा हित होगा। हम अपने परिश्रम, निष्ठा, सच्चाई और सेवाभाव से ही उन लोगों को अपने साथ ले सकते हैं, जो किसी कारणवश ठीक-ठीक देखने में अभी तक समर्थ नहीं हुए हैं। आज जब कि युद्ध ने वास्तविकता को नग्न रूप में हमारे सामने खड़ा कर दिया है, हमें अपनी बात की सच्चाई सिद्ध करने का सुनहरा मौका अनायास हाथ लग गया है। आज स्वदेशी आन्दोलन को परिपूर्ण रूप से स्वदेशी बनाने का औचित्य अनायास सिद्ध हो गया है। हम सच्चाई के साथ उन देशवासियों का आह्वान करें, जो अब तक हमारे ही समान सोचने को विवश नहीं हो गए थे। विदेशी भाषा के अनुकरण ने हमें सिर्फ अपने ही देश में अजनबी नहीं बना दिया है, बल्कि आसपास के पड़ोसी देशों में भी हमें उसी प्रकार का अजनबी बना दिया है। अपनी भाषा को मान न देने वाली मनोवृत्ति का ही परिणाम है कि हमने अपने पड़ोसियों की भाषा और संस्कृति की अवहेलना की है। यह क्या सचमुच दुःख की बात नहीं है कि हजारों मील दूर के लोगों ने हमारी वार्ता जितनी सहानुभूति से सुनी, पड़ोसियों ने नहीं सुनी। वे पड़ोसी जिन्हें हमारे बहुत निकट होना चाहिए, जिनकी नाड़ियों का पदसंचार हमारी नाड़ियों के पदसंचार से मिलकर चला करता है, जिनके साथ हमारे धार्मिक और

साहित्यिक सम्बन्ध हजारों साल पुराने हैं।

अगर आज भी हमारे देश के मनीषी स्वेच्छा से इस गम्भीर परिस्थिति का अनुभव नहीं कर रहे हैं तो निश्चय मानिए, कल उन्हें बाध्य होकर मानना पड़ेगा। महाकाल देवता का निष्करुण रथचक्र रुकता नहीं। आज मोहवश जिसे नहीं कर रहे हो, उसे कल विवश होकर करना पड़ेगा:

**कर्त्तु नेच्छसि यन्मोहात् करियष्स्यवशोऽपि तत्।**

बुद्धिमान को स्वेच्छा से सही मार्ग पर चलना चाहिए। विवश होकर किसी बात को मानना मोहग्रस्त मूढ़ लोगों का काम है। अपनी भाषा में जब तक देश का सम्पूर्ण काम नहीं होता, तब तक युद्ध में, कला में, उद्योग में सहजबुद्धि-संपन्न नेताओं का भी अभाव बना रहेगा। विश्वविद्यालय के अधिकारियों को शान्त भाव से इस परिस्थिति पर विचार करना ही होगा। साधारण जनता और उच्च शिक्षित के बीच जो चौड़ी खाई तैयार हो गई है, उसे पाटने के लिए कोई भी कीमत बड़ी नहीं है। कठिनाइयाँ हैं, कौन नहीं जानता, बाधाएँ हैं बहुत साफ हैं, परन्तु करना है और हमें ही करना है। कायर कहता है बहुत कठिनाई है, शूर कहता है; यही तो आनन्द है। रवीन्द्रनाथ की कविता की कुछ पंक्तियाँ यदि हिन्दी में प्रस्तुत करने का प्रयत्न करूँ तो कुछ इस प्रकार होगी—'बाधाएँ हैं, हैं विघ्न, जानता हूँ मैं। पर यही जानकर प्राण वक्ष में झूमें।'

इस समय देश संकट से गुजर रहा है। यदि शत्रु के अब तक के व्यवहारों का इतिहास देखें तो स्पष्ट हो जायेगा कि यह टण्टा जल्दी दूर होने का नहीं है। हमारी दृढ़ता और सामरिक शक्ति को देखकर शत्रु थोड़ी देर के लिए दब जा सकता है, किसी अन्य चालाकीभरी चाल में हमें फँसाने का प्रयत्न कर सकता है या मौके की तलाश में चुपचाप दुबककर हमें धोखा दे सकता है। जब तक शत्रु का मन इसी साँचे में ढला रहता है, तब तक हम निश्चिन्त नहीं हो सकते। निस्संदेह हमारा बाहुबल ही अन्त तक हमारी सुरक्षा और आन्तरिक समृद्धि का प्रहरी सिद्ध होगा, पर संसार की निरन्तर बढ़ती हुई जटिलताओं को देखते हुए हमें पूर्ण रूप से बौद्धिक दृष्टि से जागरूक रहना होगा और अपनी आर्थिक व्यवस्था को सुदृढ़ रखना होगा। लड़ाई से आज तक कभी कोई समस्या सुलझी नहीं है, आगे भी नहीं सुलझेगी। यह ध्रुव सत्य है। चीन के मदगर्वित शासक इस सीधी-सी बात को नहीं समझ रहे हैं। अनुभव ही उन्हें यह बात समझा सकेगा। वे युद्ध का डंका बजाकर, सत्यानाश की धमकी देकर अपना उल्लू सीधा करना चाहते हैं। उन्हें शांति की भाषा समझ में नहीं आ रही है; वे मैत्री को दुर्बलता का लक्षण मानते हैं। उनके मन में मनुष्य के अब तक के अर्जित मूल्यों का कोई आदर नहीं है। वे एक ही भाषा समझते हैं—युद्ध । उन्हें शांति का पाठ भी इसी भाषा में पढ़ाने को बाध्य होना पड़ा है। परन्तु चीन, चीन की विशाल जनता भी क्या ऐसी ही है? मेरा विश्वास है कि चीनी जनता की आवाज हम

तक नहीं पहुँच पा रही है। उसके महत्त्वाकांक्षी उन्मत्त नेता चीनी जनता की आशा-आकांक्षाओं का प्रतिनिधित्व नहीं कर रहे हैं। उनके उन्मत्त सामरिक अभियानों से जनता त्रस्त है, उनकी ऊँची छलाँग की मार से चीन की मिट्टी कंपमान है। भुखमरी और शासकीय पैंतरेबाजी से जनता त्राहि-त्राहि कर रही है। गरीब जनता के कंकालों से युद्ध का घर्घराकारी रथ तैयार हुआ है। जब तक वह शान्तिकामी जनता अपनी गर्दन के इस रक्तशोषी जुए को उतार नहीं फेंकती, तब तक स्थायी शान्ति की आशा नहीं करनी चाहिए। वर्तमान नेताओं के रहते चीन कभी स्वस्थ चित्त से समझौते की बात नहीं कर सकता। वह उस पड़ोसी की भाँति है, जिसके घर का मालिक विक्षिप्त है। एक लम्बे अर्से तक चलने वाला सिर दर्द है। हमें इसका ठीक उपचार सोचना होगा। हमें स्पष्ट रूप से चीन के वर्तमान शासकों और उनके अत्याचारों से दबी हुई निरीह जनता में अन्तर करना होगा। इतिहास में ऐसे उदाहरण कम नहीं मिलेंगे। शासकों के मदमत्त गुट के साथ जनता का जो आंतरिक विरोध होता है, वह तभी प्रकट होता है जब वह गुट विनाश के गड्ढे में गिर पड़ता है! आँधी के वेग से बढ़ने वाले मत्त शासक यह भूल ही जाते हैं कि जड़त्वसम्पन्न पिण्ड के उत्थान की गति से पतन की गति अधिक तीव्र होती है। भभक उठने वाले की आँच बड़ी जल्दी बुझ जाती है। पर जब तक भभक है तब तक उसके शमन का उपचार तो सोचना ही पड़ता है; भाषा और साहित्य के क्षेत्र में काम करने वाले इस लंबे सिरदर्द के शमन के लिए क्या कर सकते हैं? क्या उनका कोई योगदान हो सकता है? मेरा निवेदन है कि हम कुछ अवश्य ही महत्त्वपूर्ण कार्य कर सकते हैं। हमारे देश में भाषा सीखने की कठिनाइयों का एक बेकार हौवा खड़ा किया गया है। उत्तर भारत की भाषाएँ एक दूसरी से इतनी मिलती हैं कि एक भाषा का जानकार थोड़े परिश्रम से प्राय: सभी को सीख सकता है। हिन्दी जानने वाले के लिए अपने देश की चार-पाँच प्रमुख भाषाओं को जान लेना कोई कठिन बात नहीं है। दक्षिण भारत की भाषाओं को सीखना भी बहुत मुश्किल नहीं है। शब्द-भण्डार तो बहुत कुछ एक ही है। फिर भी हम लोगों के मन में अपने देश की दो-चार भाषाओं के सीख लेने और उनके साहित्य का रसास्वाद करने की उमंग नहीं दिखाई देती। मैं देश के हर व्यक्ति को पाँच-छह भाषा सीखने की बात नहीं कर रहा हूँ। मैं उन लोगों की बात कह रहा हूँ, जो भाषा और साहित्य के विशेषज्ञ होते हैं। हाल में ही मैं रूस गया था, वहाँ के भाषा और साहित्य के विद्वानों का भाषा-ज्ञान और अपने पास-पड़ोस के साहित्य के रसास्वाद की लगन देखकर चकित होना पड़ता है। जो भारतीय साहित्य के अध्ययन में लगे हैं, वे अनायास भारत की चार-पाँच भाषाएँ सीख लेते हैं। उनके साहित्य का रूसी भाषा में अनुवाद करते हैं और अधिकाधिक सीखने के लिए उत्सुक रहते हैं। श्री चेलिशोव भारत की कई भाषाएँ जानते हैं, बोल और लिख सकते हैं। श्री सेरब्रेकोव, संस्कृत, प्राकृत, हिन्दी, उर्दू, पंजाबी के अच्छे जानकार हैं। उन्होंने

पंजाबी-रूसी कोश बनाया है और कई हिन्दी पुस्तकों का अनुवाद किया है। ये लोग अँगरेजी तथा अन्य यूरोपीय भाषाओं के जानकार हैं। मेरे साथ एक युवक मित्र कारपुश्किन थे, जो अँगरेजी, बँगला और हिन्दी के जानकार हैं। बँगला बड़ी अच्छी बोलते हैं, और अब उड़िया में हाथ लगा दिया है। मेरे साथ एक बहुत ही सुबुद्ध सुशील युवती लीदिया इस्त्रीजेरस्काया थीं; जो अँगरेजी, हिन्दी, बँगला अच्छी तरह जानती थीं। कहाँ तक बताऊँ, इन लोगों की लगन और भाषा-प्रेम देखकर आश्चर्यचकित होना पड़ता है। श्री वारान्निकोव और उनकी पत्नी रीम्मा देवी के हिन्दी प्रेम से आप सभी परिचित हैं। हमारे देश के विद्वानों में—विशेषकर जो भाषा और साहित्य का ही कारोबार करते हैं, वह लगन क्यों नहीं आती? जहाँ अपने देश की भाषाओं की ही उपेक्षा हो, वहाँ पास-पड़ोस के देशों की भाषा और साहित्य के अध्ययन की बात सोचना क्रूर उपहास-सा लगता है। हमें क्या चीन, बर्मा, सीलोन, नेपाल, भूटान, तिब्बत की भाषाओं के अध्ययन में नहीं लग जाना चाहिए था। बिना भाषा और साहित्य के अध्ययन के क्या कभी किसी देश की जनता के वास्तविक संस्कारों और आशा-आकांक्षाओं को जान सकते हैं? भाषा की अच्छी जानकारी केवल सद्‌भावना के लिए ही नहीं, अपने स्वार्थ के लिए भी उपयोगी है। भाषा की जानकारी लड़ाई के लिए भी जरूरी है। शांति और सद्‌भाव के लिए तो है ही।

भाषा और साहित्य के अध्ययन का जो पवित्र कार्य हमें करने को मिला है, उसे ठीक से करने का उत्तरदायित्व हम पर है। हमारा देश इस विषय में हमेशा आगे रहा है। भाषा, शब्दशक्ति और अर्थत्व की मीमांसा के क्षेत्र में हमारे वैयाकरणों, नैयायिकों, मीमांसकों और परवर्ती काल के आलंकारिकों ने जिस स्तर की स्थापना की है, उसका मान सारे संसार में है; पर आज क्या हमने अपने पूर्वजों की विचारधारा को आगे बढ़ाया है? क्या हम अपनी विशाल परम्परा के सच्चे उत्तराधिकारी सिद्ध हुए हैं? क्या हमने यह सोचकर काम किया है कि हम कितनी बड़ी परम्परा के अधिकारी हैं? हमारे शोधकार्य का स्तर क्या हमारी विशाल विरासत के अनुरूप हुआ है? इन प्रश्नों के उत्तर पर ही इस प्रश्न का उत्तर निर्भर करता है कि हम कितने स्वाधीन हुए हैं? संसार के अनेक देशों ने इस विषय में बहुत काम किया है। हमें उनके अनुभवों से भी लाभ उठाना चाहिए। परन्तु हमारा स्तर बहुत ऊँचा होना चाहिए। सब समय हम स्तर की ऊँचाई का ध्यान नहीं रख सके हैं। हमें दृढ़ निश्चय कर लेना चाहिए कि हमारा स्तर कभी नीचा नहीं होगा, तभी हम अपने पूर्वजों के उत्तराधिकारी होने का औचित्य सिद्ध कर सकते हैं।

संकटकाल में हमारा संकल्प और भी दृढ़ हो जाना चाहिए, हमारे प्रयत्नों में और भी गति आनी चाहिए। धैर्य कभी नहीं छोड़ना चाहिए—संकटकाल में ही नहीं—**'त्याजं न धैर्य विधुरेऽपि काले!'** अपने निश्चय की दृढ़ता, आचरण की

सच्चाई और विश्वास की ईमानदारी से हम दूसरों को अनुकूल बना सकते हैं।

हम नहीं जानते कि हमारे ऊपर आया हुआ संकट कब तक रहेगा। विजय हमारी होगी, यह ध्रुव सत्य है। पर इस बीच हमें अपने पावन कर्त्तव्य का दृढ़ता के साथ पालन करते हुए सब प्रकार के त्याग के लिए प्रस्तुत रहना पड़ेगा। अपने साथियों और विद्यार्थियों में दृढ़ मनोबल और स्वदेश तथा पास-पड़ोस के देशों की भाषा और साहित्य के सीखने की उमंग संचारित करते रहने में हमें आगे रहना होगा। हमें उन सब प्रयत्नों के संवर्द्धन का संकल्प करना होगा, जो देश को समृद्ध और शक्तिशाली बनाते हैं। इस समय हमें संकोचनशील मनोवृत्ति की नहीं, विकसनशील मनीषा की आवश्यकता है।

मित्रो; मैं फिर एक बार आपके प्रति अपनी आन्तरिक कृतज्ञता निवेदन करता हूँ, परमात्मा हमें शक्ति, स्पष्ट चिन्तन और सद्‌बुद्धि दें।

**[ आगरा विश्वविद्यालय के हिन्दी अध्यापकों के मुजफ्फरनगर के सम्मेलन ( 1963 ) में सभापति-पद से दिया गया भाषण। ]**

●

# साहित्य में हिमालय की परम्परा

भारतीय साहित्य में हिमालय की बड़ी महिमा है। हिमालय को कविगुरु कालिदास ने 'देवतात्मा' कहा है। भारतीय साहित्य इस 'देवतात्मा' की महिमा से मुखर है। एक बार भारतवर्ष के रसात्मक साहित्य से उन उपकरणों को हटा दीजिए, जो देवतात्मा नगाधिराज के प्रसाद रूप में हमें प्राप्त हैं, फिर देखिए कि वह कितना अकिंचित्कर हो जाता है । आपको ऐसा करते समय हिमालय-दुहिता पार्वती को खो देना पड़ेगा, जो भारतीय नारी का आदर्श हैं, सतीत्व की मर्यादा हैं, तपस्या का मूर्तिमान विग्रह हैं और हैं पातिव्रत की विजय ध्वजा। आपको गंगा को, यमुना को, सरयू को, ब्रह्मपुत्र को और न जाने कितनी नदियों को भुला देना पड़ेगा, जो हमारे जीवन को सरस, पवित्र और आनन्दोल्लसित कर रही हैं। आप गंधर्व, यक्ष, किन्नर, सिद्ध, विद्याधर और अन्य देवयोनि-जात विचित्र रसपोषक तत्त्वों से वंचित रह जायेंगे, जो हमारे कवियों और कथाकारों के लिए सरस अभिप्रायों को सुलभ किया करते हैं और उचित अवसरों पर विचित्र मंडन उपादानों से साहित्य और शिल्प को समृद्ध करते रहते हैं और आपके हाथ में रसहीन, वैचित्र्य-वंचित एक ऐसा मरुकांतर रह जायेगा, जहाँ उर्वशी और मेनका के नूपुरों का पता नहीं है, तिलोत्तमा और घृताची की वीणा की झंकार नहीं है, फूलों के बाण चलाने वाले अलबेले मदन देवता का नामोनिशान नहीं है, मानसरोवर की धवल तरंगों में विलास करने वाले स्वर्ण कमलों के कषाय अंकुर को कुतरने वाले राजहंस लापता हैं, कल क्रेकार से वर्षाकाल का कोलाहल मुखर करने वाले क्रौंच युगलों का अभाव है। आशिन्जित-नूपुर वाम चरणों के आघात के शौकीन झबरीले स्तबकों वाले अशोक पुष्प का चिन्ह नहीं हैं, अप्सराओं का विभ्रम-मंडन संपादित करने वाले केसर, अगरु, कस्तूरिका, मन:शिला दुर्लभ हैं, सुन्दरियों की कुंकुम गौर कान्ति को निखार देने वाले लोध्ररेणु अप्राप्य हैं, और वे सैकड़ों महार्घ रत्न गायब हैं, जो अलंकरण को बहुमूल्य और प्रकरण को अमूल्य बना देते हैं। हिमालय के प्रसाद से वंचित भारतीय साहित्य में काम्यक बन नहीं होगा, अलकापुरी गायब हो जायेगी, कैलास और कामाख्या पीठ निकल जायेंगे, कदलीवन लुप्त हो जायेगा, सौन्दर्य शालीनता और सौकुमार्य के केन्द्र तिरोहित हो जाएँगे। जिन

तत्त्वों ने हमारे साहित्य को अपूर्व रस सौमग्री से मंडित किया है और हमारे चित्त को अनजाने उल्लास से अकारण कंपित आलोड़ित बनाया है, वे हिमालय की कृपा से ही प्राप्त हैं। उनके अभाव में साहित्य नीरस हो जायेगा, शिल्प वीरान हो जायेगा, ललित कलाएँ विकलांग बन जाएँगी।

कालिदास ने कहा है कि हिमालय पृथ्वी के मानदंड के समीप स्थित है। मानदंड भी कैसा? पूर्व और पश्चिम समुद्र महोदधि और रत्नाकर का—दोनों किनारों से अवगाहन करके विराजमान! हिमालय का यह बहुत ही उत्तम और सटीक परिचय है। भारतवर्ष की उत्तरी सीमा पर वह छाया हुआ है। एक ओर वह अरब समुद्र या रत्नाकर के उत्तरी तट को स्पर्श करता है और दूसरी ओर आसाम, मणिपुर और त्रिपुरा को अपनी छत्रछाया में समेटता हुआ पूर्व समुद्र या महोदधि में निमज्जित होता है। इस प्रकार पृथ्वी को वह दो टुकड़ों में बाँट देता है। भारतीय विचारक इसे केवल जड़ धरित्री खंड का विभाजक मात्र नहीं मानते। इस विराट मानदंड ने मनुष्य के शील और आचार-विचार का भी स्पष्ट भेद कर डाला है। हिमालय रूपी मानदंड को यदि आधार मान लिया जाये, तो एक त्रिकोण महादेश बनता है, जिसका शीर्ष बिन्दु कुमारिका अन्तरीप है। इस त्रिकोण भूखण्ड को कुमारिका खण्ड कहते हैं। प्रसिद्ध है कि जब हिमालय पर्वत की कन्या पार्वती शिव को वर रूप में प्राप्त करने के लिए कैलाश पर विकट तपस्या कर रही थीं, उस समय सुदूर दक्षिण से अगस्त्य मुनि उनके पास पहुँचे और प्रार्थना की कि भगवति, आपके पवित्र पदसंचार से हिमालय की यह देवभूमि पवित्र हो गई है, परन्तु मैदान और विंध्य-शृंखला के दक्षिण के प्रदेश इन चरणों के स्पर्श से वंचित रह गए हैं। तपोनिरता कुमारी पार्वती ने अगस्त्य की प्रार्थना स्वीकार की और उसी अवस्था में नीचे की भूमि में उतर आईं। कुछ दिनों तक इस त्रिकोण के अन्तिम छोर पर उन्होंने तप किया। उनके पवित्र चरणों से यह सारी त्रिकोण भूमि पवित्र हो गयी। यहाँ के स्त्री-पुरुष तप की महिमा के लायक हुए, इनमें शील और आचार धर्म की प्रतिष्ठा हुई। इसीलिए यह त्रिकोण भूमि आज का भारतवर्ष-कुमारिका खण्ड कहलाया। इसीलिए सिर्फ इसी पवित्र भूमि में वर्णव्यवस्था पवित्र रूप में प्राप्त होती है। जहाँ हिमालय-दुहिता कुमारी पार्वती के विशुद्ध चरण नहीं गए, वहाँ वर्णाश्रम धर्म और उसकी महत्त्वपूर्ण परंपरा भी नहीं चल पाई! उन्हीं चरणों के स्पर्श का यह फल है कि इस कुमारिका खण्ड में शील और आचार की मर्यादा को महत्त्व प्राप्त हुआ। जो वंचित रह गये, सो रह ही गए।

**वर्णव्यवस्थितिरिहैव कुमारिकाख्ये।**
**शेषेषु चान्त्यजजना निवसन्ति सर्वे॥**

[वर्ण (और आश्रम) की व्यवस्था केवल इस कुमारिका खंड में ही पाई जाती है। शेष भूमि में तो इसके बाहर रहने वाले लोग निवास करते हैं।]

स्पष्ट ही इस कथा में यह बताने का प्रयत्न किया गया है कि हिमालय की यह देन है कि यह देश संसार के अन्य देशों की तुलना में शील और आचार के मामले में विशिष्ट हो गया है। यहाँ मनुष्य के जन्म और कर्म की—पुनर्जन्म और कर्मफल की—महिमा स्वीकृत है। जो जैसा करता है उसका फल उसे भोगना पड़ता है। इस कठिन नियम से देवता भी परित्राण नहीं पा सकते। सचमुच ही हिमालय ने केवल इस देश के मैदानों को शस्य-श्यामल नहीं बनाया है, केवल इसकी भौतिक सम्पत्ति को रत्नों और महौषधियों से समृद्ध नहीं बनाया है, बल्कि इसके अन्तरतर को प्रभावित किया है। इस नगाधिराज को पृथ्वी का मानदण्ड कहना उचित ही हुआ है।

इस अंतरतर को प्रभावित करने का ही यह परिणाम है कि भारतवर्ष ने शिल्प, साहित्य और दर्शन के क्षेत्र में ऐसा बेजोड़ वाङ्मय दिया है, जो सब प्रकार से उसका अपना है। हमारे सहस्रों वर्ष के इतिहास में जो काव्य, नाटक, कथा, आख्यायिका, इतिहास, पुराण और दर्शन लिखे गये हैं, उनका मूल स्वर जन्म और कर्म के विशिष्ट सिद्धान्तों से प्रभावित है। ऊपर लिखे विभेदों और वैचित्र्यों के रहते हुए भी उनमें एक ऐसा सर्वमान्य सूत्र प्रोत है कि मामूली ढंग से विचार करने वाला भी आसानी से कह सकता है कि वह वस्तु भारतीय है और यह भारतीय नहीं है।

भारतीय काव्य, नाटक, संगीत, नृत्य आदि ललित-मनोहर शिल्प कैलासवासी शिव और उनकी चिरसंगिनी हिमालय-दुहिता पार्वती के ऋणी हैं। चाहे 'रस' का सिद्धान्त हो, चाहे रस और भाव को आश्रित बनाकर चंचल बनाने वाले लास्य (नृत्य) का उल्लास हो या बिना रस और भाव के आनन्दमुखर होने वाले मंडल नृत्य तांडव का विलास हो। सबकी भूमिका हिमालय और तत्रापि कैलास के रंगमंच पर रूपदान की लीला में अनवरत निरत चिरन्तन किशोर शिव और चिरन्तन किशोरी पार्वती के विलास हैं। त्रिपुरदाह के समय भीषण भाव से मत्त शिव ने जो विकट नर्तन किया, उसे उनके पटु शिष्य तंडु मुनि ने सीख लिया, जो लोक में तांडव नाम से प्रसिद्ध हुआ। शिव के विकट क्रोध का शमन करने के लिए पार्वती ने जिस शामक ललित मनोहर भंगिमा से उन्हें रिझाया और त्रैलोक्य को उस भीषण क्रोध से बचा लिया, वही लोक में लास्य कहलाया और इस चिरन्तन दम्पत्ति के क्रिया-कलापों ने नंदिकेश्वर को उस मनमोहक पदार्थ को प्रसिद्ध करने के लिए प्रेरित किया, जिसे लोक में 'रस' कहा जाता है। बचा क्या है, जो यहाँ से प्रेरित और चालित न हो।

हिमालय भारतीय साहित्य के उस महान संदेश की प्रेरणाभूमि है जो भोग नहीं, त्याग को महत्त्व देता है; जड़ शरीर विकारों को नहीं, अंतरतर की ऊर्ध्वमुखी शम-भावना को प्रतिष्ठित करता है; मानस-पटल पर उत्थित होने

वाली चंचल तरंग-माला को नहीं, 'गुहाहितं, गह्वरेष्ठं' तत्त्व की अविचल स्थिति का गुणगान करता है। इस महिमामय जीवनदर्शन को किसी समृद्धिशाली नगर की शान-शौकत से प्रेरणा नहीं मिली है। मिली है तो हिमालय की कंदराओं और दरी-गुहाओं में तपनिरत ऋषियों से, हिमालय में विराजमान मन्दाकिनी के सीकर, निर्झरों की गोद में पले हुए आश्रम, देवदारु द्रुम मंजरियों को सुरभि से सिक्त शिला वेश्म सैकत-लीन-हंस-मिथुना सरिताओं के तट-प्रदेश और विस्रब्ध भाव से विचरण करने वाले कृष्णसार मृगों से अध्युषित तपोवन हमारी समस्त रसमय सम्पत्ति के प्रेरणास्रोत हैं। सहस्रों वर्षों से इन केन्द्रों ने भारतीय साहित्य, शिल्प, नृत्य, गीत, नाटक, अभिनय आदि को प्रेरित, चालित और आन्दोलित किया है। हिमालय केवल पृथ्वी का मानदंड ही नहीं है, वह हमारी अनादि काल से चली आती हुई सांस्कृतिक परंपरा की उत्सभूमि है; भारतवर्ष का जो कुछ श्रेष्ठ है, महान है, गौरवास्पद है, उसका आश्रय है। हिमालयहीन भारतवर्ष उसी प्रकार हो जायेगा, जैसा मस्तिष्कहीन मनुष्य। हिमालय हमारा अविच्छेद्य अंग है, ऐसा अंग जो हमारी समस्त सत्ता का भण्डार संचित रखे है।

कालिदास ने एक जगह हिमालय की बर्फीली चोटियों को आनन्दमत्त महादेव का पुंजीभूत अट्टहास कहा है। आनन्द-विह्वल महादेव का पुंजीभूत अट्टहास! यह शिव का पुंजीभूत अट्टहास आनन्दोल्लसित मंगल-देवता का हर्षोल्लास न हो तो गंगा और यमुना की धारा भी नहीं होगी, भारतवर्ष का अद्वितीय शस्य श्यामल मैदान भी नहीं होगा और इस देश में नर-नारियों के चित्त में उल्लसित होने वाली महिमा ही नहीं रहेगी।

हिमालय है, सदा रहेगा, हमारा रहेगा, क्योंकि वह है इसलिए हम हैं, हमारी देवतात्मक संस्कृति है—

**अस्त्युत्तरस्यां दिशि देवतात्मा हिमालयो नाम नगाधिराजः।**
**पूर्वापरौ तोयनिधीवगाह्य स्थितः पृथिव्या इव मानदण्डः॥**

# जीवेम शरदः शतम्

आज आपको 'जीवेम शरदः शतम्' अर्थात् हम सौ वर्ष तक जीवित रहें, इस विषय पर अपना विचार सुनाने जा रहा हूँ। आज की इस बातचीत का नाम संस्कृत में दिया गया है। यह इसलिए किया गया है कि हमारे श्रोता शुरू में ही समझ लें कि यह प्रार्थना नई नहीं, बहुत पुरानी है। नित्य ही धार्मिक हिन्दू अपनी सन्ध्या-पूजा के समय भगवान से प्रार्थना करता है कि वह अदीन होकर सौ वर्ष तक जीता रहे। केवल जीने की प्रार्थना नहीं की गई है। यदि कर्म करने की शक्ति शिथिल हो गई हो, विचार-विवेक का सामर्थ्य जाता रहा हो, दूसरों के मोहताज बनकर ही जीवित रहना पड़े तो उस जीवन से क्या लाभ? इसलिए उपनिषद् में स्पष्ट रूप में कहा गया है कि—कर्म करता हुआ ही सौ वर्ष तक जीने की इच्छा रखें—**कुर्वन्नेवेह कर्माणि जिजीविषेच्छतं समाः।** किसी-किसी टीकाक़ार ने सौ वर्ष का अर्थ कम से कम 125 वर्ष किया है, क्योंकि यदि कर्म करते हुए जीवित रहना ही मनुष्य को वांछनीय हो तो उसकी शरीर-यात्रा के लिए कुछ विश्राम का समय अलग से देना चाहिए। यदि प्रतिदिन औसत 6 घंटे विश्राम के लिए हों तो इस हिसाब से 100 वर्ष के कर्ममय जीवन के लिए कम से कम 25 वर्ष विश्राम के अलग से चाहिए। इस प्रकार सौ वर्ष के कर्ममय जीवन के लिए कम से कम 125 वर्ष की आयु होनी चाहिए।

परन्तु इस प्रकार की व्याख्या मन्त्र के अक्षरार्थ पर बहुत अधिक जोर देने के कारण की गई है। हमें मन्त्र के अन्तर्निहित अर्थ पर अधिक ध्यान देना चाहिए। मध्ययुग के अनेक संस्कृत और भाषा-कवियों ने अपने जीवन के अधिकांश भाग को नींद में, लड़कपन में, वृद्धावस्था में और युवावस्था के भोग-विलास में नष्ट होते देख प्रकट किया है। एक सुन्दर उदाहरण विद्यापति के इस भजन में मिलता है—

**माधव हम परिनाम निरासा।**

**आध जनम हम नींद गमायनु जरा सिसु कत दिन गेला।**

**निधुवन रहसि युवति परिरंभन तोहे भजब कौन बेला॥**

**माधव........**

इस और इसी प्रकार के अन्य भजनों में भगवद्भक्ति को ही मानव-जीवन का एकमात्र लक्ष्य माना गया है और उस महान लक्ष्य से एक क्षण के लिए भी च्युत होने को खेदजनक समझा गया है।

'लक्ष्यभ्रष्ट जीवन केवल दयनीय ही नहीं होता, वह समाज के लिए हानिकर भी होता है। इसीलिए इस देश के विचारशील लोगों ने केवल सौ वर्ष तक जीवन की ही प्रार्थना नहीं की है, उसके साथ यह भी जोड़ दिया है कि उस जीवन के साथ जीवन का लक्ष्य सदा जुड़ा रहे। क्योंकि कर्म करता हुआ ही मनुष्य जीवित रहने की इच्छा करे'—इस वाक्य का अर्थ यह नहीं हो सकता कि जो जी में आये वही कर्म करता हुआ मनुष्य जीवन-यापन करे। यह जीवन मनुष्य के उत्तम लक्ष्यों के अनुकूल होना चाहिए। ऐसा कर्म जो दूसरों के लिए कष्टदायक हो, समाज के यथार्थ मंगल का बाधक और मनुष्यता के प्रतिकूल हो, कभी शास्त्र द्वारा समर्थित नहीं हो सकता। इसलिए कर्म तो ऐसा होना चाहिए जो मनुष्य जीवन के उच्चतर लक्ष्य के अनुकूल हो। साथ ही उसमें दैन्य का भाव नहीं आना चाहिए। दीनता उस मानसिक दुर्बलता को कहते हैं, जो मनुष्य को दूसरे की दया पर जीने का प्रलोभन देती है, जो मोहताज बनकर किसी की कृपा प्राप्त करने को सुविधाजनक मार्ग समझती है। भारतवर्ष के श्रेष्ठ वीर अर्जुन की दो प्रतिज्ञाएँ प्रसिद्ध हैं— दैन्य न दिखाना और भागना नहीं। वीरत्व के ये ही दो नाभिकेन्द्र हैं—**अर्जुनस्य प्रतिज्ञद्वे न दैन्यं न पलायनम्।** दैन्य और पलायन मनुष्य के कर्ममय जीवन के विरुद्ध जाते हैं। वीरत्वपूर्ण मन से, धर्मानुकूल कर्म करते हुए ही मनुष्य को सौ वर्ष जीने की इच्छा रखनी चाहिए।

भारतवर्ष नित्य ही इस प्रकार प्रार्थना करता आ रहा है। पर उसकी प्रार्थना फलवती नहीं हुई है। साधारण जनता धर्मानुकूल कर्म करते-करते सौ वर्ष जीने की अभिलाषा मन में चाहे पोषण करती हो, पर वह न तो दैन्य से मुक्त हो सकती है, न कर्म के प्रति उत्साह ही जिलाए रख सकी है और न सौ या सवा सौ वर्ष की औसत आयु ही पा सकी है। कविवर रवीन्द्रनाथ ठाकुर ने अपनी एक कविता में भारतीय किसान को देखकर कहा है—

"यह जो खड़ा है, सिर झुकाए, मुँह बन्द किए—जिसके म्लान मुख पर सौ-सौ शताब्दियों की वेदना की करुण कहानी लिखी हुई है, कन्धे पर जितना भी बोझ लाद दो, मन्द गति से तब तक ढोए जाता है, जब तक उसमें प्राण बचे रहते हैं—उसके बाद सन्तान को दे जाता है, वह बोझ। पीढ़ियों तक यही क्रम चलता है। अदृष्ट को दोष नहीं देता, देवता को स्मरण करता है, परनिन्दा नहीं करता, किसी मनुष्य को भी दोष नहीं देता, मान-अभिमान करना जानता ही नहीं, सिर्फ अन्न के दो दाने, खोट कर किसी प्रकार अपने कष्ट-क्लिष्ट प्राणों को जिला रखता है। वह अन्न भी जब कोई छीनने लगता है, उसके थके-थकाये प्राण को भी जब गर्वान्ध निष्ठुर अत्याचार चोट पहुँचाता है, तो नहीं

जानता कि न्याय पाने की आशा से किसके द्वार पर जाए, केवल दरिद्रों के भगवान को उसाँसें भरकर एक बार पुकारता है और चुपचाप मर जाता है।''

रवीन्द्रनाथ ने कविजनोचित भाषा में इस अत्यन्त दयनीय अवस्था का जो मर्मभेदक चित्र खींचा है, वह सत्य है। क्यों ऐसा हुआ? जिस देश के मनीषियों ने सहस्रों वर्ष पूर्व से, वीरत्वपूर्ण चित्त से कर्म करते हुए सौ वर्ष तक जीवित रहने का पुनीत संकल्प घोषित किया, उनके उत्तराधिकारी आज इस हीन अवस्था को कैसे पहुँच गए? इतना महान संकल्प और उसकी ऐसी मर्म-विदारक अवस्था—इन दोनों का सामंजस्य कहाँ है?

बात यह है कि केवल प्रार्थना या संकल्प के महान होने से ही काम नहीं बनता, उस संकल्प के पीछे दृढ़ कर्मशक्ति चाहिए। यदि हम केवल बड़ी इच्छाएँ ही मन में पोसते रहें तो उससे कुछ बड़ी सिद्धि नहीं मिल पाएगी। संस्कृत के पुराने सुभाषित में कहा गया है कि सोये सिंह के मुँह में मृग स्वयं नहीं घुस जाया करते, इसके लिए उसे हाथ-पैर मारना होता है, घात लगाए रहना पड़ता है, जुगत बाँधनी होती है। सिंह की इच्छा भी बड़ी हो सकती है, उसमें पराक्रम की मात्रा भी बहुत हो सकती है; पर हाथ-पैर तो उसे हिलाना ही होगा—**न हि सुप्तस्य सिंहस्य प्रविशन्ति मुखे मृगा।** केवल संकल्प से काम नहीं चलता। उस संकल्प के अनुसार प्रयत्न भी चाहिए। दाम सबका चुकाना पड़ता है। बड़ी वस्तु का दाम भी बड़ा होता है। और वीरत्वपूर्ण चित्त से कर्म करते हुए सौ वर्ष तक अदीन जीवन निस्सन्देह बहुत बड़ी वस्तु है। उसे पाने के लिए उतना ही महान त्याग और तप आवश्यक है। दुनिया में बड़ी-बड़ी बातों की महिमा किससे छिपी है? कौन नहीं जानता कि तप बड़ी चीज है, बहुत बड़ी वस्तु है, ब्रह्मचर्य अच्छी चीज है। यह भी नहीं कि लोग यह नहीं चाहते हों कि उनमें ये गुण आ जाएँ। सब चाहते हैं कि लोग उन्हें त्यागी, तपी और विवेकी समझें, पर कोई ऐसी बाधा हमारा रास्ता रोक लेती है कि हम कुछ कर ही नहीं पाते। भागवत में प्रह्लाद ने भगवान से कहा था कि हे भगवान मौन, व्रत, शास्त्रज्ञान, अध्ययन, धर्माचरण, पाप, तप, समाधि और मुक्ति-तत्त्व से सारी बड़ी बातें उन दोनों के लिए केवल बहस की चीज बन जाती हैं, जिन्होंने अपनी इन्द्रियों को वश में नहीं कर लिया। फिर जो लोग दम्भी हैं, उनके लिए तो ये बहस की भी बात नहीं होती—

**मौनव्रतश्रुततपोऽध्ययनस्वधर्म,**<br>
**व्याख्यारहोजससमाधाय आपवर्ग्या।**<br>
**प्राय: परं पुरुष ते त्वजिदेन्द्रियाणां**<br>
**वार्ता भवन्त्युत न वात्र तु दाम्भिकानाम्॥।**

यह ठीक है। जो अपने समस्त इन्द्रिय-समूह को वश में नहीं कर लेता, उस असंयमी पुरुष या स्त्री से सब बड़े संकल्प उसी प्रकार व्यर्थ होते हैं, जिस प्रकार

फूटे बर्तन में पानी सुरक्षित रखने का प्रयास व्यर्थ हो जाता है। इसलिए किसी भी महान संकल्प के लिए दृढ़ संयम और निष्ठा सबसे पहली शर्त है। सौ वर्ष तक जीवित रहने के महान संकल्प के लिए भी दृढ़ संयम आवश्यक है। जितेन्द्रियता चरित्रबल की कुंजी है। वस्तुतः आजकल जिसे चरितबल कहा जाने लगा है, उसे ही पुराना भारतवासी जितेन्द्रियता कहता था। अपने आदर्शों के प्रति अविचल निष्ठा इसी गुण से आती है। महाभारत में कहा है कि कामवश, भयवश, लोभवश, यहाँ तक कि प्राण के लिए भी धर्म नहीं छोड़ना चाहिए—

**न जातु कामान्न भयान्न लोभाद्**

**धर्मं त्यजेज्जीवितस्यापि हेतोः।**

यह अविचल निष्ठा तभी संभव है, जब मनुष्य की अपनी इन्द्रियाँ अपने वश में हों। यह गुण अभ्यास से प्राप्त होता है।

दुर्भाग्यवश हमारे देश के शिक्षितों में भी इस गुण का अभाव ही बढ़ता जा रहा है। जितना भ्रष्टाचार इस समय देश में फैला हुआ है; उतना शायद ही कभी रहा हो। प्रह्लाद ने जो कहा था कि अजितेन्द्रिय पुरुषों के लिए सब बड़ी-बड़ी बातें केवल बहस की बातें रह जाती हैं, उसका प्रत्यक्ष उदाहरण हमारा शिक्षित वर्ग है। आप घंटों सत्य और अहिंसा पर, धर्म और संस्कृति पर नित्य व्याख्यान सुन सकते हैं, समाचार पत्रों में साहस और निष्ठा पर लेख पढ़ सकते हैं, पर **'कार्यकाले समुत्पन्ने न सा विद्या ना सा मतिः।'** हमारे देश की सामूहिक समस्या इस समय चरित्रगत कमजोरी है। नीचे से ऊपर तक लोभ और भय का बीभत्स नृत्य देखकर हृदय काँप उठता है। चरित्रबल न रहे तो आदमी अपने संकल्प का अर्थ भी नहीं समझना चाहता। जो व्यक्ति यह प्रार्थना करेगा कि मैं दैन्यहीन होकर सौ वर्ष जीवन व्यतीत करूँ, उसमें निःसन्देह स्वाभिमान की मात्रा बहुत अधिक होगी। अब कोई स्वामिभानी आदमी जो स्वयं दीनता-प्रकाशन को मनुष्य जीवन का अभिशाप समझता हो, दूसरे को दीन कैसे बना सकता है। यदि हम शुभ चित्त से अपनी इसी महती प्रार्थना के मर्मार्थ पर विचार करें तो स्पष्ट हो जाएगा कि जिस ऋषि ने इस महान संकल्प को नित्य दुहराने की व्यवस्था की थी, उसने यह भी सोचा था कि जो लोग ऐसी प्रार्थना करेंगे, वे दूसरे को दीन नहीं बनाएँगे। शोषण और परपीड़न के पाप की ओर उनकी दृष्टि नहीं जाएगी।

पर हुआ उलटा। लोग प्रार्थना भी करते रहे, और शोषण और परपीड़न का चक्कर भी चलता रहा। प्रार्थना अपने रास्ते चलती गई और दुनिया का व्यवहार अपने रास्ते चलता गया। अन्तर बढ़ता गया, बढ़ता गया, बढ़ता गया। और अब यह अवस्था हो गई है कि हमारे इस मौखिक संकल्प का कोई मूल्य ही नहीं रहा। हमारे देश की औसत आयु घटते-घटते अब बीस वर्ष के आसपास रह गई है। विचार करने पर मन क्षोभ से भर जाता है। इतने बड़े संकल्प की क्या यही गति होनी चाहिए थी? पर क्षोभ चाहे जितना हो, वस्तुस्थिति यही है।

बड़ी-बड़ी बातों के धोखने से हम अपने दोषों को नहीं ढँक सकते। हमें सचाई—अनावृत सचाई—का साहसपूर्वक सामना करना चाहिए। जिस प्रकार भी हो हमें अपने नैतिक धरातल को ऊपर उठाना ही पड़ेगा। भारतवर्ष को अगर सम्मानपूर्वक जीवित रहना है, तो उसे अपने काले धब्बे को धो देना पड़ेगा। गाल के जोर से दीवाल नहीं ढहती, निहुरे-निहुरे ऊँट नहीं चुराया जाता। चारों ओर भीतर और बाहर के शत्रु हमारी ओर आँख लगाए हुए हैं, दूसरे निश्चिन्त होना चाहें तो हो लें, हम निश्चिन्त नहीं सो सकते।

**''जा का घर है गैल में सो कत सोय निश्चिन्त।''**

यहाँ मैं अपनी बात जरा और भी स्पष्ट रूप में ही आपके सामने रखना चाहता हूँ। मैं जितनी दूर तक अपने देश का इतिहास समझ सका हूँ, मुझे ऐसा लगा है कि अनेक बड़े-बड़े आध्यात्मिक साधक, सम्प्रदाय और धार्मिक आन्दोलन महान आदर्शों को लेकर चले हैं, पर देर तक वे शुद्ध अनाविल रूप में नहीं रह सके हैं। घर जोड़ने की माया ने सबको अभिभूत कर लिया है। जिन लोगों ने शोषण और परपीड़न का विरोध किया था, उन्हीं के नाम पर स्थापित गद्दियों की ओर से शोषण का कारबार तेजी से चल पड़ा है। व्यक्तियों की बातें मैं नहीं कहता। हमारे देश में ऐसे-ऐसे दृढ़ निश्चयी और त्यागी वीर हुए हैं कि जिनके नाम लेने से हृदय और मन पवित्र हो जाता है। वे कामक्रोधादि से विचलित नहीं हुए हैं, यह सत्य है; पर जब उनका संदेश समूह का सेवनीय बना है, तभी जड़ भार संग्रह करने की प्रवृत्ति बढ़ती गई है, माया जोड़ने का नशा उन्हें अभिभूत कर गया है। और देश क्रमशः चरित्र-बल से हीन होता गया है।

इस यन्त्र-युग में समूह की शक्ति बढ़ी है। हमें कोई ऐसी व्यवस्था सोचनी पड़ेगी कि प्रत्येक व्यक्ति को अपनी जरूरत भर अन्न, वस्त्र और शिक्षा मिल जाय और उसे जितने की जरूरत है, उससे अधिक संग्रह करने का अवसर ही नहीं मिले। जब सामूहिक रूप से ऐसी कोई व्यवस्था हो जाएगी, तभी ये छोटी चीजें बड़ी-बड़ी बातों से मनुष्य का ध्यान हटाकर अपनी ओर खींच नहीं सकेंगी। हमें उन बातों को समाज में ठहरने ही नहीं देना चाहिए जो औसत व्यक्ति की चरित्र-शक्ति को हीन और दुर्बल बनाता है। अब हमारी साधना केवल व्यक्तिगत उपदेश तक सीमित नहीं रहनी चाहिए, हमें सामूहिक रूप से ऐसी व्यवस्था करनी चाहिए कि मनुष्य को लोभ-मोह की ओर खींचने वाली शक्तियाँ क्षीण-बल हो जाएँ।

कहने का मतलब यह है कि इन दिनों केवल व्यक्ति को लोभ-मोह से विरत होने का उपदेश ही काफी नहीं है, लोभ-मोह को प्रश्रय देने वाली शक्तियों को ही निःशक्त कर देने की आवश्यकता है। आज जब हम सामूहिक शिक्षा, सामूहिक सुरक्षा आदि की ओर अग्रसर होने को बाध्य हो गये हैं, तो हमें सामूहिक रूप से जनता के चरित्रबल को सुरक्षित करने की व्यवस्था भी

प्रयत्नपूर्वक करनी होगी।

जब हमारी सम्पूर्ण जनता साहसपूर्वक धर्मानुकूल कर्म करती हुई सौ वर्ष का जीवन पाने की इच्छा करेगी और उसके चरित्रबल को दुर्बल बनाने वाली सामाजिक शक्तियाँ क्षीण हो जाएँगी, तब हमारा नैतिक धरातल ऊँचा होगा। तभी समग्र देश का मंगल होगा और हमारे देशवासी केवल कर्ममय जीवन ही नहीं यापन करेंगे, वे सारे जगत् को इस प्रकार के जीवन की ओर उद्बुद्ध करेंगे तभी वैदिक ऋषि की सिखाई हुई यह प्रार्थना फलवती होगी—

**पश्येम शरदः शतं जीवेम शरदः शतम्**
**शृणुयाम शरदः शतं प्रब्रजाम शरदः शतमदीनाः।**
**स्याम शरदः शतं भूयश्च शरदः शतात्॥**

# अर्थार्षवाक्

बिहार-राष्ट्रभाषा-परिषद् के इस अधिवेशन का सभापति बनाकर जो सम्मान आपने दिया है, इसके लिए मुझे कृतज्ञता प्रकट करनी ही चाहिए। परन्तु मैं सबसे पहले विद्या और तपस्या की खरिरूपा इस महिमामयी भूमि को प्रणाम करता हूँ, बाद में इस भूमि की वरेण्य संतान आप महानुभावों को प्रणाम करता हूँ। इस क्रम का कारण है। आपने मेरे-जैसे अल्पज्ञ व्यक्ति को जान-बूझकर यह सम्मान क्यों दिया है, इस रहस्य को समझने का मैं प्रयत्न करता रहा हूँ, और सच पूछिए तो जान बूझकर ही मैंने भी जोखिम उठाया है। इस आसन पर बहुत उच्चकोटि के विद्वान् और मनीषी को बैठना चाहिए—यह आप भी जानते हैं और मैं भी जानता हूँ। फिर भी, आपने मुझे बैठा दिया और मैं भी बैठ गया। इतिहास में इस प्रदेश के विद्वानों के ऐसे परिहास की कथाएँ अनुलिखित हैं। किसी गावदी को आचार्यासन पर बैठाकर उसकी बहकी बातों का रस लेना इस प्रदेश के विद्वानों की पुरानी आदत है। नालंदा विश्वविद्यालय की ऐसी ही घटना बौद्धग्रन्थों में बड़े आदर के साथ लिख ली गई है। एक बार नालंदा के भुवन-विश्रुत विश्वविद्यालय में एक गावदी को पंडितों ने उसकी मूर्खता का रस लेने के लिए आचार्यासन पर बैठा दिया। उसका नाम 'भूसुक' था। नालंदा से कुछ ही दूर—कितनी दूर, यह नहीं बताया गया—भूमि में विवर या बिल बनाकर वह आदमी रहा करता था। भूमि के भीतर शयन करने के कारण ही वह 'भूसुक' कहलाता था। अपने गानों में तो वह अपने को 'भुसू' ही कह गया है, लेकिन 'भुसु' हो या 'भुसुक' इससे कोई अन्तर नहीं आता। भूमि के विवर में वह सोता अवश्य था। पूर्णिमा और अमावस्या को वह नियम से आचार्य का उपदेश सुनने आया करता था। जिस दिन की बात कह रहा हूँ, उस दिन भी आया था। मुश्किल यह है कि भूसुकों को—जिनकी संख्या आज भी विश्व में कम नहीं है—समय की कमी नहीं रहती, वे हर जगह समय से पहले पहुँच जाते हैं, जब कि आचार्यों को समय की कमी रहती है। वे प्रायः देर कर देते हैं। उस दिन भी ऐसा ही हुआ। भूसुक हाजिर थे, आचार्य नदारत। नियमानुसार आचार्य के आसन पर किसी को बैठना था। आज ही की भाँति उस दिन भी विद्वानों को चुहल सूझी। गावदी भूसुक गद्दी पर बैठा दिए गये। आशा की गयी थी कि कुछ

अटपटी बातें सुनने को मिलेंगी और पंडितों को थोड़ा हँसने का मौका मिल जाएगा। परन्तु धन्य है विद्या की प्रसूभूमि! इसकी महिमा अपरंपार है। जिसे इस प्रदेश की भूमि ने आश्रय दिया हो, उसे कौन छका सकता है? गावदी समझे जाने वाले भूसुक ने गादी पर विराजमान होकर पहले वाक्य से ही लोगों को चकित कर दिया। पूछा 'किमार्ष ब्रवीमि उत अर्थार्ष ब्रवीमि?' क्या आर्षवाक्यों की व्याख्या करूँ या अर्थार्ष तत्त्व को समझाऊँ? पंडित मंडली हैरान। आर्ष तो बहुत सुना है भाई, अर्थार्ष क्या बला है! जमाने से हम जिन ऋषियों का नाम सुनते रहे हैं, उनका कहा हुआ 'आर्ष' है। उनके नाम में ही जादू है। वो जो कुछ कह गए हैं, सब ग्राह्य है पर अर्थार्ष क्या? भूसुक ने मेघ-गम्भीर स्वर में कहा—

**यदर्थवद् धर्मपदोपसहितं त्रिधातुसंक्लेशनिवर्हणं वचः।**
**भवे भवेच्छान्त्यनुशंसदर्शकं तद्वत् क्रमार्ष विपरीतमन्यथा॥**

जो बात अर्थवत् हो, धर्मयुक्त हो, त्रिधातु-दोष को नष्ट करने वाली और रोज बनती-बिगड़ती रहने वाली दुनिया के पचड़ों और उसमें रमने की इच्छा समाप्त करके शांति पाने में साधक हो, वही सच्चे अर्थों में आर्ष है, बाकी सारी बातें अनार्ष। इसीलिए ऐसे अर्थ वाले वचन दुर्लभ होते हैं। कहते हैं, भूसुकपाद ने अर्थार्ष तत्त्व की ऐसी सुन्दर व्याख्या की कि पंडित लोग हैरान रह गए और तुषित लोक से विमान भेजकर देवताओं ने उन्हें बुला लिया। इस भूमि की ऐसी ही महिमा है, मैं इस धरती को प्रणाम करता हूँ। मुझे पूरी आशा है कि यह मेरी भी लाज बचा लेगी। इसलिए जान-बूझकर मैंने जोखिम उठाया है।

इस जगद्धात्री भूमि की ऐसी ही महिमा है। उस ज्ञानपीठ के सहृदय विद्वान लोग उस दिन चकित रह गए थे। पता नहीं क्यों उस विवरभूमि (बारों?) के निवासी की आधी ही कहानी बिहार में जीवित रह गई। आधी बौद्धधर्म के साथ ही लोप हो गई। कदाचित् नाथसिद्धों का विलेषयनाथ (बिल में शयन करने वाले प्रभु) भूसुकपाद का ही दूसरा नाम है। जो हो, पूर्वार्द्ध भी ठीक है और उत्तरार्द्ध भी। मैंने उत्तरार्द्ध को दो हिस्सों में बाँटकर सोचा है। इस भूमि के स्पर्श के दो फल हैं; अर्थार्ष वाक्य कहला सकने की क्षमता और सीधे तुषित लोक में पहुँचाने का सामर्थ्य । इस व्याख्यान को मैंने अन्यत्र लिखा है, केवल इस जगन्माता भूमि का स्मरण करके ही काम चला लिया है। यहीं बैठकर लिखता तो तुषित लोक में पहुँचने का खतरा था। स्मरण-भाव से मैंने आधा फल पाने की ही अभिलाषा की है। आशा है कि आप मेरे जोखिम उठाने के निश्चय में भी जो थोड़ी सावधानी बरती गई है, उसकी तारीफ ही करेंगे।

तो मैं अर्थार्ष ही कहना चाहता हूँ—अर्थवत् और धर्मपदोसंहित। संकल्प ऐसा ही है। संकल्प ही बड़ी बात है; नैवेद्य कुछ भी हो संकल्प की महिमा से बड़ा हो जाता है। मैं बिलकुल नहीं सोच रहा हूँ कि मेरा नैवेद्य अर्थात् जो कुछ

निवेदन किया जा रहा है, वह वस्तु क्या है। मैं इस समय यही सोच रहा हूँ कि मेरा संकल्प शुभ हो। 'अर्थार्ष' कहने की महत्त्वाकांक्षा संकल्प से ही महान बनती है। मैं फिर एक बार बिहार की पावन भूमि को प्रणाम करता हूँ, जिसके स्मरण से मुझे संकल्प की महिमा का ज्ञान हुआ है।

मैं जानता हूँ कि आपके मन में इस समय बहुत से प्रश्न समाधान के लिए व्याकुल हैं। हमारी यह परिषद राष्ट्रभाषा की सेवा और समृद्धि-साधना के लिए स्थापित हुई है। पिछले कुछ वर्षों में इस परिषद ने केवल महत्त्वपूर्ण साहित्य का प्रकाशन ही नहीं किया है, अपने अनुकरणीय कार्यों से दूसरे राज्यों को प्रेरणा भी दी है। यह परिषद की बहुत बड़ी सफलता है। परन्तु सफलता ही सब-कुछ नहीं है। बड़ी बात है चरितार्थता, जिसे अँगरेजी में 'फुलफिलमेंट' कहते हैं। आपके मन में इस समय सबसे बड़ा प्रश्न चरितार्थता का ही है। राष्ट्रभाषा-परिषद की चरितार्थता इस बात में होगी कि देश की जनता देश की भाषा में, छोटा-बड़ा सभी काम करने वाले, ऊँचे-से-ऊँचे विचार देशभाषा में व्यक्त करने लगे और समूचा देश विचारगत परनिर्भरता से मुक्त होकर स्वाधीन सहज मानवता की उपलब्धि करे। स्पष्ट ही इस संकल्प में बाधा पड़ती दीख रही है। हमारे देश के कई विचारशील मनीषी इधर कहने लगे हैं कि अँगरेजी के राष्ट्रभाषा बने रहने में ही कल्याण है, इसमें कोई लाज-शर्म की बात नहीं है। अँगरेजी को हटाया गया तो देश टूटकर बिखर जाएगा। समूचे देश की एकता आज अँगरेजी के मृणाल-कोमल तंतु से ही बँधी हुई है। देशी भाषाओं में—तत्रापि हिन्दी में—न कोई साहित्य है, न साहित्य पैदा करने की क्षमता ही है। हिन्दी के हिमायती इससे विचलित हैं, विक्षुब्ध हैं और कुछ लोग तो कुछ त्रस्त भी हैं। आज तक जो किया-कराया गया, वह क्या यों ही सनक-मात्र था? क्या सब कुछ बिखर ही जायेगा? क्या हिन्दी को राष्ट्रभाषा बनाने का आंदोलन देश की एकता नष्ट करने में ही पर्यवसित हुआ है? यह भी सुना जा रहा है कि हिन्दी को महत्त्व देने से अन्यान्य देशी भाषाओं के विकास में बाधा पहुँचेगी, कुछ साहित्य-मनीषियों ने तो यह भी कहना शुरू किया है कि अँगरेजी के बने रहने से ही तत्तत् प्रदेश की भाषाओं के विकास का भविष्य सुरक्षित रह सकेगा। हिन्दी के आने से उसे खतरा है। संविधान में संशोधन करने के आन्दोलन भी जन्म ले रहे हैं। इन बातों के पक्ष और विपक्ष में बहुत शास्त्रार्थ हो चुका है। युक्तियों, तर्कों और दलीलों से मामला सुधर जाने लायक होता, तो बहुत पहले सुधर गया होता। मैं इस रास्ते न जाना चाहता हूँ, न आपको ही जाने की सलाह दे सकता हूँ। मैं इतना अवश्य कहना चाहता हूँ कि आप सदा इस बात को ध्यान में रखें कि इन बातों के कहने वाले बाहर के लोग नहीं हैं, वे अपने ही आदमी हैं। उनकी बात ध्यान से सुनने योग्य है और बात से नहीं, काम से यह सिद्ध कर देना है कि उनकी आशंकाएँ निर्मूल हैं और दुश्चिन्ताएँ अतिरिक्त सावधानी की

उपज हैं। यही काम अब करना है। कैसे किया जा सकता है, यही विचार्य है।

इन आशंकाओं को इस प्रकार रखा जा सकता है—

1. हिन्दी में साहित्य नहीं है?
2. हिन्दी भाषा में विचारों की सूक्ष्म अभिव्यक्ति की शक्ति नहीं है।
3. हिन्दी भारतीय भाषाओं में से एक है, उसको राष्ट्रभाषा या राजभाषा मान लेने से दूसरी भाषाओं के प्रति उपेक्षा और अन्याय होगा, जो आगे चलकर उनके विकास में बाधा पहुँचाने को बाध्य है?
4. अँगरेजी समृद्ध भाषा है, अन्तर्राष्ट्रीय भाषा है, उसे राजभाषा के रूप में स्वीकार करने में कोई शर्म की बात नहीं है?
5. अँगरेजी के राजभाषा बनने से सभी देशी भाषाओं को समान विकास का अवसर मिलेगा?
6. अँगरेजी ही देश की एकता बनाए रख सकी है। उसके अभाव में देश बिखर जाएगा?

पहली बात एक अर्थ में सच है, एक अर्थ में सच नहीं। अँगरेजी, रूसी, जर्मन, और फ्रेंच भाषाओं से वह कम अवश्य है, पर भारत की अन्य देशी भाषाओं की तुलना में वह कम नहीं है। कई से तो बहुत अधिक है, कई के समकक्ष। दूसरी बात भी ठीक नहीं है। अभिव्यक्ति की अपार शक्ति हमारे देश की सभी भाषाओं में है, हिन्दी में है। प्रयोग का अवसर न मिलने से वह शक्ति सुप्त पड़ी हुई है। इन विषयों में तर्क करना बेकार है। यदि इन बातों का उत्तर देना आवश्यक ही हो तो एक ही उत्तर है—काम कर दिखाना। मुझे पूर्ण विश्वास है कि देशी भाषाओं के लेखक इस चुनौती का समुचित उत्तर काम करके ही देंगे।

तीसरा प्रश्न यदि कुछ भी सारवान् है, तो उनका भी उत्तर काम करके ही दिया जा सकता है। हमें स्पष्ट रूप से स्वीकार करना चाहिए कि हिन्दी-प्रचार का काम सबके लिए है। अगर उसके बिना भी देश का भी काम आसानी से चल सकता हो, तो हम कभी नहीं चाहेंगे कि किसी भी देशी भाषा के क्षेत्र में वह लादी जाए। अब तक ऐसा कुछ उपाय नहीं सुझाया गया है, जो एक भारतीय भाषा के बिना ही देश की एकता बनाए रखने में समर्थ हो। हम सब देशी भाषाओं की समृद्धि देखना चाहते हैं। साथ ही, हम देश को दृढ़ एकता में आबद्ध भी देखना चाहते हैं। लेकिन अंतिम तीन बातें निराधार ही हैं और स्वीकृत हुई तो घातक भी। मुझे ऐसा लगता है कि कहीं हमसे बहुत बड़ी गलती हुई है, भारतवर्ष की सारी भूमि समझने की भावना को तो थोड़ा बहुत अपना लिया है, परन्तु भारतवर्ष की सभी भाषाओं को अपनी भाषा समझने की बुद्धि विकसित नहीं की है। भारतवर्ष की मिट्टी तो हमारी मृण्मय सम्पत्ति है—मिट्टी की संपदा। किन्तु यहाँ की भाषाएँ और साहित्य हमारी चिन्मय संपत्ति हैं। वह सबकी

हैं। सभी भाषाएँ सबकी हैं। जब तक यह बुद्धि नहीं आती, तब तक आशंकाएँ दूर नहीं होंगी।

स्वतंत्रता प्राप्ति के बाद गत वर्षों में हिन्दी-साहित्य को समृद्ध बनाने की दिशा में अनेक महत्त्वपूर्ण कार्यों का आरम्भ हुआ। बिहार-राष्ट्रभाषा परिषद ने साहित्य, दर्शन, इतिहास, राजनीति, धर्म और विज्ञान के महत्त्वपूर्ण ग्रंथों का प्रकाशन किया है। उत्तर प्रदेश में भी हिन्दुस्तानी अकादमी और हिन्दी-समिति ने साहित्य को नाना विषयों के ग्रन्थों में समृद्ध बनाने का यत्न किया है। मध्य प्रदेश के शासन-साहित्य परिषद ने भी उल्लेख योग्य कार्य शुरू किया है और राजस्थान में भी एक इस प्रकार की परिषद् की स्थापना का उद्योग हुआ है। केन्द्र में साहित्य-अकादमी ने विभिन्न देशी भाषाओं के साहित्य के आदान-प्रदान का महत्त्वपूर्ण कार्य आरम्भ किया है। केन्द्रीय सरकार ने नेशनल बुक ट्रस्ट की भी स्थापना की है, जिसने उत्तम ग्रन्थों के प्रचार और प्रसार का एक संगठित प्रयास करने का प्रयत्न किया है। शिक्षा-मंत्रालय के उद्योग और सहायता से कई संस्थानों ने महत्त्वपूर्ण कार्यों का प्रारम्भ किया है। इनमें उल्लेख योग्य हैं—काशी-नागरी-प्रचारिणी सभा द्वारा आयोजित 'हिन्दी-शब्द-सागर' का नया संशोधित संस्करण तथा विश्वकोष के निर्माण और जामिया मिलिया द्वारा आयोजित प्रौढ़ शिक्षार्थियों के लिए लिखाए जाने वाला 'ज्ञान-सरोवर'। केन्द्रीय सरकार के शिक्षा-मंत्रालय ने सारे देश में प्रचलित होने योग्य शास्त्रीय शब्दावली के निर्माण में उल्लेख योग्य कार्य कराया है। यद्यपि यह कार्य कुछ मंदगति से चल रहा है, तथापि इसका महत्त्व बहुत अधिक है। यदि समस्त देशी भाषाएँ शास्त्रीय और वैज्ञानिक ग्रन्थों के लिए इन शब्दों का प्रयोग करने लगें, तो भाषागत व्यवधान बहुत कम हो जायेगा। कई हिन्दी प्रदेशीय सरकारों और केन्द्रीय सरकार के सहयोग से काशी-नागरी-प्रचारिणी सभा ने सत्रह जिल्दों में एक बृहत कोश की योजना प्रस्तुत की है, जिसका पहला भाग प्रकाशित भी हो चुका है। सम्पूर्ण प्रकाशित होने पर यह इतिहास साहित्यिक विश्वकोश का कार्य करेगा। दो साहित्य-कोशों के निर्माण का भी प्रयत्न हो रहा है। एक तो उत्तर प्रदेश सरकार करा रही है; दूसरा काशी का ज्ञानमंडल। यह दोनों ही साहित्य-कोश बड़े उपयोगी सिद्ध होंगे, ऐसी आशा है। केन्द्रीय सरकार की सहायता से हिन्दुस्तानी कल्चर सोसाइटी अँगरेजी-हिन्दी का एक कोश तैयार कर रही है। इसमें अँगरेजी के लिए बोलचाल में प्रयोग करने योग्य प्रतिशब्द तैयार करने का प्रयत्न हो रहा है। यद्यपि हमारी सबसे महत्त्वपूर्ण संस्था हिन्दी-साहित्य-सम्मेलन आपसी झगड़ों के कारण यथोचित क्रियाशील नहीं है, तथापि वह बिलकुल निश्चेष्ट भी नहीं है। उसकी ओर से भी एक अँगरेजी-हिन्दी कोश का निर्माण हो रहा है, जो मन्द गति से आगे बढ़ रहा है। विश्वविद्यालयों ने भी पिछले दस वर्षों में थोड़ी-बहुत क्रियाशीलता दिखाई है। कई शोध-निबन्धों का प्रकाशन हुआ है,

जिनमें सबका तो नहीं, परन्तु कुछ का तो स्थायी महत्त्व है। विश्वविद्यालयों को जिस तत्परता के साथ संगठित प्रयत्न करके देशी भाषाओं के साहित्य को समृद्ध बनाने में जुट जाना चाहिए था, उसका कोई खरा लक्षण नहीं दिखाई दे रहा है। अब भी हमारे विश्वविद्यालय अँगरेजी की माया नहीं काट सके हैं और परीक्षाओं की योजना में ही अपनी सारी शक्ति लगाने का प्रयत्न करते जा रहे हैं। विश्वविद्यालयों ने विद्या की आँच जितनी पैदा की है; उतना प्रकाश देने का प्रयत्न नहीं किया है। आँच आवश्यक है; क्योंकि उसके बिना किसी परिवार की खिचड़ी नहीं पक सकेगी, किन्तु प्रकाश देना और भी आवश्यक है; क्योंकि उसके बिना जनता अपना रास्ता नहीं खोज सकेगी। दुर्भाग्यवश हमारे विश्वविद्यालयों ने प्रकाश देने का व्रत नहीं लिया है। इस प्रसंग में आगरा विश्वविद्यालय के हिन्दी विद्यापीठ की चर्चा आवश्यक है। इस विद्यापीठ ने अपने अल्पकालीन जीवन में महत्त्वपूर्ण कार्य करने के शुभ संकल्प का परिचय दिया है।

हिन्दी के प्राचीन ग्रंथों के अन्वेषण, संकलन और सम्पादन का कार्य भी कुछ प्रगति की ओर बढ़ा है। 'काशी-नागरी-प्रचारिणी सभा' का खोज विभाग राज्य और केन्द्रीय सरकारों की सहायता से प्राचीन ग्रंथों के अन्वेषण का कार्य निष्ठापूर्वक करता जा रहा है। पिछले दस वर्षों में खोज-विवरणों के कई जिल्द प्रकाशित हुए हैं और आशा की जा रही है कि इस वर्ष के समाप्त होते-होते और भी कई जिल्द प्रकाशित हो जायेंगे। बिहार, राजस्थान और मध्यप्रदेश में भी इस प्रकार के अन्वेषण का महत्त्वपूर्ण कार्य आरम्भ हो गया है और आशा की जानी चाहिए कि कुछ दिनों में हिन्दी का बहुत-सा अज्ञान साहित्य प्रकाश में आ जाएगा! काशी की नागरी-प्रचारिणी-सभा, जयपुर का पुरातत्त्व-मन्दिर और प्रयाग की हिन्दुस्तान अकादमी ने प्राचीन ग्रंथों के सम्पादन और प्रकाशन का महत्त्वपूर्ण कार्य किया है। और भी कुछ संस्थाएँ इस ओर दत्तचित्त हैं। संस्कृत ग्रंथों के, विशेषकर साहित्यिक ग्रन्थों के अनुवाद का कार्य अच्छा हुआ। दिल्ली-विश्वविद्यालय के हिन्दी विभाग के अध्यक्ष डॉ० नगेन्द्र ने अनेक महत्त्वपूर्ण ग्रन्थों का अनुवाद और सम्पादन कराया है।

भारतवर्ष की विभिन्न भाषाओं के साहित्य के अनुवाद का कार्य रुचि के साथ किया जाने लगा है। साहित्य अकादमी के प्रयत्नों के अतिरिक्त हिन्दी की प्रमुख पत्र-पत्रिकाओं ने भी इस दिशा में उल्लेख योग्य कार्य किया है। यह बड़ा ही शुभ लक्षण है। इससे देश की एकता की भावना को दृढ़ करने में बड़ी सहायता मिलेगी। साहित्य अकादमी ने प्रतिवर्ष देवनागरी में सभी भाषाओं की चुनी कविताओं का अनुलेखन हिन्दी भाषान्तर के साथ प्रकाशित करना आरम्भ किया है। इसी प्रकार 'देवनागर' में भी विभिन्न साहित्यों की मूल रचनाएँ देवनागरी अक्षरों में प्रकाशित हो रही हैं। यह प्रयत्न अभी आरंभावस्था में ही है,

परन्तु आशा की जा सकती है कि आगे चलकर इनसे देश में एकलिपि-विस्तार की शुभेच्छा आकार ग्रहण कर सकेगी। इस विषय में तो दो मत नहीं हो सकते कि यदि सभी भारतीय भाषाएँ एक ही लिपि में लिखी और छापी जाने लगें, तो देश का बड़ा कल्याण होगा। परन्तु यह कार्य सबकी रज़ामन्दी से हीं हो सकता है। विभिन्न भाषाओं की लिपियाँ अपने-अपने प्रदेशों में बहुत परिचित और प्रिय हैं। उनमें अपना-अपना सौन्दर्य भी है, इसीलिए केवल उपयोगिता की दृष्टि से उन्हें छोड़ने का आग्रह नहीं किया जा सकता। देश के बृहत्तर कल्याण की दृष्टि से ही यह वांछनीय है। उसी दृष्टि के सशक्त होने पर यह कार्य हो सकेगा। पिछले दस वर्षों में ऐसा कोई लक्षण नहीं दिखा है कि सभी प्रादेशिक भाषाओं के लिए देवनागरी लिपि स्वीकृत हो ही जायेगी। परन्तु सिन्धी, मैथिली, राजस्थानी, संथाली आदि कई भाषाएँ इस लिपि में बिना प्रयत्न के ही लिखी जाने लगी हैं। उर्दू का थोड़ा-बहुत साहित्य भी देवनागरी लिपि में प्रकाशित हुआ है और पाली, प्राकृत और अपभ्रंश की रचनाएँ भी इस लिपि में प्रकाशित होने लगी हैं। नैपाली भाषा का साहित्य भी इसी लिपि में प्रकाशित होने लगा है और काश्मीरी की कुछ पुस्तकें भी इसी लिपि में छापी गई हैं। आशा की जानी चाहिए कि निकट भविष्य में और भी भाषाएँ इस लिपि में प्रकाशित होने लगेंगी।

उर्दू हमारे देशवासियों की महत्त्वपूर्ण भाषा है। यह हर्ष की बात है कि हिन्दी-उर्दू का जो विवाद स्वतन्त्रता प्राप्ति के पहले बहुत विकट हो गया था, वह धीरे-धीरे शान्त हो चला है। हिन्दी और उर्दू भाषाओं में केवल लिपि का भेद है। दोनों भाषाएँ जितनी ही निकट आएँगी, उतना ही शुभ होगा। दुर्भाग्यवश स्वतन्त्रता के पूर्व इस भाषा-विवाद ने साम्प्रदायिक रूप ग्रहण कर लिया था, जो अनुचित तो था ही, अनैतिहासिक भी था। ऐसा माना जाने लगा था कि हिन्दुओं की भाषा हिन्दी है और मुसलमानों की उर्दू। परंतु अब यह भ्रान्ति दूर होती जा रही है। देवनागरी लिपि में प्रकाशित हुआ साहित्य बड़े प्रेम के साथ पढ़ा जाने लगा है और कई मुसलमान विद्वान उत्साह के साथ हिन्दी-साहित्य को समृद्ध करने के शुभ प्रयत्न में लग गए हैं। इनमें सबसे अधिक उल्लेख योग्य सैयद अतहर अब्बास रिजवी साहब के प्रयत्न हैं। इन्होंने फारसी भाषा में लिखित मूल ग्रंथों के प्रामाणिक हिन्दी अनुवादों का कार्य आरम्भ किया है। अब तक तुगलक और पठान-कालीन साहित्य के कई जिल्द प्रकाशित हो चुके हैं और पूर्ण आशा है कि उनके प्रयत्नों से शीघ्र ही फारसी से सभी आकार-ग्रंथ हिन्दी में आ जायेंगे, जो हमारे मध्यकालीन इतिहास के महत्त्वपूर्ण स्रोत हैं।

रचनात्मक साहित्य के क्षेत्र में भी पिछले दस वर्षों में अच्छी प्रगति हुई है। काव्य, उपन्यास, कहानी, निबन्ध और नाटकों के क्षेत्र में कई नवीन प्रतिभाशाली लेखकों का पदार्पण हुआ है और पुरानी पीढ़ी के लेखकों ने भी अपना प्रयत्न जारी रखा है। कुछ दिन पूर्व तक साहित्यिक कुण्ठा और रचनात्मक अवसाद

का जो अभियोग सुनाई देता था, वह क्षीण हो गया है। निस्सन्देह हमारे प्रतिभाशाली लेखकों ने यह प्रमाणित कर दिया है कि पिछले दस वर्षों में साहित्यकार बिलकुल निश्चेष्ट न था। उसने अनेक क्षेत्रों में नए प्रयोग किए हैं। सफलता भी प्राप्त की है। पिछले दिनों प्रगतिवाद और प्रयोगवाद का नाम देकर जिस अर्थहीन दलबन्दी का सूत्रपात हुआ था, उसने प्रतिभाशाली तरुणों में भयंकर बुद्धिभेद उत्पन्न कर दिया था। इस बात के लक्षण दिखाई देने लगे हैं कि हमारे लेखक इन निरर्थक वाद-विवादों का खोखलापन समझ गए हैं। मुझे पूर्ण विश्वास है कि आगामी कुछ वर्षों में यह दलबन्दी समाप्त हो जायेगी, व्यक्तिगत आक्षेपों का वातावरण समाप्त हो जायेगा और प्रतिभाशाली लेखक कुहासे के हट जाने से मुक्त आकाश में अपनी प्रतिभा की किरणें फैलाकर उत्सुक पाठकों को मुक्त वायु और स्निग्ध प्रकाश का दान करने लगेंगे। पाठकों के चित्त से भी दलगत बहस-मुबाहिसे का पर्दा हट जाएगा और वह लेखक के अपने ही तत्त्ववाद पर आधारित सामूहिक आनन्द और मंगल के साहित्य का रसास्वादन करने में रस लेने लगेगा।

व्यक्तिगत और दलगत आरोप और प्रत्यारोप का वातावरण सच्चे साहित्य की उन्नति का सबसे भयंकर बाधक तत्त्व है। अगर हमें सचमुच हिन्दी साहित्य को समृद्ध करना है, तो इस प्रकार के ओछेपन और गन्दगी को दूर से ही नमस्कार कर लेना होगा। बड़ी बात कहने के लिए बड़ा दिल और दिमाग होना चाहिए। संकीर्ण चित्त लेकर जो बात कही जायेगी, वह निश्चय ही मंगलजनक नहीं होगी। व्यक्तिगत या दलगत राग-द्वेष के आवरण से ढँका हुआ प्रकाश मन्द होने को बाध्य है। मुझे खेद के साथ कहना पड़ता है कि पिछले दस वर्षों में इस मनोवृत्ति ने साहित्य के मार्ग को कंटकाकीर्ण बना दिया है और बड़ी-बड़ी संस्थाओं को निष्क्रिय बना दिया है। साहित्यिक मतभेद और प्रतिद्वन्द्विता होना बुरा नहीं है, परन्तु उसके कारण कटुता नहीं आनी चाहिए। साहित्य बहुत पवित्र वस्तु है। उसके निर्माता के चित्त में पूर्ण पवित्रता होनी चाहिए।

यह हर्ष की बात है कि हमारे साहित्य का सम्मान विदेशों में होने लगा है। यद्यपि पश्चिमी देशों में अपनी साहित्यिक श्रेष्ठता की ऐंठ के कारण इस साहित्य का प्रवेश उतना अधिक नहीं हुआ है, तथापि यूनेस्को की ओर से हमारे महत्त्वपूर्ण ग्रन्थों का थोड़ा-बहुत अनुवाद हुआ है, लेकिन रूस में काफी अधिक मात्रा में हमारे साहित्य का अनुवाद किया गया है और वहाँ की उदार जनता ने इसका स्वागत भी किया है। चेकोस्लोवाकिया, चीन आदि देशों ने भी हमारे साहित्य की काफी कदर की है। अंग्रेजी पर अत्यधिक ध्यान देने के कारण भारतवर्ष पश्चिमी देशों की दृष्टि में अंग्रेजी-भाषी देश ही माना जाने लगा है। उन देशों में लोग यह समझते हैं कि भारतवर्ष का जो कुछ सर्वोत्तम है, यह अंग्रेजी के माध्यम से ही प्रकट हो रहा है। यह धारणा गलत है, परन्तु दुर्भाग्यवश हमारी

ओर से ही इस गलत धारणा को फैलाने का काम हो रहा है। पता नहीं, वह दिन कब आएगा जब हम यह विश्वास करने लगेंगे कि अपनी भाषा के माध्यम से ही हम अपना सर्वोत्तम संसार को दे सकते हैं। कमजोरी मानसिक है, अतः मानसिक स्तर पर ही इसका समाधान भी हो सकता है। जो लोग देशी भाषाओं पर दृढ़ आस्था रखते हैं, यह कर्त्तव्य है कि अपनी भाषाओं में श्रेष्ठ साहित्य का तेजी से निर्माण करें; क्योंकि देशी भाषाओं का सशक्त साहित्य ही पढ़े-लिखे लोगों की आत्मविश्वास की हीनता को दूर कर सकता है।

अब तक मैंने जो कुछ कहा है, वह साहित्यिक प्रयत्नों की आशाजनक कहानी है, लेकिन सन्तोषजनक बिलकुल नहीं। जरा सोचिए कि हमें अपनी भाषा को समर्थ बनाने के लिए कितने दृढ़ और परिश्रमसाध्य कार्य करने हैं। हिन्दी को यदि अपने देश की कार-बार सँभालने वाली भाषा बनना है, तो उसमें ज्ञान-विज्ञान की सभी शाखाओं पर उत्तम और प्रामाणिक ग्रन्थों की आवश्यकता होगी। इस भाषा के माध्यम से हमें उन्नत वैज्ञानिक, इंजीनियर, कानूनदाँ, प्रशासक, दार्शनिक, अर्थशास्त्रज्ञ, वाणिज्य-विशेषज्ञ; सेना-संचालक और विचार-क्षेत्र के महान नेताओं की आवश्यकता होगी। हमारे पास इन विषयों में प्रवेश कराने योग्य पुस्तकें भी नहीं हैं। यदि देश के सभी भागों से फैले हुए प्रचलित और अनिराकृत कानूनों को ही अपनी भाषा में ले आना हो तो, मुझे विश्वस्त सूत्र से मालूम हुआ है कि कम-से-कम दस हजार पृष्ठों की ठोस सामग्री का भाषान्तर करना होगा। वायु-सेना, नौ-सेना और स्थल-सेना की विविध क्रियाओं में प्रयुक्त होने वाले लगभग एक लाख ऐसे निश्चित अर्थ देने वाले शब्दों की आवश्यकता है, जिसका निर्भ्रांत होना आवश्यक है, क्योंकि किसी शब्द के गलत समझ लिये जाने से लाखों की जान-माल का खतरा है। उच्च न्यायालयों और धारा-सभाओं में कानून बनाने के लिए और उसकी उचित व्याख्या के लिए ऐसी भाषा की आवश्यकता है, जो पूर्ण रूप से निर्भ्रान्त हो। विज्ञान और गहन विचार के शास्त्रों की सहस्रों उच्च कोटि की पुस्तकें आवश्यक होंगी। अच्छे प्रशासक होने के लिए अच्छा मनुष्य होना बहुत आवश्यक है। उसमें बौद्धिक सूक्ष्मता और आध्यात्मिक ऊँचाई का होना ही आवश्यक गुण माने जाते हैं। जब तक हमारे विश्वविद्यालय अपनी भाषाओं के माध्यम से बुद्धि को शासित करने वाले शास्त्रों और नैतिक मानदण्ड को दृढ़ बनाने वाले तत्त्ववाद-विषयक ग्रंथों को नहीं पढ़ाते तब तक देशी भाषा के माध्यम से काम करने वाले उत्तम प्रशासक भी नहीं मिल सकते। इन सब कामों के लिए सैकड़ों उच्चकोटि के प्रामाणिक ग्रन्थों की आवश्यकता है। जिस समय हमारे हाथ में शासन-भार आया है, उस समय मनुष्य का ज्ञान बहुत आगे बढ़ चुका है। अन्य देशों ने जो कार्य वर्षों में सम्पन्न किया है, उसे हमें सप्ताहों में ही करना है। इतनी बड़ी आवश्यकता के लिए कितने कठोर प्रयास और अडिग

विश्वास की आवश्यकता है, वह कहकर बताने की जरूरत नहीं है। इसके साथ अपने प्रयत्नों की तुलना कीजिए तो स्पष्ट मालूम होगा कि दिल्ली अभी बहुत दूर है। अभी हमने यात्रा पर चलने का संकल्प-भर किया है। वह पर्याप्त तो है ही नहीं, संतोषजनक होने की बात ही कहाँ उठती है?

हमारे देश में ऐसे विचारवान लोग हैं जो सलाह देते हैं कि पहले सारा-का-सारा आवश्यक साहित्य तैयार हो जाए और तब हम अपनी देशी भाषाओं को अधिकार देने की बात सोचें। मैं अपनी सारी शक्ति से इस बात का प्रतिवाद करता हूँ। यह सोचने का गलत ढंग है और अपने प्रति विश्वास के अभाव का द्योतक है। कविगुरु रवीन्द्रनाथ ने कहा है कि रास्ते पर निकल पड़ो। रास्ता ही तुम्हें रास्ता बताएगा। हमें देशी भाषाओं का प्राप्य अधिकार उन्हें तुरन्त दे देना चाहिए। काम करते-करते जो साहित्य-निर्माण होगा, वही, सही और प्रामाणिक होगा। अपने ढंग से सोची हुई बात ही काम आती है। अंग्रेजी से उल्था करके अगर पोथियाँ लिख भी दी गईं तो वे पुस्तकस्था विद्या से अधिक मर्यादा नहीं पा सकेंगी। पुस्तकस्था विद्या कितनी बेकार होती है, यह हमारे पूर्वजों ने जान लिया था। मौका पड़ने पर कार्य-काल में वह विद्या बेकार ही सिद्ध होती है—

**पुस्तकस्था तुया विद्या, परहस्तगतं धनम्।**
**कार्यकाले समुत्पन्ने, न सा विद्या, न तद् धनम्॥**

इसलिए आज झिझक और संकोच छोड़कर दृढ़ विश्वास के साथ अपनी भाषा में काम करने में प्रयत्नशील होना चाहिए। देश के बहुत से बुद्धिमान माने जाने वाले जीव अपने आलस्य और विश्वासहीनता को अच्छी-अच्छी सलाहों के रूप में सजाकर देश को गुमराह बना रहे हैं। उनके चित्त पर अंग्रेजी का रंग इस बुरी तरह छा गया है कि अब दूसरा रंग चढ़ने की उम्मीद ही नहीं रह गई है। वे देश की कोटि-कोटि अशिक्षित और अल्पशिक्षित जनता की ओर बिल्कुल ही नहीं ध्यान देते। वे न जाने किस मोह-वश देश की बहुसंख्यक जनता की उपेक्षा करने की सलाह देते रहते हैं। इनमें बहुत-से लोग ऐसे हैं, जिन्हें स्वतन्त्रता की लड़ाई में भी विश्वास नहीं था। और बहुत-से तो ऐसे भी हैं जो भीतर-ही-भीतर विश्वास करने लगे थे कि अंग्रेजों के हट जाने पर भारतीय लोग अपने देश का शासन ठीक-ठीक नहीं सँभाल सकेंगे। पिछले दस वर्षों में यह सिद्ध हो गया है कि भारतीय अपने देश की कठिन समस्याओं को बहादुरी और दिलेरी से सँभाल सकते हैं और गई-गुजरी हालत में होने पर भी संसार को नया आलोक दे सकते हैं। बुद्धिमान की तरह इन विचारशील लोगों ने भी अवस्था देखकर व्यवस्था बदली है। अब वे कहने लगे हैं कि अंग्रेज के हट जाने से तो किसी तरह चल गया, लेकिन अंग्रेजी के हट जाने से सर्वनाश ही हो जायेगा। अंग्रेजी हटी नहीं कि आफत आई नहीं। ऐसी कठिन आसक्ति के बारे में क्या कहा जाए। रीतिकालीन हिन्दी-कवि की नायिका ने, जिनकी आँखों में गोपाल लाल ने एक

मुट्ठी अबीर फेंक दी थी और बड़े परिश्रम से सखी ने उसकी आँखों से अबीर के कण निकाले थे, पूछने पर कहा था कि—

**एरी मेरी बीर जैसे तैसे इन आँखिन सौं,**
**कढ़िंगौ अबीर, पै अहीर को कढ़ै नाहीं।**

ऐ मेरी प्यारी सखी, इन आँखों से अबीर तो जैसे-तैसे निकल गया, पर अहीर का छोकरा नहीं निकल पाया। यह दशा इन बुद्धिमानों की है। अंग्रेज तो जैसे-तैसे निकल गया, पर अंग्रेजी का कोढ़ नहीं काढ़ा जाता। आसक्ति का यह चरम रूप है।

स्वतन्त्रता-प्राप्ति के पूर्व हमारे देश के नेताओं ने एक भाषा की आवश्यकता पर जोर दिया। उस समय देश की पराधीनता ही सबसे बड़ी समस्या थी। उन दिनों अंग्रेजों को इस देश से हटाने की बात ही मुख्य थी। महात्माजी के चतुर्दशसूत्री कार्यक्रम में से सभी सबको स्वीकार नहीं था, फिर भी मुख्य उद्देश्य की प्राप्ति के लिए सबने उसे चुपचाप स्वीकार कर लिया! स्वतन्त्रता-प्राप्ति के बाद जब मुख्य उद्देश्य की प्राप्ति हो गई तब उस कार्यक्रम के बारे में ब्योरेवार ढंग से सोचने की फुरसत मिली। जो लोग उत्साहपूर्वक एक ही झण्डे के नीचे काम कर रहे थे, उनमें कई श्रेणी के लोग निकले और छोटी-छोटी पार्टियों का जन्म हुआ। यह स्वाभाविक ही था। देखा गया कि कांग्रेस के विशाल परिवार में अनेक विचारों के व्यक्ति थे। गाँधीजी के कार्यक्रम में ऐसी बहुत-सी बातें थीं, जिन्हें स्वयं कांग्रेस ने ही बहुत महत्त्व नहीं दिया है। एक और बड़ा समूह, जो स्वतन्त्रता-प्राप्ति के लिए एक नियोज्य रूप में काम कर रहा था, मौन ही बना हुआ था। इसमें देश के उच्च शिक्षा-प्राप्त अनुभवी प्रशासकों से लेकर छोटी-छोटी नौकरियों में लगे हुए हजारों व्यक्ति थे। अंग्रेजों का शासन-यंत्र ज्यों-का-त्यों बना रहा। इस शासन-यंत्र में एकदम परिवर्तन करना कठिन था, और परिवर्तन करने से नयी समस्या के खड़ा हो जाने का खतरा भी था। जननेताओं में प्रशासन कार्य की क्षमता थी, पर अनुभव नहीं था। परिणाम यह हुआ कि इन नेताओं को ही कई बार अपने को शासन-यंत्र के अनुकूल बनाना पड़ा। इन सब बातों का रचनात्मक कार्यक्रम के प्रवर्तन पर प्रभाव पड़ा और विचारों में भी परिवर्तन की आवश्यकता अनुभव हुई। पुराना शासन-यंत्र अंग्रेजी भाषा में काम करने की ही दृष्टि से संगठित हुआ था, ऊपर से नीचे तक अंग्रेजी का ही बोलबाला था। उच्च शिक्षित और अधिकार-प्राप्त प्रशासकों को अंग्रेजी में ही कार्य करने का अभ्यास था। यद्यपि गांधीजी के नेतृत्व में हिन्दी-प्रचार पर बहुत ध्यान दिया गया था, तथापि स्वतन्त्रता-प्राप्ति के बाद जो शासन-यंत्र हमारे हाथ आया था, उसके चलाने के लिए अंग्रेजी का आश्रय लेना परम आवश्यक था। जब संविधान-सभा ने हिन्दी को राजभाषा घोषित किया, तब यह समझा गया था कि पन्द्रह वर्षों में धीरे-धीरे अंग्रेजी के स्थान पर हिन्दी को प्रतिष्ठित करने में

कोई कठिनाई नहीं होगी। पर यह स्पष्ट होता जा रहा है कि कुछ लोगों ने इस रियायत का और ही अर्थ समझा था। उन्होंने समय चाहा था और उन्हें मिला। समय मिलने पर उनका प्रयास यही रहा कि यह प्रमाणित कर दिया जाए कि हिन्दी या कोई अन्य देशी भाषा राजकार्य के योग्य नहीं है। कहते हैं कि मनुष्य अपने विश्वासों और पूर्वाग्रहों को फिलासफी का रूप दिया करता है, धीरे-धीरे बुद्धिमत्तापूर्ण ढंग से और गुरु-गंभीर शब्दों के आवरण में अपनी अक्षमता को भी बुद्धिमान लोग तत्त्वदर्शन का रूप दे दिया करते हैं। इधर देशी भाषाओं को उपेक्षणीय समझने और अंग्रेजी को ही एकमात्र काम्य भाषा समझने का तत्त्ववाद निश्चित रूप ग्रहण करने लगा है। इसके लिए युक्ति और तर्क का भी अच्छा वातावरण प्रस्तुत किया गया है। यह बड़े दुर्भाग्य की बात है कि ऐसे शब्द-जाल की रचना की गई है कि देखकर आश्चर्य होता है। अब तो यहाँ तक कहा जाने लगा है कि भारतवर्ष की राजभाषा अगर अंग्रेजी हो तो इसमें कोई शर्म या लज्जा की बात नहीं; क्योंकि यह अपना है, यह पराया है—ऐसा सोचना तो हीन मनोवृत्ति का भावावेश मात्र है—

**अयं निजः परो बेति गणना लघुचेतसाम्।**

फिर, कहा जाने लगा कि हिंदी को प्रधानता देने से अन्य भाषाओं के प्रति अन्याय होगा। यदि अपनी भाषाओं में साहित्य-रचना करने की छूट दी जाए, और अंग्रेजी को राष्ट्रभाषा माना जाए तो किसी भाषा के प्रति अन्याय नहीं होगा। मानो हिंदी भाषा का आंदोलन अन्य देशी भाषाओं का विरोधी है। अंग्रेजी में कहावत है कि किसी को फाँसी देना हो तो उसे बदनाम करो, इस नीति से हिंदी का गला घोंटने के लिए एक नये शब्द का आविष्कार किया गया है—'हिंदी-साम्राज्यवाद'। इस प्रकार अंग्रेजी की रक्षा के लिए नयी पैंतरेबाजी शुरू हुई है। यह भी कहा जाता है कि इस भाषा पर अधिकार के कारण ही भारतवर्ष का आज अन्तर्राष्ट्रीय क्षेत्र में सम्मान है। अर्थात् नेहरू की उदार नीति और विशाल चरित्र-बल इस सम्मान का कारण नहीं है, बल्कि अंग्रेजी बोलना इसका मुख्य हेतु है। कभी-कभी मैं सोचता हूँ—अंग्रेजी बोलने से ही अगर देश का सम्मान बढ़ा होता तो साउथ अफ्रीका का क्यों नहीं बढ़ा, उसे तो राष्ट्र-मंडल में सिर्फ अपना ही एक वोट मिलता है। वह अंग्रेजी हिन्दुस्तान से कम तो नहीं जानता। अंग्रेज का बच्चा जो है। लेकिन हमारे देश में तो इस समय, अंग्रेजी रक्षावाद नामक विशिष्ट फिलासफी को रूप देने का प्रयत्न चल रहा है। इससे अपने देश के चरित्र-बल, आत्मविश्वास और मान-मर्यादा की तौहीनी भी हो जाए, तो कोई हर्ज नहीं है। जहाँ बड़े सिद्धान्त और उदार आदर्श की बात है, वहाँ इन छोटी-छोटी बातों में पड़ने से असुविधा पैदा होती है। इन छोटी बातों में न पड़ने को आजकल श्रेयस्कर समझा जाता है, परन्तु लोग यह भूल ही जाते हैं कि देश की करोड़-करोड़ जनता ही आज मालिक है, वही देश के भाग्य का फैसला

करेगी। अपने घरौंदों को ही संसार समझने वाले और मालिक समझने वालों की बातें शेखचिल्ली की ही बातें सिद्ध होंगी।

जनता ही लोकतन्त्र में वास्तविक प्रभु है। उसी की भाषा इस लोकतन्त्र की भाषा हो सकती है। वे दिन बीत गए जब इंग्लैंड के राजराजेश्वर की ओर से शासन क्षरित होता हुआ वाइसराय से पटवारी तक पहुँचता था। आज वह शक्ति बदल गई है। आज शक्ति का स्रोत राजराजेश्वर नहीं हैं; बल्कि इस देश की कोटि-कोटि जनता है, वही वास्तविक शक्ति का केन्द्र है, दीर्घ काल तक उसकी भाषा की उपेक्षा नहीं चलेगी। उसकी उपेक्षा पर पलने वाली फिलासफी बालू की भीत की भाँति भहरा जायेगी। परन्तु इस बात का ध्यान रखना होगा कि इस विशाल जनसंख्या में केवल हिन्दी बोलने वाले ही लोग नहीं हैं, और भी शक्तिशाली भाषाओं के बोलने वाले हैं, उनको उचित अधिकार देना ही होगा। हिन्दी भाषा-आंदोलन भारतीयकरण का आंदोलन है; यह हमेशा से इसी अर्थ में प्रयुक्त होता रहा है, दुर्भाग्यवश कभी-कभी हिन्दी के हिमायती ऐसी बातें कह देते हैं, जिससे यह अर्थ निकलता है कि एकमात्र हिन्दी ही देश की भाषा है, और सब भाषाएँ मानो हैं ही नहीं। परन्तु यह गलत बात है और असावधानी के कारण कही जाती है। अंग्रेजी को हटाने का मतलब है देशी भाषाओं को उसके स्थान पर बैठाना। हम जनता की भाषा को समृद्ध और उन्नत बनाने का प्रयत्न करते हैं। हिन्दी साहित्य के रंगमंच से जब यह बात कही जाती है तो स्वभावतः हिन्दी-प्रदेशों की भाषा का ध्यान रखा जाता है, परन्तु इसका सही अर्थ यह है कि हम देश की अन्य भाषाओं को भी समान रूप से उन्नत देखना चाहते हैं—सभी अपने-अपने क्षेत्र में नीचे से ऊपर तक उस देश की जनभाषा को ही प्रतिष्ठित करना चाहते हैं। केन्द्रीय व्यवहार के लिए हम एक भाषा की आवश्यकता अनुभव करते हैं और एक भाषा का अर्थ केवल इतना है कि हम देश को आपस में जोड़े रहने का एक ऐसा सूत्र खोज रहे हैं, जिसे ग्रहण करने में कम-से-कम कठिनाई और अधिक-से-अधिक सुविधा हो।

इस सीधी-सी बात को बेमतलब जटिल बनाने का प्रयत्न किया जा रहा है। हम स्पष्ट रूप से घोषणा करना चाहते हैं कि हमारा उद्देश्य प्रत्येक प्रदेश की भाषा को समृद्ध और उन्नत बनाना है। उनकी उन्नति से हिन्दी का साहित्य समृद्ध ही होगा। वह केवल बात-की-बात नहीं है; आधुनिक साहित्य का प्रथम सूत्रपात बंगला में हुआ। यह दावे के साथ कहा जा सकता है कि बंगाल के नवोदित साहित्य ने हिन्दी साहित्य को समृद्ध करने में जितनी प्रेरणा और शक्ति दी थी, उतनी अंग्रेजी ने नहीं दी। पहले हिन्दी साहित्य में आधुनिकता का आरम्भ बंगला साहित्य की प्रेरणा से हुआ, अंग्रेजी का प्रत्यक्ष प्रभाव तो बहुत बाद में आया। मराठी, गुजराती, उर्दू आदि भाषाओं में जो साहित्यिक उत्कर्ष हुआ, उसने भी हिन्दी-साहित्य को समृद्ध किया। भारतीय भाषाओं में किसी एक भाषा की

उन्नति से अन्य भाषाओं की उन्नति निश्चित है। अंग्रेजी के हटने पर कोई कारण नहीं कि यह पारस्परिक सहयोग और अधिक न बढ़े।

अंग्रेजी के हटने का यह अर्थ नहीं है कि हम अंग्रेजी-साहित्य जैसे-अत्यन्त समृद्ध साहित्य से अपना नाता ही तोड़ बैठेंगे, अंग्रेजी के हटने का अर्थ सिर्फ इतना ही है कि वह हमारे देश में पारस्परिक आदान-प्रदान का माध्यम नहीं रहेगी। उसका अध्ययन हम अत्यन्त वांछनीय समझते हैं, केवल उसी का नहीं अन्यान्य विदेशी समृद्ध भाषाओं के साहित्य का भी अध्ययन देश के लिए निश्चित रूप से मंगलजनक होगा। हम इन सभी भाषाओं से शक्ति और प्रेरणा प्राप्त करेंगे। हमारा विरोध अंग्रेजी को अनुचित रूप से महत्त्व देने से है, उसकी उपयोगिता को हम अस्वीकार नहीं करते। निस्सन्देह इस भाषा में बहुत बड़े प्रतिभाशाली महामानवों की कृतियाँ सुरक्षित हैं और ऐसे पुण्यलोक मनीषियों का विचारधारा से अपरिचित रहना देश के लिए किसी प्रकार कल्याणकर नहीं होगा।

**क उत्तमश्लोकगुणानुवादात्।**
**पुमान् विरज्येत बिना पशुध्नात्।**

परन्तु देश की सारी जनता को उस भाषा को रटाने का प्रयत्न करना और हर चिट और चिथड़े पर उसी को छापना देश का अपमान है। मैं उस भविष्य को देख रहा हूँ जब अच्छी अंग्रेजी जानने वाले आज के अच्छे अंग्रेजी जानने वालों से कई गुना अधिक होंगे, परंतु वे अपने ज्ञान का उपयोग जनता के ज्ञान-स्तर को ऊपर उठाने में करेंगे। हमारे देश की विभिन्न भाषाओं का साहित्य अंग्रेजी के महान साहित्यकारों की कृतियों से सम्पन्न होगा और देश-भाषा में हम अपना सारा कारबार करने की शक्ति संचारित कर सकेंगे। केवल अच्छी अंग्रेजी जानने वाले ही नहीं, उस समय फ्रेंच, जर्मन, रशियन, चीन, अरबी, फारसी आदि भाषाओं के अच्छे ज्ञाता भी आज की तुलना में बहुत-बहुत अधिक होंगे। विश्व के समृद्ध साहित्य-भंडार से ग्रहण करने में मुझे तनिक भी संकोच या झिझक नहीं। जिस समय पर-भाषा की अधीनता का अस्वाभाविक मोह कट जायेगा उस समय इस देश से विभिन्न भाषा-भाषी विद्वान सहजभाव से संसार के समृद्ध साहित्य से प्रेरणा और शक्ति ग्रहण कर अपनी-अपनी भाषाओं को समृद्ध करेंगे। वही दिन देश के लिए सच्चे कल्याण का दिन होगा। हम उत्सुकता और आग्रहपूर्वक उसी शुभ दिन को लाने का प्रयत्न करना चाहते हैं। यह तभी होगा जब हमारी देश-भाषाओं को अंग्रेजी के पत्थर के दबाव से मुक्त होने का अवसर मिलेगा और खुली हवा और खुले प्रकाश में सहज भाव के बढ़ने का सुयोग प्राप्त होगा। अपनी असमर्थता का रोना रोकर, हाथ-पर-हाथ धर बैठना अत्यन्त लज्जाजनक है। साहस के साथ अपनी समृद्ध परम्परा पर विश्वास रखकर हमें इस कार्य को तुरन्त आरम्भ कर देना चाहिए। यदि और कहीं यह काम नहीं होता

तो भी हिन्दी-भाषाभाषी प्रदेशों को तो इस कार्य में सर्वस्व लगा देने का निश्चय कर ही लेना चाहिए।

भाषा की लिखने और छापने की जो शिथिलताएँ हैं, उन्हें हमें तुरंत दूर करना चाहिए। इन शिथिलताओं के कारण यह भ्रम फैला हुआ है कि हिन्दी का कोई परिनिष्ठित रूप नहीं है। उदाहरण के लिए हिन्दी वर्तनी के सम्बन्ध में थोड़ा विचार करना यहाँ असंगत नहीं होगा।

हिन्दी वर्तनी के अनेक रूपों को लेकर काफी बहस हो चुकी है। बहस का काल बहुत पहले ही समाप्त हो गया है और इन दिनों हिन्दी सेवा में लगी हुई संस्थाएँ अपना-अपना सिद्धान्त निश्चित कर चुकी हैं। परन्तु अलग-अलग सिद्धान्तों के निर्णीत और व्यवहृत होने से नई समस्या भी पैदा हो गई है। सम्मेलन ने कुछ अलग नियम निश्चित किए हैं, नागरी प्रचारिणी ने कुछ और। ज्ञानमंडल ने जो नियम स्थिर किए हैं, उनके साथा बिहार राष्ट्रभाषा परिषद के नियमों का कोई मेल नहीं है। बम्बई में एक तरह के नियम चले हैं और उत्तर प्रदेश में दूसरे तरह के। वर्धा की राष्ट्रभाषा-प्रचार-सभा जिस रास्ते पर चल रही है, विश्वभारती का हिन्दी-भवन उससे बिल्कुल भिन्न रास्ते पर चलता है। विदेशी और विभाषी पाठक के लिए इन सभी स्थानों से छपी पुस्तकों में अन्तर दिखाई देता है, और कभी-कभी यह बिल्कुल ही नहीं समझ पाता कि ग्राह्य क्या है। विभिन्न विश्वविद्यालयों के प्रश्न-पत्रों में भी वर्तनी का द्वंद्व देखा जाता है। कोई विभक्तियों को मिलाकर छापता है तो कोई अलग करके। कोई सर्वनाम में विभक्ति को मिलाता है; किन्तु संज्ञा शब्दों के साथ नहीं मिलाता। 'हुये', 'हुवे', 'हुए' सभी रूप प्रश्न-पत्रों में खोजे जा सकते हैं। पाठ्य-पुस्तकों में 'गई', 'गयी' विशेषण भी भिन्न-भिन्न रूपों में मिल सकते हैं। विभिन्न रूपों में भी यह रूप-भेद कहीं-कहीं लक्षित हो जाता है। चतुर्थी विभक्ति में 'के लिये', 'के लिए' दोनों ही रूप मिल जा सकते हैं। संज्ञा शब्दों के बहुवचन रूपों में भी कहीं-कहीं वैविध्य दिखाई दे जाता है। उच्चतर कक्षाओं में पढ़ाई जाने वाली पुस्तकों में भी 'विधियाँ और विधिएँ' रूप मिल जाते हैं। शब्दों के रूप के बारे में ही बहुत-कुछ अस्थिरता बनी हुई है। केवल विदेशी भाषा से निकले हुए शब्दों की वर्तनी में ही अन्तर नहीं है; संस्कृत से बने हुए शब्दों में भी भेद दिखाई देता है। तद्भव रूपों में अन्तर का कारण प्रादेशिक उच्चारण है। 'अँगुली' और 'उँगली' दोनों का मूल संस्कृत 'अंगुलि' है। पछाँह में उँगली बोली जाती है तो पूर्वी जिलों में 'अँगुली' या 'अँगुरी' दोनों ही साहित्यिक हिन्दी में देखने को मिल सकते हैं। कुछ थोड़ें शब्दों में इस प्रकार का रूप-भेद बना रहे तो कोई हर्ज नहीं है। स्वयं संस्कृत में प्रादेशिक उच्चारण भेद से 'वशिष्ठ', 'वसिष्ठ', 'उर्वशी', 'उर्वसी' आदि दो-दो रूप वाले शब्द वर्तमान हैं। एक जैन-प्रबन्ध में यह कहानी आती है कि किसी मुनि से राजसभा में यह प्रश्न कर दिया गया था कि 'उर्वशी' और

'उर्वसी' में से कौन-सा रूप शुद्ध है। संस्कृत व्याकरण की महिमा अपरम्पार है। दोनों ही रूपों में अर्थ निकल सकते हैं। जिस पण्डित से प्रश्न किया गया था, उसे परेशान होना पड़ा था। सौभाग्यवश जैनाचार्य हेमचन्द्र सभा में उपस्थित थे और उन्होंने अपने दोनों उरुओं (जाँघों) की ओर इशारा कर परेशानी में पड़े पंडित को समझा दिया कि 'उरौशेते' वाला 'उर्वशी' शब्द अधिक ठीक है। उस पण्डित की परेशानी तो दूर हुई; किन्तु हमारी साहित्यिक हिन्दी में परेशानी में डालने वाले बहुत-से शब्द पड़े हुए हैं और किसी हेमचन्द्राचार्य की प्रतीक्षा कर रहे हैं कि वे उनके वास्तविक स्वरूप को स्पष्ट करें।

बहुतेरे तद्धित प्रत्ययान्त रूप और 'कृत' प्रत्ययान्त रूप साहित्यिक हिन्दी में अलग-अलग ढंग से छापे जाते हैं। लकड़हारा में तो 'हारा' प्रत्यय सर्वत्र मिलाकर छापा जाता है। पर 'टोपीवाला' के पक्ष में यह बात मान्य नहीं हुई। कोई मिलाकर लिखता है, कोई अलग-अलग। यही दशा 'कृत्' प्रत्ययों के अन्तर्गत आने वाला 'वाला' की है। कोई 'लिखने-वाला' लिखता है तो कोई 'लिखनेवाला'। इस प्रकार की अनेकों अव्यवस्थाएँ हमारी साहित्यिक भाषा में प्रचलित हैं। अभी जो मैंने 'अनेकों' शब्द का बहुवचन में प्रयोग किया, इसके सम्बन्ध में भी काफी वाद-विवाद हो चुका है। हमें अब एक निश्चित नियम बना लेना चाहिए। मेरा विचार है कि नियम निश्चित करते समय हम थोड़ा-बहुत भाषा-शास्त्रीय नियमों और व्युत्पत्ति सम्बन्धी तर्कों का आश्रय अवश्य लें, परन्तु इन बातों में इतना उलझ जाने की आवश्यकता नहीं है कि ये ही मुख्य हो उठें और वर्तनी को परिनिष्ठित रूप देना गौण। हमारी अनेक साहित्यिक संस्थाओं ने जो अनेक नियम स्वीकार किए हैं, उन सबके मूल में कुछ-न-कुछ युक्ति और तर्क हैं। उनको युक्ति और तर्क के बल पर समझना व्यर्थ है। सबने गम्भीर अध्ययन और मनन के बाद अपने सिद्धान्त निश्चित किये हैं। सबकी सेवाएँ शिरोधार्य हैं। सर्वनमस्य हैं। आज हमें व्यवहार की सुविधा की ओर अधिक ध्यान रखना है, और जो रूप चल पड़े हैं, उनको स्वीकार कर लेना है, जो युक्ति के विरुद्ध भी नहीं है, और व्यवहार के अनुकूल भी हैं। ऐसा करते समय हमें किसी प्रकार के मोह का शिकार नहीं बनना चाहिए। यह समझना भी भूल है कि हम हू-ब-हू संस्कृत की परम्परा का पालन कर रहे हैं, और इससे भी बड़ा मोह यह है कि हिन्दी संस्कृत की परम्परा से विच्छिन्न होकर के एकदम स्वतन्त्र भाषा बन गई है। न हिन्दी संस्कृत की परम्परा से पूर्ण रूप से विच्छिन्न हो गई है और न पूर्ण रूप से अनुगामिनी है। इन उभय कोटियों में से अपने को बचाये रहकर हिन्दी भाषा की प्रकृति का ठीक-ठीक अध्ययन करना चाहिए। बहुत-सी बातों में संस्कृत की परम्परा हमारी सहायता कर सकती है और बहुत-सी बातों में वह हिन्दी की परम्परा से बिलकुल भिन्न कोटि की हो सकती है। फिर राष्ट्रभाषा की अपनी आवश्यकताएँ भी हैं। यथासम्भव विकल्पों को कम करके और अपवादों को कम करके उस परिनिष्ठित रूप को प्राप्त कर सकते हैं जो

राष्ट्रभाषा के लिए आवश्यक है। फिर हमें इस बात का भी ध्यान रखना होगा कि इस युग में साहित्य का मुख्य वाहन छापे की मशीन है, इसी सवारी पर चढ़कर वह दिग्विजय के लिए निकलता है, इसलिए इस बात का भी ध्यान रखना होगा कि वाहन की गति कुण्ठित न हो जाए, और यथासंभव उसकी स्फूर्ति और क्षिप्रगति में भाषा का परिनिष्ठित रूप सहायता पहुँचाता रहे। मुझे सबसे अधिक चिन्ता हिन्दी में 'य' श्रुति की अव्यवस्था पर है। लेकिन मुझे इसे ठीक अव्यवस्था भी नहीं कहना चाहिए। वस्तुतः हम लोगों के बोलने में 'य' श्रुति समान भाव से सब जगह नहीं होती। कभी हल्के रूप में आती है और कभी स्पष्ट रूप में। कभी-कभी वह बिलकुल ही नहीं सुनाई देती। जान पड़ता है कि पुरानी भारतीय भाषा में भी यह कभी हल्के और कभी पूर्ण रूप से सुनाई देती थी। लेकिन संस्कृत में दो स्वरों का एक साथ रहना बिलकुल निषेध हो गया था। दो स्वर आए नहीं कि उसके भीतर 'य', 'व' श्रुति का प्रवेश हुआ।

पाणिनि ने सिर्फ दो स्थलों पर संस्कृत के दो स्वर वर्णों को एक साथ रहने की अनुमति दी है, तो भी 'शाकल्य' नाम के प्राचीन आचार्य के सम्मान की रक्षा के लिए। उनके मत से तो इन दो स्थलों पर भी यकार का आगम हो ही जाता है। इन दोनों में एक तो यह है कि पदान्त में अकार के बाद यदि विसर्ग आये, और उसके बाद अकार से भिन्न कोई स्वर व्रर्ण आये तो पहले 'ए', 'अय' और 'आकार', 'अव्' बनता है और बाद 'य्' का 'व्' लोप हो जाते हैं। पाणिनि मुनि ने बड़ी सावधानी से अपने व्याकरण में कह रखा है कि यह 'यकार' की लोप होने वाली बात शाकल्य मुनि की बताई हुई है, अर्थात् शाकल्य जैसे बड़े आचार्य ने यदि न कह दिया होता तो पाणिनिजी यह व्यवस्था न करते। लौकिक संस्कृत का सारा व्याकरण इसी नियम द्वारा चालित है। शब्दों और धातुओं के रूप में भी यह श्रुति स्वयमेव उपस्थित हो जाती है। तृतीया विभक्ति का रूप 'आ' है। यह 'ह्री' और 'श्री' के बाद यदि आये तो रूप होगा 'ह्रिया' और 'श्रिया'। अर्थात् 'इ' के बाद 'आ' आया नहीं कि 'य' आ उपस्थित हुआ। इसी प्रकार 'उकार' के बाद 'व' स्वयमेव आ जाता है। इन शब्दों में इकार या उकार जो ह्रस्व हो जाते हैं उसका भाषा शास्त्रीय कारण है। पाणिनि भगवान ने ह्रस्व होने का और 'य' या 'व' के आने का भी नियम बना रखा है; परन्तु उन नियमों के अभाव में भी हिन्दी में ठीक उसी प्रकार 'लड़कियों' और 'आदमियों' में न ह्रस्व होने में बाधा पड़ी न 'य' के आने में। क्योंकि ये दोनों कार्य व्यापक भाषा-शास्त्रीय नियमों के आधार पर हुए हैं। वस्तुतः 'धिया', 'ह्रिया' और 'श्रिया' से अन्तिम 'आ' कार पर स्वरपात होता है और पूर्ववर्ती स्वर ह्रस्व हो जाता है। इसी तरह दोनों ही भाषाओं में 'यकार' और अन्य स्वर के बीच 'य' श्रुति स्वाभाविक रूप से आ जाती है। यह किसी प्रकार के सूत्र-निर्देश की अपेक्षा नहीं रखती। संस्कृत के व्याकरणशास्त्रियों ने भाषा को परिनिष्ठित रूप देने के लिए 'य' और

'व' श्रुति के नियमों का पालन किया है। भाषा को परिनिष्ठित रूप देने के लिए इस प्रकार की कठोरता आवश्यक है। वर्तमान साहित्यिक हिन्दी में इन नियमों का पालन कठोरता से नहीं किया जाता। 'लड़कियों' के लिए जो नियम है, 'बहुओं' के लिए वैसा नहीं है। 'लड़कियों' में तो 'य' श्रुति का पालन किया गया है; पर बहुओं में 'व' श्रुति का पालन नहीं किया गया। इस देश में चिरकाल से 'बहुओं' की अपेक्षा 'लड़कियों' से पक्षपात किया जाता है, परन्तु कम-से-कम व्याकरण की दुनिया में तो ऐसा पक्षपात नहीं होना चाहिए।

हिन्दी में 'य' श्रुति के प्रयोग के लिए दो प्रकार के विचार हैं। इन विचारों से चालित होकर ही दो प्रकार की लेखन-शैली प्रतिष्ठित हुई। एक पक्ष समझता है कि उच्चार्य में 'य' की श्रुति मात्रा स्पष्ट और अधिक मात्रा में है, इसलिए उसमें 'य' का लिखा जाना आवश्यक है। किन्तु 'गए' या 'गई' में यह श्रुति अस्पष्ट और अल्प मात्रा में है या नहीं के बराबर है, इसलिए इन पदों में 'य' का लिखा जाना उचित नहीं है। दूसरा पक्ष कहता है कि 'गया' में से तो हम 'य' श्रुति को हटा नहीं सकते, और बहुवचन या स्त्रीलिंग रूप आकार देखकर निर्धारित हुआ है। 'घड़ा' का बहुवचन 'घड़े' और स्त्रीलिंग रूप 'घड़ी'। इसी तरह 'बड़ा' का पुल्लिग 'बड़े' और स्त्रीलिंग 'बड़ी' तथा 'अपना' का पुल्लिग बहुवचन रूप 'अपने' और स्त्रीलिंग रूप 'अपनी' है। इस प्रकार हिन्दी में संज्ञा, विशेषण और सर्वनाम में जहाँ कहीं तद्भव आकारान्त शब्द मिलता है, वहीं बहुवचन 'आकार' के स्थान पर 'एकार' और स्त्रीलिंग में 'आकार' के स्थान पर 'इकार' हो जाता है। ऐसी स्थिति में 'गये' जैसे क्रिया-रूपों में भी और 'नया' जैसे विशेषण रूपों में क्यों न इस सामान्य नियम का पालन किया जाये। इन नियमों के पालन से भाषा में एकरूपता बनी रहेगी। इस प्रकार इस दूसरे पक्ष के लोग 'गया', 'गये', 'गयी' लिखा करते हैं। वस्तुतः दोनों ही पक्षों में कुछ सचाई है। अपभ्रंश कविता में ही 'य' श्रुति के लिखने की शिथिलता दिखाई देने लगती है। दो स्वर वर्णों का एक साथ रहना अपभ्रंश में निषिद्ध नहीं है। ऐसा अपभ्रंश का दोहा शायद ही मिले जिसमें कहीं न कहीं दो स्वर वर्ण एक-साथ न मिल जाते हों। हिन्दी में भी चाहे वह पुरानी हो या नई, दो स्वर वर्णों का एक अवस्थान निषिद्ध नहीं है; केवल शब्द के मध्य में जब दो स्वर साथ-साथ आते हैं तब तो 'य' श्रुति या 'व' श्रुति का कुछ स्पष्ट रूप दिखाई देता है। 'मदन' से जो 'मअन' रूप बनता है, उसमें 'य' श्रुति आ जाती है और उसका स्पष्ट उल्लेख भी कर दिया जाता है। इस प्रकार यह शब्द 'मयन' और आगे चलकर और भी घिसकर 'मैन' बन जाता है। किन्तु 'उपजइ', 'बनसइ' में 'य' श्रुति का कोई चिह्न नहीं दिखाई देता। वस्तुतः इस विषय में अपभ्रंश और हिन्दी दोनों ही संस्कृत की परम्पराएँ अलग हो गई हैं। अपभ्रंश के पुराने लेखकों ने 'य' श्रुति के नियमों पर बहुत अधिक ध्यान नहीं दिया। कहीं 'लोअण' और कहीं 'लोयण' पाठ मिल जाया करता है।

'क्त' प्रत्यांत रूप में अपभ्रंश में अकारान्त हो जाता है। इसके लिखने में 'य' श्रुति का प्रयोग कहीं मिल जाता है और कहीं नहीं मिलता। हेमचन्द्र ने अपने व्याकरण के निम्नलिखित दोहे में 'विहलिय' (विह्वलित) में तो 'य' श्रुति को स्थान दिया है—

**जइ पुच्छह घर बड़ाइ तो बड्डा घर होइ।**
**विहलिय-जण-अब्भुद्धरण कन्तु कुडीरइ जोइ॥**

किन्तु निम्नलिखित दोहे में 'पूरिअ' में 'य' श्रुति का कोई आभास नहीं है—

**बप्पीहा पिउ-पिउ भणवि कित्तिउ रुअहिं हयास।**
**तुहु जलि महु पुण बल्लहइ विंहुवि न पूरिअ आस॥**

कहने का मतलब यह है कि 'य' श्रुति अपभ्रंश कविता में ही अस्पष्ट हो उठी थी। अपनी रुचि के अनुसार लेखक लोग कहीं 'व' बैठा देते थे, कहीं छोड़ देते थे। जैन लेखक प्रायः 'य' श्रुति के पक्षपाती नहीं हैं, इसलिए कुछ विद्वानों का मत है कि इन पुस्तकों में जो 'य' श्रुति आ गई है, वह अपवाद है। यह जैन लेखकों की आदत का परिणाम है। वस्तुतः अपभ्रंश की प्रवृत्ति 'य' श्रुति को लिखित रूप देने के बहुत पक्ष में नहीं है। कभी-कभी तो एक ही पद्य में ऐसे शब्द मिल जाते हैं, जिनमें एक में 'य' श्रुति का प्रयोग किया गया है और एक में नहीं।

उदाहरणार्थ—

**हिअइ खुडुक्कइ गोडी गयणि घुडुक्कइ मेहु।**
**बासा रति पवासुअं विसमा संकडु एहु॥**

इसमें 'हिअइ' में 'य' श्रुति का पता नहीं है, लेकिन 'गयणि' में है। ऐसे प्रसंगों को लेखक के प्रसाद के सिवा और क्या कहा जा सकता है। हिन्दी की प्राचीन कविता के ग्रन्थों के सुसम्पादित संस्करणों को देखने से पता चलता है कि वहाँ भी 'य' श्रुति की अव्यवस्था बनी रही। बिहार-राष्ट्रभाषा-परिषद क्या इस विषय में नेतृत्व नहीं कर सकती? क्यों न सभी संस्थाएँ तर्क और बहस का मार्ग छोड़कर बहु-प्रचलित नियमों से कुछ को सर्वसम्मति से स्वीकार कर लें। मेरी दृष्टि में यह बहुत आवश्यक कार्य है।

इस अवसर पर हिन्दी-भाषी राज्यों के कर्णधारों से मैं अत्यन्त विनती भाव से निवेदन करना चाहता हूँ कि इस समय देश-भाषाओं को उनका वास्तविक जन्मसिद्ध अधिकार दिलाने का पवित्र कर्तव्य इन्हीं के कंधों पर आ गया है। यदि हिन्दी-भाषी राज्यों में ही हम हिन्दी को उचित आसन पर प्रतिष्ठित नहीं कर सकेंगे तो दूसरे राज्यों से क्या आशा की जा सकती है? इस कठिन द्विविधा के समय में हिन्दी-भाषी राज्य ही दृढ़ता और आत्मविश्वास के साथ भाषागत और

विचारगत पराधीनता को दूर करने का कार्य कर सकते हैं। कठिनाइयाँ अवश्य हैं। लेकिन कठिनाइयों से जूझने का जो अदम्य उत्साह होता है, वही सच्ची शूरता है। मुझे खेद के साथ कहना पड़ता है कि हिन्दी-भाषी राज्यों में भी द्विविधा और झिझक की मात्रा बनी हुई है और इसीलिए काम जितनी तेजी से होना चाहिए था, उतनी तेजी से हो नहीं रहा है। समय आ गया है कि ये राज्य सारी शक्ति लगाकर इस महत्त्वपूर्ण कार्य को सम्पन्न करें और देश में फैली हुई स्तब्धता और अनिश्चय के वातावरण को समाप्त करनें में नेतृत्व ग्रहण करें।

विश्वास रखिए कि हिन्दीभाषी राज्य यदि इस कार्य में दुविधा और संकोच छोड़कर आगे बढ़ते हैं तो अन्य भाषा वाले राज्यों को भी आगे बढ़ने की प्रेरणा देंगे ही। यदि हम सचमुच यह विश्वास करते हैं कि एक भारतीय भाषा की उन्नति से अन्य भारतीय भाषाओं की उन्नति निश्चित है, तो इस कार्य में हमें एक क्षण भी विलम्ब नहीं करना चाहिए। मेरा तो दृढ़ विश्वास है कि हिन्दी-भाषी राज्य यदि हिन्दी को उचित मर्यादा देंगे और साहित्य-निर्माण के कार्य में तथा प्रशासकीय कार्य में उसका व्यवहार करने लगेंगे तो उसका व्यापक प्रभाव पड़ेगा और जिन राज्यों में दुविधा और संकोच के कारण देशी भाषाओं की उन्नति में शिथिलता आ रही है, उनमें भी आत्मविश्वास और क्रिया-शक्ति जागृत होगी। जो राज्य इस महान पुनीत कार्य को करेगा, वह समूचे देश का नेतृत्व करेगा, इसलिए मैं आज इस मंच से अपने क्षीण कंठ से समस्त देशवासियों को पुकार-पुकारकर कहना चाहता हूँ कि मित्रो, उठो, जागो, अपनी मातृभाषाओं को सच्चे गौरव और मर्यादा की अधिकारिणी बनाओ और देश की भाषा और विचारगत पराधीनता के पंक से उबारो, इसी में देश का कल्याण है। आधुनिक परिस्थिति में यही अर्थार्ष है। भगवान सबको सुबुद्धि दे, हमारी देश की भाषाएँ समृद्ध होकर एक-दूसरे को सम्पन्न बनाएँ। तथास्तु!*

●

---

* **बिहार राष्ट्रभाषा-परिषद् के सप्तम वार्षिकोत्सव-समारोह ( 29 मार्च, 1958 ई० ) के सभापति-पद से दिया गया अभिभाषण।**

# वैशाली

आज जिस पुण्य-नगरी में हम एकत्र हुए हैं उसका महत्त्व सर्वविदित है। यह कहना बड़ा कठिन है कि यह पुरी कितनी पुरानी है। पर बहुत पुरानी है इसमें कोई सन्देह नहीं। वाल्मीकि रामायण के अनुसार यह इक्ष्वाकु के पुत्र राजा विशाल द्वारा स्थापित हुई थी। वहाँ इसका नाम विशाला पुरी दिया हुआ है। विश्वामित्र के साथ राम और लक्ष्मण जब मिथिला की ओर जा रहे थे तो उन्होंने इस पुरी की शोभा देखी थी। यहाँ के लिच्छवियों की चर्चा ब्राह्मण ग्रंथों में नहीं मिलती। बौद्ध और जैन परम्परा में इस नगरी का और इसके पराक्रमी शासक लिच्छवियों की बहुत चर्चा मिलती है। भगवान महावीर को जन्म देने का सौभाग्य इसी पुरी को प्राप्त है। कहते हैं वैराग्योदय के बाद बुद्धदेव ने जिस परमज्ञानी आलारकालाम से विद्या प्राप्त की थी वे वैशाली के ही रत्न थे। बुद्धत्व प्राप्त करने के बाद तो बुद्धदेव कई बार इस नगरी में आए। यहीं की प्रसिद्ध रूपवती गणिका आम्रपाली ने अपना आम्रवन उन्हें भेंट किया था। एक और महीयसी महिला बालिका देवी ने उन्हें बालिकाराम नामक उद्यान भेंट किया था। बौद्ध परम्परा बताती है कि वहीं पर बुद्धदेव ने स्त्रियों को संघ में प्रवेश की अनुमति दी थी। यहीं पर द्वितीय बौद्ध संगत हुई थी, जिसमें बौद्ध संघ के विघटन का संकेत मिला। वैशाली की प्रजातन्त्रीय शासन-व्यवस्था कदाचित् भारत की अनोखी राज-व्यवस्था थी। इतिहास में यह अपने ढंग की निराली शासन-पद्धति है। बुद्धदेव ने वैशाली के नागरिकों की नीतिपरायणता, साधुता और शील की प्रशंसा की थी। यहाँ के श्रेष्ठियों, सार्थवाहों और कुलिकों के निगम की साख संसार में थी। वैशाली धार्मिक दृष्टि से अद्भुत संगमस्थली रही है। वैदिक, बौद्ध और जैन परम्परा की यह त्रिवेणी रही है। राजनीति, अर्थनीति और सैन्यनीति के लिए गौरव के साथ इसका स्मरण किया जाता है। ज्ञान, तपस्या और विद्वत्ता का भी यह केन्द्र रही है। कला-कौशल और उद्योग का भी यह केन्द्र रही है। नृत्य-गीत, वादित्र, उत्सव, यात्रा आदि में इसकी धाक रही है।

यक्ष-पूजा का कभी यहाँ बड़ा सम्मान रहा होगा। कई चैत्यों के नाम पुस्तकों में मिल जाते हैं, कई ऐसे भी होंगे जिनके नाम ज्ञात नहीं हैं। अनेक पुष्करिणियों और सरोवरों से यह भरी थी। यहीं कहीं लिच्छवियों की वह अभिषेक-पुष्करिणी थी, जिसके पवित्र जल को स्पर्श करने का साहस किसी

को नहीं होता था। आज का खरौना पोखर इसी महिमामयी पुष्करिणी का अवशेष है। बौद्ध-परम्परा से पता चलता है कि यह नगरी कई बार बढ़ाई गई, नगर-प्रकारों को कई बार हटाकर बढ़ाया जाता रहा, इस प्रकार नगरी निरन्तर विशालकाय बनती गई और इसीलिए वैशाली कही गई। कहा गया है कि उसमें 7777 प्रासाद, इतने ही कूटागार, इतने ही उद्यान (आराम), और इतनी ही पुष्करिणियाँ थीं (अंगुत्तर निकाय की अट्ठकथा)। संख्या कुछ इस प्रकार से बताई गई है कि कुछ लोग इसे काल्पनिक मानने लगते हैं, पर इतना तो स्पष्ट है कि नगरी बहुत ही समृद्ध और जनसंकुल थी। जैन परम्परा से यह भी पता चलता है कि ब्राह्मणों के, क्षत्रियों के और वैश्यों के अलग-अलग उपनगर थे। वर्तमान बानिया ग्राम को पुराने वणियगाम का अवशेष बताया जाता है।

ऐसे गौरवपूर्ण इतिहास की महिमा का उद्‌घोष करने वाली नगरी में उपस्थित होने का सौभाग्य पाने वाला कुछ भावुक हो जाए तो उसे दोष नहीं दिया जा सकता। यह सही है कि पुराना वैभव आज उड़ गया है, प्रबल पराक्रमी यक्षों और देवताओं ने इसे छोड़ दिया है, चंचला लक्ष्मी अन्तर्धान हो गई हैं, पर आज भी महान आत्माओं के संदेश वायुमण्डल में विद्ध हैं, आज भी उनकी चरणरज से धरती पवित्र बनी हुई है, आज भी इस नगरी के भग्नावशेष हमारे रक्त को हिल्लोलित करने की शक्ति रखते हैं।

वे कौन से ऐसे गुण थे जो वज्जियों की इस भूमि को इतनी महिमा देते थे? आदमी वे वैसे ही रहे होंगे जैसे हम हैं। लेकिन मनुष्य कुछ मनुष्योचित गुणों से गौरव पाता है। बुद्धदेव ने एक बार इनके गुणों का विश्लेषण किया था। उन्होंने आनन्द से सात बातें पूछी थीं और उनका अनुकूल उत्तर सुनने के बाद बताया था कि ये सात अपरिहारणीय धम्म हैं, अर्थात् ऐसे गुण हैं जो कभी अवनति नहीं होने देते; और कहा था कि जब तक वैशाली के नागरिकों में ये गुण रहेंगे तब तक उनकी समृद्धि ही होती रहेगी, कोई उनका कुछ बिगाड़ नहीं सकेगा, वे सात प्रश्न हमारे लिए आज भी प्रकाश-स्तम्भ को भाँति बने हुए हैं। भगवान बुद्ध के प्रश्न इस प्रकार थे—"अच्छा आनन्द, तुमने सुना है कि (1) वज्जी लोगों का सार्वजनिक जुटाव भरपूर होता है, वे बराबर मिलते रहते हैं? (2) वज्जी लोग इकट्‌ठे जुटते, उद्यम करते, इकट्‌ठे होकर अपने राष्ट्रीय और सामाजिक कर्त्तव्यों का पालन करते हैं? (3) क्या वज्जी लोग अपनी सभाओं और पंचायतों द्वारा बाकायदा कानून बनाए बिना कोई आदेश जारी नहीं करते, बने हुए नियमों का उल्लंघन नहीं करते और नियमानुसार चलते हुए पुराने सामाजिक कर्त्तव्यों का यथावत् पालन करते हैं? (4) क्या वज्जी लोग अपने बुजुर्गों का आदर-सत्कार करते हैं, उन्हें मानते हैं, उनसे सुनने योग्य बातों को सुनते और मानते हैं? (5) क्या वज्जी लोग अपनी कुलस्त्रियों और कुलकन्याओं का सम्मान करते हैं, उन पर जोर-जबर्दस्ती नहीं करते? (6) क्या वज्जी लोग उनके

भीतर और बाहर के चैत्यों (पूजा-स्थानों, समाधियों) का सम्मान करते हैं, उन्हें गुरुता देते हैं, पूजते हैं और इन स्थानों के लिए जो पहले दिया गया है और किया गया है उन्हें लौटा नहीं लेते, अमान्य नहीं करते? (7) वज्जी लोगों में अर्हतों की रक्षा करने का भाव है, क्या बाहर के अर्हत् उनके राज्य में आ सकते हैं और आने पर सुगमतापूर्वक विचार कर सकते हैं?'' आनन्द ने इन प्रश्नों के उत्तर में बताया था कि उन्होंने ऐसा ही सुना था। भगवान बुद्ध ने कहा था कि जब तक ये गुण उनमें विद्यमान हैं, तब तक कोई उनका कुछ बिगाड़ नहीं सकता। ये राष्ट्रीय गुण ऐसे हैं, जो वज्जियों को निरन्तर समृद्धि की ओर ही ले जायेंगे। इन्हीं महान सामाजिक गुणों ने वज्जियों को समृद्धिशाली और अजेय बनाया था। इन्हीं गुणों के अभाव में वे बिखर गए।

जितने दिनों तक वैशाली के नागरिकों ने अपने समाज के प्रत्येक व्यक्ति का सम्मान किया, अपने बनाए नियमों का पालन किया, अपने बुजुर्गों की बात मानी, अपनी कुलस्त्रियों की महिमा का आदर किया, अपने पूजनीयों की पूजा की, धर्म और ज्ञान में जो श्रेष्ठ हैं वे चाहे घर के हों या बाहर के, सबको स्वतन्त्र भाव से विचरण करने दिया, उनका स्वागत-सम्मान किया; तब तक चंचला लक्ष्मी स्थिर बनकर विराजती रहीं, विकट शत्रु उनकी ओर ताकने का साहस नहीं कर सका—वे सब प्रकार से अजेय बने रहे। अजातशत्रु जैसा प्रबल पराक्रमी हिम्मत नहीं कर सका कि उन पर सीधा आक्रमण कर सके। वैशाली के महान नागरिकों को जीतने का एकमात्र उपाय था उनमें परस्पर अविश्वास पैदा करना, उनमें फूट डालना। जिस दिन यह हुआ उसी दिन यह शक्तिशाली गणतन्त्र समाप्त हो गया। वैशाली के खँडहरों को देखकर सबसे पहला प्रश्न यही उठता है कि आज भी क्या भगवान बुद्ध के 'अपरिहारणीय' धर्मों की उतनी ही आवश्यकता हमारे नवीन और महान गणतंत्र को नहीं है! आज वैशाली की तुलना में कहीं विशाल पैमाने पर हमने भारतीय गणतंत्र का प्रयोग शुरू किया है। वैशाली के अनुभव हमारे काम आ सकते हैं। भगवान बुद्धदेव का इंगित पथनिर्देश कर रहा है। वैशाली के धूलिकण पूछ रहे हैं—क्या तुम बार-बार मिलते हो, मिलकर निश्चय करते हो, निश्चय किए हुए को अन्तःकरण से मानते हो, कुलकन्याओं और कुलस्त्रियों का सम्मान करते हो, वृद्धों की बात मानते हो, पूजनीयों की पूजा करते हो, देश-विदेश के ज्ञानवती महात्माओं का स्वागत करते हो, उनकी स्वाधीनता का अबाध रूप से सम्मान करते हो? संसार के श्रेष्ठ महामानव ने जो कुछ कहा था उसे क्या तुमने समझने का प्रयोग किया है? गणतंत्र को महान, शक्तिशाली और अपराजेय बनाना चाहते हो तो इस महावाणी को अच्छी तरह समझ लो।

कोई आश्चर्य नहीं कि इस महिमामयी नगरी ने महान विचारकों और ज्ञानियों को जन्म दिया, इस धरती के उगे हुए फूलों की सुगंधि ने भीतर-बाहर

सर्वत्र सुगन्धि फैलाई। उस सुगन्धि ने देश और काल को जीतकर आज भी हमारे मानस को स्निग्ध और सरस बना रखा है। इसी वैशाली ने महान धर्मनेता महावीर को जन्म दिया। हिमालय से ही गंगा की धारा निकल सकती है, महासमुद्र से ही अमृत का आविर्भाव होता है, सन्तों, महात्माओं और विद्वानों का सम्मान करने वाली महिमामयी वैशाली ही महावीर-जैसे नर-रत्न को उत्पन्न कर सकती है। बड़ों के बीच पैदा हुआ बड़ा—बहुत बड़ा होता है, बौनों में बड़ा, औसत बड़े के बराबर भी नहीं हो सकता। भगवान महावीर बड़ों के बड़े थे। महावीर ने जो सन्देश दिया वह कुल, जाति की सीमा से परे था, वह मानव-मात्र के कल्याण की वाणी थी। कठोर तपस्या से निर्मलीकृत चित्त से निकली हुई मैत्री और अहिंसा की वाणी अपनी उपमान आप ही होती है। कोई दुखी न रहे, कोई किसी को न सताए, सभी जरा-मरण व्याधि से छुटकारा पा जाएँ, कहीं किसी को भय न हो, किसी से भय न हो। हिंसा का उन्माद दूर न हो। कैसे हो सकता है? कौन ऐसी बात कह सकता है? लोभ और मोह से ग्रस्त जगत में क्या यह सम्भव है कि सबकी सभी कामनायें पूरी हो जाएँ। भगवान महावीर ने कहा था—उपाय है। अपने को संयत क़रो, त्याग में सुख है। कामनाओं के पीछे दौड़ने-फिरने से कामनाओं की तृप्ति नहीं होती। सच्ची तृप्ति त्याग से होती है। अपने को इसी संयम से संयत करो। धूल से बचना चाहते हो तो सारी दुनिया को चमड़े से मढ़ने की दुराशा में मत रहो। अपने पैरों को चमड़े से ढक लो। कौन दे सकता है ऐसे त्याग का उपदेश, ऐसे संयम की सिखावन? देने से सुनता ही कौन है? महावीर ने स्वयं करके दिखाया था। कठिन तपस्या, अपूर्व त्याग, अद्‌भुत धैर्य। समस्त सुखों को जो तृणवत् त्याग दे वही त्याग की वाणी सुनाने का अधिकारी है। महावीर ने सुनाया, लोगों ने सुना। सच्चे हृदय से निकली वाणी जादू का असर करती है। वैशाली की इसी धूल में कहीं बालक महावीर खेले होंगे। उनके चरणों से स्पृष्ट पवित्र धूलिकण आज भी कहीं-न-कहीं इस धरती में बिखरे होंगे। आज वे उत्सुक दृष्टि से देख रहे होंगे कि कहीं उस पवित्रात्मा की वाणी सुनने का कोई अधिकारी है या नहीं? जानना चाहते होंगे—तुम क्या सचमुच महावीर का स्मरण करने आए हो? सचमुच तुम उस अमृतवाणी का सन्धान पाने आए हो? वह वाणी त्यागी बोल सकता है, वह वाणी प्रेमी बोल सकता है, वह वाणी केवल सन्त को शोभा देती है। आचरण दुरुस्त करो, मन निर्मल करो, हृदय प्रशस्त बनाओ, तभी तुम उसके अधिकारी हो सकते हो। भगवान बुद्ध को यह नगरी बहुत प्रिय थी और वे भी इस नगरी के निवासियों को बहुत प्रिय थे। उनके चरणरज यहाँ अवश्य विद्यमान होने चाहिए।

आश्चर्य होता है इस भूमि की सन्तानों की महिमा पर। पर और भी आश्चर्य होता है हमारी ग्राहिका शक्ति के भोथरेपन पर। आज से सौ-सवा सौ वर्ष पहले हम जानते भी नहीं थे कि कभी वैशाली का इतना महान गौरव रहा होगा। आज

से लगभग सौ वर्ष (सन् 1862) पूर्व भारतीय पुरावृत्त के महान प्रेमिक अलेक्जेंडर कनिंगहम यहाँ आये थे। उनकी पैनी दृष्टि ने इस नगरी को पहचाना था। उसके पूर्व सन् 1834 में ई० जे० स्टीवेन्सन ने इस स्थान को पहचाना था। पर कनिंगहम की यात्रा ही इसके पुनरुद्धार का वास्तविक हेतु सिद्ध हुई। वह पुण्य मुहूर्त था जब वैशाली की पुरानी परंपरा के अनुसार इस भूमि ने कनिंगहम जैसे ज्ञान-पिपासु का स्वागत किया था। आप चाहें तो इस उत्सव को उस पुण्यकाल की शताब्दी के रूप में ग्रहण कर सकते हैं। उन दिनों प्राचीन स्थानों की खुदाई की कोई संगठित व्यवस्था नहीं थी। कनिंगहम ने आसपास की बस्तियों के नाम और किंवदंतियों से अनुमान किया था कि यही प्रसिद्ध वैशाली नगरी है, जिसकी चर्चा बौद्ध और जैन परम्पराओं में मिलती है और चीनी यात्रियों के अपने यात्रा-विवरणों में सुरक्षित रह गई है। कनिंगहम के उद्योगों से अनेक प्राचीन स्थानों का पता चला था, उन्हीं के अथक प्रयत्नों से भारतीय सरकार ने 'आरक्योलॉजिकल सर्वे' का महकमा कायम किया। उनका नाम भारतीय इतिहास के उद्धारकों में सदा आदर और कृतज्ञता के साथ स्मरण किया जायेगा। 1934 में आरक्योलॉजिकल सर्वे के टी० ब्लाश ने और कोई दस वर्ष बाद डी० बी० स्पूनर ने गढ़ के पास कुछ खुदाई का काम शुरू किया। ब्लाश और स्पूनर को चार ऐसे सील मिले, जिन पर वैशाली नाम खुदा मिला था। यद्यपि उनकी खुदाई इस स्थान के इतिहास की बहुत पुरानी वैशाली का विशेष सन्धान नहीं बता सकी, बहुत-कुछ वे गुप्तकाल तक का ही सन्धान पा सके; परन्तु यह निर्विवाद रूप से सिद्ध हो गया कि वसाढ़ गाँव वैशाली का ही रूप है। यहाँ के खँडहर वैशाली का ही स्मरण दिलाते हैं। फिर तो यहाँ के अधुना प्रचलित नाम अपनी कहानी आप कहने लगे। राजा विशाल का गढ़ और वसाढ़ पुरानी वैशाली का स्मरण कराने लगे, बानिया जैन-परम्परा के बाणियगाम की याद दिलाने लगा, बासोकुंड कुण्डग्रास की स्मृति जाग्रत करने लगा, कोल्हुआ कोल्लाग की कहानी सुनाने लगा और बोधा, भगवानपुर और आनन्दपुर भगवान बुद्ध और उनके शिष्य आनन्द से सम्बन्धित होने का उल्लास प्रकट करने लगे। चीनी यात्री के बताए हुए स्तूपों की याद ताजी हो गई, अनेक पोखरे पुरानी पुष्करिणियों की गवाही देने लगे और समूची महिमा अधभूली-कहानी-सी चित्त को हिल्लोलित करने लगी। यही वह महिमामयी वैशाली है जिसे हम भूल चुके थे, जिसका नाम लेकर हम गर्व कर सकते हैं, जिसकी धरती इस भारतभूमि की कीर्तिपताका है।

स्वतन्त्रता-प्राप्ति के बाद सन् 1950 ई० में हमारी सरकार के पुरातत्त्व विभाग ने इसकी और जाँच की और श्रीकृष्णदेव और श्री विजयकान्त मिश्र ने इस नये प्रयत्न के परिणामों का विवरण प्रकाशित किया है। इससे हम वैशाली के और भी पुरातन इतिहास का सन्धान पाते हैं। अब हम वैशाली की उन मनुष्य-

कृति कृतियों का सन्धान पाते हैं, जो आज से ढाई हजार वर्ष पहले की हैं। धरती तो बहुत पुरानी है। हम ढाई हजार वर्ष पहले के मनुष्य के हाथों का स्पर्श अनुभव करने लगे हैं। उसके चित्त में सौन्दर्य और शालीनता का जो रूप था, मानस और आध्यात्मिक भावों की जो उमंग थी, राजनीतिक और व्यावसायिक महिमा का जो उल्लास था, उसका किंचित् स्पर्श पाकर आज हम उल्लसित हैं। मनुष्य के समाहित चित्त में लोक और परलोक की चारु कल्पना थी, उन्हें हमें साक्षात् अनुभव करने का अवसर मिला है, मिट्टी के ठीकरे और बर्तन, ईंट-चूने के भग्नावशेष, लोहा-लक्कड़ और प्रस्तर मूर्तियाँ हमें उद्वेलित करती हैं। अनेक प्रतिभाशाली विद्वानों और तत्त्व-चिन्तकों ने टूटी कौड़ियों को जोड़ने का प्रयास किया है। उन्होंने इतस्ततो विक्षिप्त सामग्रियों के आधार पर हजारों वर्ष पहले के मानव की आशा-आकांक्षाओं की सजीव मूर्ति बनाई है। ये खँडहर, ये ठीकरे, ये भग्नस्तूप, ये अवशिष्ट जलाशय, ये नष्टप्राय दीवारें अंगुलि-निर्देश हैं। ये ही सब कुछ नहीं हैं। ये हजारों वर्ष के नर-नारियों की जीवन-कथा सुनाती हैं। हम उन विद्वान शोधकों के ऋणी हैं जिन्होंने इस महिमामय मनुष्य को प्रत्यक्ष दिखा दिया है। हजारों वर्ष पुराने मनुष्य को उसकी समस्त आशा-आकांक्षाओं के साथ मूर्तिमान करके दिखाने वाले शोधी धन्य हैं। हम उनके प्रति अपनी आन्तरिक कृतज्ञता प्रकट करते हैं।

किन्तु ततः किम्? क्या याद आ जाना भर काफी है। ऐसा जान पड़ता है कि हँसती-खेलती वैशाली को बिजली मार गई है, उसका क्षत-विक्षत शव हमारे सामने पड़ा है। हमारे विद्वान शोधकों ने किसी प्राचीन शवसाधक के तान्त्रिक के समान इसकी आराधना की है। शव-साधना के लिए तांत्रिक लोग उत्तम प्रकृति के मनुष्य का शव काम में लाते थे। वैशाली से उत्तम प्रकृति की नगरी कहाँ मिलेगी? परन्तु शव-साधना के बारे में पुरानी पोथियों में कुछ विचित्र बातें लिखी मिलती हैं। साधक शव की पीठ पर बैठकर मन्त्र जपता है। शव का मुँह नीचे की ओर होता है। कहते हैं कि जब सिद्धि प्राप्त होने को होती है तो शव का मुँह उलट जाता है। उसमें प्राण संचार की-सी अवस्था होती है। वह बोलने लगता है, फिर वह जो चाहे दे सकता है। वैशाली का मुँह अतीत की ओर है। सिद्धि प्राप्त करने की अवस्था तब होगी, जब उसका मुँह उलटकर भविष्य की ओर जाएगा। विद्वान शोधकों के प्रयत्न तभी सफल कहे जायेंगे जब वह भविष्य की ओर हो जाएँ। ऐसा क्या हुआ है? क्या इस पुराने महिमामय इतिहास ने हमें भविष्य-निर्माण की प्रेरणा दी है? वैशाली के नागरिकों के आदर्श क्या हमारी नई परिस्थितियों के परिवेश में नवीन रूप ग्रहण करने का सामर्थ्य सिद्ध कर पाए हैं—दूसरे शब्दों में क्या उन आदर्शों को, जिनके कारण वैशाली अजेय बनी हुई थी, हमने अपनाया है? इस प्रश्न के उत्तर में ही हमारे इस इतिहास-शोध की सफलता का रहस्य छिपा हुआ है।

इस भग्नावशिष्ट गढ़ के प्रांगण में मनुष्यता की दुर्जय जय-यात्रा स्पष्ट दिखाई दे रही है। कितनी बार वह चढ़ा है, कितनी बार गिरा है। उसने कितनी बार निराशा की लम्बी साँस खींची है और सुस्ताकर फिर आगे बढ़ा है। उसके क्षत-विक्षत लहूलुहान चरणों ने हार नहीं मानी है, बाधाओं के काँटों को रौंदता हुआ, पराजय की थकान की अपेक्षा करता हुआ, मृत्यु की चुनौती को स्वीकार करता हुआ वह आगे बढ़ा है। पशुता ने रह-रहकर सिर उठाया है, छोटी-छोटी ममताओं की छीन-झपटी ने उसे मूढ़ बनाया है, भोंडे स्वार्थ ने उसे कायर बनाया है, पर वह हारा नहीं है। महामानव आए हैं, उन्होंने अपनी अमृतवाणी से उसमें नव-जीवन का संचार किया है, महीयसी माताएँ आई हैं, उन्होंने अपनी स्नेहच्छाया से आत्म-त्याग और बलिदान की शक्ति संचारित की है, महान कर्मयोगी आए हैं और अपने कर्मजीवन और त्यागी चरित्र से प्रकाश बिखेरा है। मनुष्य थका है पर रुका नहीं है। वह बढ़ता जा रहा है। इतिहास के अवशेष उसकी विजय-यात्रा के पद-चिह्न हैं। वैशाली के खँडहर बताते हैं कि मनुष्य कभी विजय-यात्रा के उल्लास में मत्त होकर चला था, पर उसे बाधाओं के आगे झुकना पड़ा। वह दूसरी ओर मुड़ गया। रुका नहीं, हारा नहीं, मरा नहीं। इतिहास उन मोड़ों की कहानी सुनाता है। उन बाधाओं का रूप दिखाता है, मनुष्य की दुर्दम जययात्रा की कथा कह जाता है। आज इस पुण्य अवसर पर हम इतिहास से प्रेरणा लेने आए हैं—भविष्य के निर्माण की, मनुष्य की दुर्दान्त जिजीविषा की, अस्थिरता के पोषक तत्त्वों को उन्मूलन करने की लालसा की। वैशाली हमारा आलोक-स्तम्भ सिद्ध हो।*

●

---

* वैशाली महोत्सव ( 1962 ) के अवसर पर।

# देवदारु

पता नहीं किसने इस पेड़ का नाम 'देवदारु' रख दिया था, नाम निश्चय ही पुराना है, कालिदास से भी पुराना, महाभारत से भी पुराना। सीधे ऊपर की ओर उठता है, इतना ऊपर कि पास वाली चोटी के भी ऊपर उठ जाता है, एकदम द्युलोक को भेद करने की लालसा से। नीचे, शाखाएँ मर्त्यलोक को अभयदान देने की मुद्रा में फैलती चली जाती हैं, मानो कह रही हों, भय नहीं, मैं जो हूँ! प्रत्येक शाखा की झबरीली टहनियाँ कँटीले पत्तों के ऐसे लहरदार छन्दों का वितान तानती हैं कि छाया चेरी-सी अनुगमन करती है। जिस आचार्य ने परिपाटी विहित शिष्टजनानुमोदित 'सज्जा' को 'छाया' नाम दिया था, वह जरूर इस पेड़ की शोभा से प्रभावित हुआ था। पेड़ क्या है, किसी सुलझे हुए कवि के चित्त का मूर्तिमान छन्द है—धरती के आकर्षण को अभिभूत करके लहरदार वितानों की शृंखला को सावधानी से सँभालता हुआ, विपुल व्योम की ओर एकाग्रीभूत मनोहर छन्द। कैसी शान है, गुरुत्वाकर्षण के जड़-वेग को अभिभूत करने की कैसी स्पर्द्धा है—प्राण के आवेश की कैसी उल्लासकर अभिव्यक्ति है? देवताओं का दुलारा पेड़ नहीं तो यह क्या है? क्या यों ही समाधि लगाने के लिए महादेव ने 'देवदारुद्रुम-वेदिका' को ही पसन्द किया था? कुछ बात होनी चाहिए। कोई नहीं बता सकता कि महादेव समाधि लगाकर क्या पाना चाहते थे। उन्हें कमी किस बात की थी? कालिदास ने बताया था कि उन्होंने इस प्रयोजनातीत (निष्प्रयोजन तो कैसे कहें!) समाधि के लिए देवदारुद्रुम के नीचे वेदिका बनाई थी। शायद इसलिए कि देवदारु भी अर्थातीत छन्द है—प्राणों का उल्लासनर्तन, जड़-शक्ति के दुर्वार आकर्षण को पराभूत करके विपुल व्योम-मण्डल में विहार करने का अर्थातीत आनन्द!

कहते हैं, शिव ने जब उल्लासातिरेक में उद्दाम नर्तन किया था तो उनके शिष्य तण्डु मुनि ने उसे याद कर लिया था। उन्होंने जिस नृत्य का प्रवर्तन किया, उसे 'ताण्डव' कहा जाता है। 'ताण्डव अर्थात् तण्डु' मुनि द्वारा प्रवर्तित 'रस-भाव-विवर्जित' नृत्य! रस भी अर्थ है, भाव भी अर्थ है, परन्तु ताण्डव ऐसा नाच है जिसमें रस भी नहीं; भाव भी नहीं। नाचने वाले का कोई उद्देश्य नहीं, मतलब 'अर्थ' नहीं। केवल जड़ता के दुर्वार आकर्षण को छिन्न करके एकमात्र चैतन्य की अनुभूति का उल्लास! यह 'एकमात्र' लक्ष्य ही छन्द भरता है, इसी से उसमें

ताल पर नियन्त्रण बना रहता है। एकाग्रीभाव छन्द की आत्मा है। अगर यह न होता तो शिव का ताण्डव बेमेल धमाचौकड़ी और लस्टम-पस्टम उछल-कूद के सिवा और कुछ न होता। ताण्डव की महिमा आनंदोन्मुखी एकाग्रता में है। समाधि भी एकाग्रता चाहती है। ध्यान, धारणा और समाधि की एकाग्रता से ही 'योग' सिद्ध होता है। बाह्य प्रकृति के दुर्वार आकर्षण को छिन्न करने का उल्लास ताण्डव है। अन्त:प्रकृति के असंयत फिंकाव को नियन्त्रित करने का नाम समाधि है। देवदारु वृक्ष पहले प्रकार के उल्लास को सूचित करता है, **शिव का 'निर्वात निष्कम्प इस प्रदीप:'** रूप दूसरे प्रकार के। दोनों में एक ही छन्द है। शिव ने समझ-बूझकर ही देवदारुद्रुम की वेदिका को पसन्द किया होगा। देवदारु के नीचे समाधिस्थ महादेव! तुक मिल रहा है, शानदार तुक! कौन कहता है कि कालिदास ने तुक मिलाने की परवा नहीं की। मेरा मन कहता है कि कालिदास तुकाराम थे, तुक मिलाने के मौजी वाग्विलासी! मगर ये तुक भोंड़े किस्म के नहीं होते थे; यह तो निश्चित है। 'झगरे रगरे-बगरे' डगरे ये भी कोई तुक है! मगर सारी दुनिया इसी को तुक कहती आ रही है। कुछ-न-कुछ तो होगा ही, सारी दुनिया पागल नहीं हो सकती। लेकिन यह भी सही है कि बात-बात में तुक मिला करता है। अगर ऐसा न होता तो 'बेतुकी' हाँकने वालों को बुरा न माना जाता। जो लोग 'तुक' की बात करते हैं, वे शब्द की ध्वनियों का तुक तो नहीं मिलाते। फिर तुक है क्या?

तुक वह है जो देवदारु की गगनचुंबी शिखा और समाधिस्थ महादेव की निर्वात-निष्कंप प्रदीप की ऊर्ध्वगामिनी ज्योति में है! अर्थात् तुक अर्थ में रहता है। ध्वनि-साम्य के तुक में कुछ-न-कुछ अर्थचारुता होनी चाहिए। ध्वनिसाम्य साधन है, तुक अर्थ का धर्म होना चाहिए। मगर ऐसा कहना खतरे से खाली नहीं है। किसी नये आलोचक ने अर्थ की लय की वकालत की है। मैं अच्छी तरह जानता हूँ कि सारी पण्डित-मण्डली उस गरीब पर बरस पड़ी है। अगर तुक अर्थ में मिल सकता है तो लय क्यों नहीं मिल सकता। मेरे अन्तर्यामी कहते हैं कि तुक तो अर्थ में रहता है, लय नहीं रहता। बहुत से लोग अन्तर की आवाज को आँख मूँदकर मान लेते हैं; मैं नहीं मान पाता! आँख खोलने पर भी यदि अन्तर की आवाज ठीक जँचे तो मान लेना चाहिए। क्योंकि उस अवस्था में भीतर और बाहर का तुक मिल जाता है। शिवजी ने अन्तर और बाहर का तुक मिलाने के लिए ही देवदारु को चुना था। अन्तर्यामी भी बहिर्यामी के साथ ताल मिलाते रहें यही उचित है। महादेव ने आँखें मूँद ली थीं, देवदारु ने खोल रखी थीं। महादेव ने भी जब आँख खोल दी तो तुक बिगड़ गया, छन्दोभंग हो गया, त्रैलोक्य को मदविह्वल करने वाला देवता भस्म हो गया! उसका फूलों का तूणीर जल गया, रत्नजटित धनुष टूट गया। सब गड़बड़ हो गया। सोचता हूँ—उस समय देवदारु की क्या हालत हुई होगी? क्या इतनी ही फक्कड़ाना

मस्ती से झूम रहा होगा? क्या ऐसा ही बेलौस खड़ा होगा? शायद हाँ, क्योंकि शिव की समाधि टूटी थी, देवदारु का ताण्डव—रसभावविवर्जित महानृत—नहीं टूटा था। देवता की तुलना में वह निर्विकार रहा—काठ बना हुआ। कौन जाने इसी कहानी को सुनकर किसी ने इसे 'देवता का काठ' (देव-दारु) नाम दे दिया हो : फक्कड़ हो तो अपने लिए हो बाबा, मनुष्य के लिए तो निरे काठ हो; दया नहीं, माया नहीं, मोह नहीं, आसक्ति नहीं; निरे काठ! ऐसों से तो देवता ही भला! कहीं न कहीं उसमें दिल तो है। मगर यह भी कैसे कहा जाए! देवता के दिल होता तो लाज-शरम भी होती, लाज-शरम होती तो आँखों की पलकें भी झँपतीं लेकिन देवता है कि ताकता रहता है; पलकें उसकी झँपती नहीं! एक क्षण के लिए उसने आँखें मूँदी कि अनर्थ हुआ! बहुत सावधान, सदा जाग्रत।

अलबत्ता महादेव इन देवताओं से भिन्न थे। जहाँ आँखें झुकनी चाहिए, वहाँ उनकी आँखें झुकती थीं, जहाँ टकटकी बँधनी चाहिए वहाँ बँध जाती थी। पार्वती जब वसन्तपुष्पों के आभरण से सजी हुई सच्चारिणी पल्लविनी लता की भाँति उनके सामने आईं, तो उनके (पार्वती के) बिम्बफल के समान अधरोष्ठ वाले मोहक मुख पर उनकी टकटकी बँध गई। फिर उनकी आँखें झुकी भीं। वे मनुष्य के समान विकारग्रस्त हुए। वे देवताओं में मनुष्य थे—महादेव! उस दिन देवदारु चूक गया। वह सब देखता रहा। इतना अनर्थ हो गया और अपने अवधूतपन का बाना नहीं छोड़ा। वह महावृक्ष नहीं बन सका, 'देवदारु' बन गया। आँखें खोले रहना भी कोई तुक की बात है! महावृक्ष वनस्पति होते हैं, जिनमें भावुकता तो नहीं पर सार्थकता होती है, जो फूल तो नहीं देते पर फल देते हैं—'अपुष्पा फलवन्तो ये'। देवदारु चूक गया, 'वनस्पति' की मर्यादा से वंचित रह गया।

तो क्या हुआ? यह सब मनुष्य की आत्म-केन्द्रित दृष्टि का प्रसाद है। देवदारु को इससे क्या लेना-देना? वह तो जैसा है वैसा बना हुआ। तुम उसे वनस्पति कहो या देवता का काठ कहो। तुम्हें अच्छा लगता है तो अच्छा नाम देते हो, बुरा लगता है तो बुरा नाम देते हो। नाम में क्या धरा है। मुमकिन है, इसका पुराना नाम देवतरु हो। देवता का तरु नहीं, देवता भी और तरु भी। देव होकर वह छंद है, तरु होकर अर्थ है। छंद, समष्टिव्यापिनी जीवनगति के समानान्तर चलने वाले व्यष्टिगत प्राणवेग का नाम है, अर्थ, समाज स्वीकृति-प्राप्त संकेत हुआ करता है।

जहाँ बैठकर लिख रहा हूँ, वहाँ से ऊपर और नीचे पर्वतपृष्ठ पर देवदारु वृक्षों की सोपान-परम्परा-सी दीख रही है। कैसी मोहक शोभा है। वृक्ष और भी हैं, लोगों ने नाम भी बताए हैं, पर सब छिप गए दिखते हैं, आकाशचुम्बी देवदारु; ऐसा लगता है कि ऊपर वाले देवदारु वृक्षों की फुनगों पर से लुढ़का दिया जाऊँ तो फुनगियों पर ही लोटता हुआ हजारों फीट नीचे तक जा सकता हूँ

अनायास! पर ऐसा लगता ही भर है। भगवान न करे कोई सचमुच लुढ़का दे। हड्डी-पसली चूर हो जायेगी। जो कुछ लगता है वह सचमुच हो जाए तो अनर्थ हो जाए। लगने में बहुत-सी बातें गलत लगती हैं। इसीलिए कहता हूँ कि लगना अर्थ नहीं होता, कई बार अनर्थ होता है। अर्थ वास्तविकता है, वास्तविकता जगत की सच्चाई है, लगता है सो मन का विकल्प है, अन्तर्जगत की स्पृहा मात्र है, छंद है। दोनों में कहीं ताल-तुक मिल जाता तो काम की बात होती। नहीं मिलता, यह खेद की बात है। ताल-तुक मिलना अर्थ है, न मिलना अनर्थ है।

प्रत्येक व्यक्ति के मन में कुछ-न-कुछ लगता रहता है। मजेदार बात यह है कि व्यक्ति का लगना अलग-अलग होता है। 'अ-लग' अर्थात् जो न लगे। लगता है पर नहीं लगता, यह भी कोई तुक की बात हुई? तुक की बात तब होती, जब लगता 'अलग' लगना न होता। इसीलिए कहता हूँ कि तुक अर्थ में होता है। जिसने इस पेड़ का नाम देवदारु दिया था उसे क्या लगा था, कह नहीं सकता। बात औरों को भी कामोवेंश लगी होगी, तभी सबने मान लिया। जो सबको लगे सो अर्थ; एक को लगे, बाकी को न लगे तो अनर्थ! अलगाव को ही पुराने आचार्यों ने पृथकत्व बुद्धि का नाम दिया है। और भी समझाकर कहा है कि यह अलगाव 'मैं-पन' है, 'अहंकार' है। इधर कवि लोग हैं कि उन्हें हमेशा कुछ देखकर कुछ-न-कुछ लगता ही रहता है। खुले आम कहते हैं कि मुझे ऐसा लग रहा है। क्यों कहते हो बाबा कि 'मुझे' ऐसा लग रहा है। दुनिया की ओर भी देखो। वह तुम्हें पागल कहेगी। पागल को भी तो कुछ-न-कुछ लगा ही रहता है। मगर दुनिया को देखता हूँ तो हैरत में पड़ जाता हूँ। कवि को जो कुछ लगता है, उसके लिए वाह-वाह कहके उसे सिर उठा लेती है। कुछ समझ में नहीं आता—'हो ही बौंरी बिरह बस, के बौरो सब गाँव।'

बिहारी अच्छे-खासे कवि माने जाते हैं। उन्हीं की बात याद आ गई थी। बात इतनी ही सी थी कि विरह की मारी स्त्री कह रही है कि मैं ही पागल हो गई हूँ या सारा गाँव पागल हो गया है? क्या समझकर ये लोग चाँद को ठंडी किरन वाला कहते हैं—'कहा जाने ये कहत हैं ससिहिं सीतकर गाँव।' बिरह की मारी महिला का दिमाग बिगड़ गया है; जो सबको ठंडा लग रहा है, उसे वह दाहक मान रही है। पागलपन ही तो है। मगर जब बिहारी ने उसे दोहा छंद में बाँध दिया तो बात बिल्कुल बदल गई। हाय-हाय कैसी विरह-वेदना है कि उस सुकुमार बालिका को चाँद भी गरम मालूम पड़ता है। हृदय के भीतर जलने वाली विरहाग्नि ने उसे किसी काम का नहीं छोड़ा। हे भगवान, तुम ऐसा कुछ नहीं कर सकते कि सारे गाँव के समान इस बालिका को भी चन्द्रमा उतना ही शीतल लगे, जितना औरों को लगता है। अर्थात् विरहिणी की दारुण व्यथा अब सबके चित्त की सामान्य अनुभूति के साथ ताल-मिलाकर चलने लगी। पागल का 'लगना' एक का लगना होता है, कवि का 'लगना' सबको लगने लगता है

बात उलटकर कही जाए तो इस प्रकार होगी—जिसका लगना सबको लगे वह कवि है, जिसका लगना सिर्फ उसे ही लगे; और को नहीं, वह पागल है। लगने-लगने में भी भेद है। जो सबको लगे वह अर्थ है, जो एक को ही लगे, वह अनर्थ है। अर्थ सामाजिक होता है।

मगर देवदारु नाम केवल नाम ही नहीं है। मैंने अपने गाँव के एक महान भूत-भगावन ओझा को देवदारु की लकड़ी से भूत भगाते देखा है। आजकल के शिक्षित लोग भूत में विश्वास नहीं करते। वे भूत को मन का वहम मानते हैं। पर गाँव में भूत लगते मैंने देखा है। भूत भागते भी देखा है। भूत भी 'लगता' है। सब लगालगी वहम ही होती होगी। आँखों को भी। बिहारी जानते थे। कह गए हैं—'लगालगी लोयन करें; नाहक मन बँधि जाय।' नाहक अर्थात् बेमतलब निरर्थक।

हमारे गाँव में एक पंडितजी थे। अपने को महाविद्वान मानते थे। विद्या उनके मुँह से फचाफच निकला करती थी। शास्त्रार्थ में वे बड़े-बड़े दिग्गजों को हरा देते थे। विद्या के जोर से नहीं; फचफचाहट के आघात से। प्रतिपक्षी मुँह पोंछता हुआ भागता था। अगर कुछ कैंड़े का हुआ तो दैहिक बल से जय-पराजय का निश्चय होता था। मेरे सामने ही एक बार खासी गुत्थमगुत्थी हो गई। गाँव-जवार के लोगों को पंडितजी की विद्या पर भरोसा नहीं था, पर उनकी फचाफच वाणी और भीमकाया पर विश्वास अवश्य था। शास्त्रार्थ में पंडितजी कभी हारे नहीं। कम लोग जानते हैं कि शास्त्रार्थ में कोई हारता नहीं, हराया जाता है! पंडितजी के यजमान जम के उनके पीछे लाठी लेकर खड़े हो जाते थे तो उनकी विजय निश्चित हो जाती थी। पंडितजी केवल बड़े दिग्गज विद्वानों को नहीं, आसपास के भूतों को भी पराजित करने में अपना प्रतिद्वन्द्वी नहीं जानते थे। गायत्री का मन्त्र (जो उनके मुँह से आल्हा जैसा सुनाई देता था) और देवदारु की लकड़ी—उनके अस्त्र थे। एक बार वे बगीचे से गुजर रहे थे, घोर अंधकार, भयंकर सुनसान! क्या देखते हैं कि आगे दनादन ढेले गिर रहे हैं। पंडितजी का अनुभवी मन तुरन्त ताड़ गया कि कुछ दाल में काला है। मनुष्य इतनी तेजी से ढेले नहीं फेंक सकता। पंडितजी डरने वाले नहीं थे। पीछे मुड़कर ललकारा—अरे केवन है! केवन अर्थात् कौन! पीछे मुँड़कट्टा, घोड़े पर चढ़ा चला आ रहा था, टप्प-टप्प-टप्प! (यहाँ पाठकों की जानकारी के लिए बता दूँ कि एक बार मैंने अपने गाँव में भूतों के जाति-भेद की जाँच की थी। कुल तेईस किस्म के हैं। मुँड़कट्टा एक भूत ही है। मूँड़ नहीं है। छाती पर दो आँखें मशाल की तरह जलती रहती हैं। घोड़े पर चढ़कर चलता है) सो, पंडितजी से उलझने की हिमाकत की इस दुरन्त मुँड़कट्टे ने। डरने वाला कोई और होता है। पंडितजी ने जूता उतार दिया, वह गायत्री मन्त्र के पाठ में बाधक था। झमाझम गायत्री मंत्र पढ़ने लगे। देवदारु की लकड़ी मुट्ठी में थी। दे रद्दे पर रद्दा। बेचारा मुँड़कट्टा त्राहि-त्राहि कर उठा। अबकी बार छोड़ दो पंडितजी, पहचान नहीं सका

था। अब फिर यह गलती नहीं होगी। आज से मैं तुम्हारा गुलाम हुआ। पंडितजी का ब्राह्मण मन पसीज गया। नहीं तो यह सारे गाँव-जवार का कंटक समाप्त हो गया होता। मैंने यह कहानी स्वयं पंडितजी के मुँह से सुनी थी। अविश्वास करने का कोई उपाय नहीं था—फर्स्टहैंड इनफर्मेशन था। उस दिन मेरे बालचित्त पर देवदारु की धाक जम गई थी। अब भी क्या दूर हुई है?

आज देवदारु के जंगल में बैठा हूँ। लाख-लाख मुँड़कट्टों को गुलाम बना सकता हूँ। भूतों में जैसे मुँड़कट्टे होते हैं, आदमियों में भी कुछ होते हैं। मस्तक नाम की चीज उनके पास होती ही नहीं, मस्तक ही नहीं तो मस्तिष्क कहाँ, लता ही कट गई तो फूल की संभावना ही कहाँ रही—**'लतायां पूर्वलूनायां प्रसूनस्योद्भवः कुतः?'** क्या इन मुँड़कट्टों को देवदारु की लकड़ी से पराभूत किया जा सकता है? करने का प्रयत्न ही तो कर रहा हूँ। परन्तु पंडितजी के पास तो फचफची गायत्री थी, वह कहाँ पाऊँ?

मन की सारी भ्रान्ति को दूर करने वाले देवदारु, तुम्हें देखकर मन श्रद्धा से भर जाता है, वह अकारण नहीं है। तुम भूत-भगावन हो, तुम वहम-मिटावन हो; तुम भ्रांति-नसावन हो। तुम्हें दीर्घकाल से जानता था, पर पहचानता नहीं था। अब पहचान भी रहा हूँ। तुम देवता के दुलारे हो, महादेव के प्यारे हो, तुम धन्य हो।

जानता हूँ कि बुद्धिमान लोग कहेंगे कि यह महज गप्प है। आज भी जानता हूँ कि कदाचित् अन्तिम विश्लेषण पर पंडितजी की कहानी 'पत्ता खड़का, बन्दा भड़का' से अधिक वजनदार न साबित हो। सम्भावना तो यहाँ तक है कि पत्ता भी न खड़का हो और पंडितजी ने आद्योपान्त पूरी कहानी बना ली हो। मगर बलिहारी है इस सर्जन-शक्ति की। क्या शानदार कहानी रची पंडितजी ने! आदिकाल से मनुष्य गप्प रचता आ रहा है, अब भी रचे जा रहा है। आजकल हम लोग ऐतिहासिक युग में जीने का दावा करते हैं। पुराना मनुष्य 'मिथकीय युग' में रहता था, जहाँ वह भाषा के माध्यम को अपूर्ण समझता था, वह मिथकीय तत्त्वों से काम लेता था। मिथक—गप्पें—भाषा की अपूर्णता को भरने का प्रयास है। आज भी क्या हम मिथकीय तत्त्वों से प्रभावित नहीं हैं? भाषा बुरी तरह अर्थ से बँधी हुई है। उनमें स्वच्छंद संचार की शक्ति क्षीण से क्षीणतर होती जा रही है। मिथक स्वच्छंद विचरण करता है। आश्रय लेता है भाषा का, अभिव्यक्त करता है भाषातीत को। मिथकीय आवरणों को हटाकर उसे तथ्यानुयायी अर्थ देने वाले लोग मनोवैज्ञानिक कहलाते हैं, आवरणों की सार्वभौम रचनात्मकता को पहचानने वाले कला-समीक्षक कहलाते हैं। दोनों को भाषा का सहारा लेना पड़ता है, दोनों धोखा खाते हैं। भूत तो सरसों में हैं। जो सत्य है, वह सर्जनाशक्ति के सुनहरे पात्र के मुँह बन्द किए ढँका ही रह जाता है। एक-पर-एक गप्पों की परतें जमती जा रही हैं। सारी चमक सीपी की चमक में चाँदी देखने की तरह मन का अभ्यास मात्र है। गप्प कहाँ नहीं है, क्या नहीं है? मगर छोड़िए भी।

देवदारु भी सब एक से नहीं होते? मेरे बिलकुल पास में जो है, वह जरठ भी है, खूँसट भी। जरा उसके नीचे की ओर जो है, वह सनकी-सा लगता है। एक मोटे राम खड्डु के एक प्रांत पर उगे हैं, आधे जमीन में, आधे अधर में, आधा हिस्सा ठूँठ, आधा जगर-मगर; सारे कुनबे के पाधा जान पड़ते हैं। एक अल्हड़ किशोर है, सदा हँसता-सा; कवि जैसा लगता है। जी करता है इसे प्यार किया जाये। सदा से ऐसा होता आया है। हर देवदारु का अपना व्यक्तित्व होता है। एक इतना कमनीय था कि बैल की ध्वजा वाले महादेव ने उसे अपना बेटा बना लिया था। पार्वती माता की छाती से दूध ढरक पड़ा था। कालिदास खुद कह गये हैं। मगर कुछ लोग ऐसे होते हैं कि उन्हें 'सबै धान बाईस पसेरी' दिखते हैं। वे लोग सबको एक ही जैसा देखते हैं। उनके लिए वह खूँसट, वह पाधा, वह सूम, वह सनकी, वह झिंझोटा, वह झबरैला, वह चपरगेंगा, वह गदरौना, वह खिटखिटा, वह झक्की, वह झुमरैना, वह धोकरा, वह नटखटा, वह चुनमुन, वह बाँकुरा, वह चौरंगी, सब समान है। महादेवजी के प्यारे बेटे के कमनीय व्यक्तित्व को भी सब नहीं पहचान सकते थे। एक मदमत्त गजराज आये और अपने गण्डस्थल की खाज मिटाने के लिए उसी पर पिल पड़े। जड़ें हिल गईं, पत्ते झड़ गए, खाल छूट गई और आप खाज मिटाते रहे। महादेव जी को बड़ा क्रोध आया। आना ही था। उन्होंने उसकी रक्षा के लिए एक सिंह तैनात कर दिया। पर मेरे सामने जो अल्हड़ कवि हैं, इनका क्या होगा। वह तो कहिए कि इधर हाथी आते ही नहीं। फिर भी डर तो लगता ही है। हाथी न सही, गधों और खच्चरों से तो शहर भरा पड़ा है। लेकिन मैं जिधर हूँ, उधर वे भी कम ही आते हैं। गाहे-बगाहे आ भी जाते हैं। पर उन्हें देवदारु की तरफ देखने की फुरसत नहीं होती। उन्हें देखने को और बहुत-सी चीजें मिल जाती हैं। बहरहाल, कोई खास चिन्ता की बात नहीं है। इस देश के लोग पीढ़ियों से सिर्फ जाति देखते आ रहे हैं, व्यक्तित्व देखने की उन्हें न आदत है, न परवा है। सन्त लोग चिल्लाकर थक गए कि **'मोल करो तलवार का, पड़ा रहन दो म्यान'** मगर तलवार बन्द ही रह गये; म्यान के मोल-भाव से बाजार गर्म है। व्यक्तित्व को यहाँ पूछता ही कौन है। अर्थमात्र, जाति है, छन्द मात्र, व्यक्तित्व है। अर्थ आसानी से पहचाना जा सकता है, क्योंकि वह धरती पर चलता है; छन्द आसानी से पकड़ में नहीं आता, वह आसमान में उड़ा करता है।

बात यह है कि जब मैं कहता हूँ कि देवदारु सुन्दर है तो सुनने वाले सुन्दर का एक सामान्य अर्थ ही लेते हैं। हजार तरह के सुन्दर पदार्थों में रहने वाला एक सामान्य सौंदर्य धर्म। सौन्दर्य का कौन-सा विशिष्ट रूप मेरे हृदय में उल्लास तरंगित कर रहा है, यह बात बस, मैं ही जानता हूँ। अगर मुझमें इस बात की कहने की शक्ति नहीं हुई तो यह गूँगे का गुड़ बनी रह जायेगी। जिसमें शक्ति होती है, वह कवि कहलाता है। अनेक प्रकार के कौशल से वह इस बात को कहने का प्रयत्न करता है, फिर भी शब्दों का सहारा तो उसे लेना ही पड़ता है। शब्द

सदा सामान्य अर्थ को प्रकट करते हैं। कवि विशिष्ट अर्थ देना चाहता है। वह छन्दों के सहारे, उपमान-योजना के बल पर ध्वनिसाम्य के द्वारा विशिष्ट अर्थ का साधारणीकरण करता है। तो भी क्या सब उसके विशिष्ट अर्थ को समझ पाते हैं? बिलकुल नहीं। कोई बड़भागी होता है जिसके दिल की धड़कन कवि के दिल की धड़कन के साथ ताल मिला पाती है। कवि के हृदय के साथ जिसका हृदय मिल जाये, उसे 'सहृदय' कहा जाता है। देवदारु की ऊर्ध्वशिखा-शोभा मेरे हृदय में एक विशेष उल्लास पैदा करती है। मेरे पास कवि-कौशल नाम की चीज नहीं है। मैं अपने विशिष्ट अनुभवों का साधारणीकरण नहीं कर पा रहा हूँ। कवि होता तो कर लेता। उपमानों की छटा खड़ी कर देता, सहृदय चित्त को अपने चित्त के ताल पर नृत्य कराने योग्य छन्द ढूँढ़ लेता, ध्वनियों की नियतसंचारी समता का ऐसा समाँ बाँधता कि सुनने वाले का मन मयूर की भाँति नाच उठता, पर मेरे भाग्य में यह कुछ भी नहीं है। केवल आँख फाड़कर देखता हूँ, पाषाण की कठोर छाती भेदकर यह देवदारु न जाने किस पाताल से अपना रस खींच रहा है और क्रमह्रस्व छाया का वितान तानता हुआ ऊर्ध्वलोक की ओर किसी अज्ञात निर्देशक के तर्जनी-संकेत की भाँति कुछ दिखा रहा है। यह इतनी उँगलियाँ क्या यों ही उठी हुई हैं? कुछ बात है, अवश्य कुछ रहस्य है। भीतर ही भीतर अनुभव कर रहा हूँ पर बता सकूँ ऐसी भाषा कहाँ है? हाय, मैं असमर्थ हूँ, मूक हूँ! मीमांसकों का एक सम्प्रदाय मानता था कि शब्द का अर्थ वहाँ तक जाता है, जहाँ तक वक्ता ले जाना चाहता है। वक्ता की इच्छा को विवक्षा कहते हैं। ये लोग कहते हैं कि जब जैमिनी मुनि ने कहा था कि '**यत्परः शब्दः स शब्दार्थः**' तो उनका यही मतलब था। मेरा रोम-रोम अनुभव कर रहा है कि मुनि की बात का ऐसा अर्थ नहीं होना चाहिए। कहाँ विवक्षा इतनी दूर तक ले जाती है? 'सुन्दर' शब्द का प्रयोग करके मैं जो कहना चाहता हूँ, वह कहाँ प्रकट हो पा रहा है? कहना तो बहुत चाहता हूँ, कोई समझे भी तो। नहीं, शब्द उतना ही बता पाता है, जितना लोग समझते हैं, वक्ता जो कहना चाहता है, उतना कहाँ बता पाता है वह? दुनिया में कवियों की जो कदर है, वह इसलिए है कि वे जो अनुभव करते हैं, उसे श्रोता के चित्त में प्रविष्ट भी करा सकते हैं। प्रेषणधर्मिता उनके कहे का एक प्रधान गुण है। मैं नहीं पहुँचा पाता हूँ उस अर्थ को, जिसे मेरा मन अनुभव कर रहा है। क्योंकि मैं शब्दों और छन्दों का ऐसा अस्त्र नहीं पाता हूँ, जो मेरी अनुभूतियों को लेकर तीर की तरह श्रोता के हृदय में चुभ जाए। अर्थ निश्चय ही वक्ता की इच्छा के अधीन है। वह सामाजिक स्वीकृति चाहता है। उसमें लय नहीं, संगीत नहीं, नाद नहीं, गति नहीं। वह स्थिर है। शब्दों के गतिशील आवेश से वह हिलता है, भरभराता है, नये-नये परिवेश में सजता है और तब कहीं नया अर्थ पैदा करता है। अर्थ में लय नहीं होता, वह लय के सहारे नया अर्थ देता है।

लेकिन देवदारु है शानदार वृक्ष। हवा के झोंकों से जब हिलता है तो उसका आभिजात्य झूम उठता है। कालिदास ने इसी हिमालय से उस भाग की, जहाँ से भागीरथी के निर्झर झरते रहते हैं, शीतल मन्द-सुगन्ध पवन की चर्चा की थी, उन्होंने शीतलता को भागीरथी के निर्झर सीकरों की देन कहा, सुगन्धि को आसपास के वृक्षों के पुष्पों के सम्पर्क की बदौलत घोषित किया; लेकिन मन्दी के लिए मुहुः कन्दित देवदारु को उत्तरदायी ठहराया। देवदारु के बार-बार कम्पित होते रहने में एक प्रकार की मस्ती अवश्य है। युग-युगान्तर की संचित अनुभूति ने ही मानो यह मस्ती प्रदान की है। जमाना बदलता रहा है, अनेक वृक्षों और लताओं ने वातावरण से समझौता किया है, कितने ही मैदान में जा बसे हैं और खासी प्रतिष्ठा प्राप्त कर ली है; लेकिन देवदारु है कि नीचे नहीं उतरा, समझौते के रास्ते नहीं गया और उसने अपनी खानदानी चाल नहीं छोड़ी। झूमता है तो ऐसा मुस्कुराता हुआ, मानो कह रहा हो, मैं सब जानता हूँ, सब समझता हूँ। तुम्हारे करिश्मे मुझे मालूम हैं, मुझसे तुम क्या छिपा सकते हो—**'मो ते दुरैहौ कहा सजनी निहुरे-निहुरे कहुँ ऊँट की चोरी!'** हजारों वर्ष के उतार-चढ़ाव का ऐसा निर्मम साथी दुर्लभ है।

●

# फिर से सोचने की आवश्यकता है

आजकल मेरे मन में एक बड़ा सवाल उठा हुआ है। बहुत पहले मैं इसका जवाब पा चुका था, सन्तुष्ट भी था, लेकिन हाल में देश के अनेक ज्ञानी गुणी लोगों के सम्पर्क में आने के बाद चित्त विचलित हो उठा है। मैंने जो उत्तर पाया था, वह क्या सही था? यद्यपि भीतर से आवाज आती है कि उत्तर तुमने पाया था वही सही है और जो विचिकित्सा इस समय खड़ी है, वह गलत है; तो मेरे चित्त में आज नये सिरे से उस प्रश्न का उत्तर पाने के लिए प्रयत्न हो गया है। सत्संगति की महिमा कम से कम इस देश में गोयी नहीं रह गई है और मैं तो व्याकुलता के साथ अनुभव कर रहा हूँ कि सत्संगति ने मेरे अन्तरतर को आलोड़ित कर रखा है। भीतर की आवाज केवल आदत का नतीजा है। एक खास ढंग से सोचते रहने वाला आदमी उसी ढंग की आवाज सुना करता है। जिन लोगों की वाणी पर विश्वास करके आज तक चलता रहा हूँ, वे ऐसा नहीं मानते। रवीन्द्रनाथ ने कहा है कि 'तू लोगों की बात पर कान न दे, हजार-हजार आकर्षण से खिंचा-खिंचा भटकता न फिर, ऐसा हो कि तेरा हृदय जाने कि तेरे हृदय में तेरा राजा बैठा है—

**लोकेर कथा दिस ने काने,**<br>
**फिरिस रे आर हाजार टाने,**<br>
**येन रे रोर हृदय जाने, हृदये तौर आछेन राजा!**

बैठा होगा, लेकिन आज दुनिया की बातों को अनसुनी करने की शक्ति नहीं रह गई है। हजार-हजार आकर्षण बुरी तरह खींच रहे हैं और हृदय-देश में स्थित राजा की आज्ञा-पालन में झिझक अनुभव हो रही है।

प्रश्न यह है कि काम निकाल लेना बुद्धिमानी है या मान के लिए मर मिटना मनुष्यत्व की निशानी है। पहला मत उन लोगों का है जो समझदार माने जाते हैं, जो भावुक नहीं होते, जिनकी दृष्टि सीधे परिणाम तक पहुँची होती है। वे हाथ पर रखे हुए आँवले के फल के समान प्रत्येक वस्तु की उपयोगिता और अनुपयोगिता को स्पष्ट देख लेते हैं। उनकी दृष्टि में काम बड़ी चीज है, मान

केवल भावुकता का नामान्तर है। ऐसे समझदार लोग काम को बड़ा मानते हैं, मान उनकी दृष्टि में नगण्य है। पुराने काव्य की उतावली नायिका के समान वे कहते हैं कि—

**मान घटे तै कहा घटिहै**
**जो पै प्रानपियारे के दर्शन पैये।**

दूसरे मत के मानने वाले लोग सचमुच भावुक होते हैं। उनकी दृष्टि में मान का बड़ा महत्त्व है। वे मान के साथ दिए गए विष को भी पी लेते हैं और गर्वपूर्वक घोषणा करते हैं कि—

**मान सहित विष खाइके शंभु भये जगदीस।**
**बिना मान अमृत पिए राहु कटाए सीस॥**

ऐसे लोगों ने अनेक प्रकार के तत्त्व-दर्शन बना रखे हैं। केवल जीवन धारण के लिए उपयोगी प्रयोजनों के पीछे दौड़ना पशु का धर्म है। मनुष्य प्रयोजन के पीछे दौड़ने के लिए नहीं बना है; प्रयोजनों से जो अतीत धर्म है, वही मनुष्यत्व है। शक्ति, प्रेम, दया, सहानुभूति आदि गुण, स्थूल प्रयोजनों की सिद्ध करें तो, और न करें, तो बड़े हैं और पालनीय हैं। आवश्यकता पड़ने पर मनुष्य को इन वास्तविक धर्मों की रक्षा के लिए अपने आपको बलि चढ़ा देना चाहिए। मनुष्य इसलिए मनुष्य है कि उसमें मनुष्यत्व धर्म है।

**जलदानेंन हि जलदः न हि जलदो पुन्जितो धूमः।**

जलद वह है जो जल दे सके, पुन्जित धूम को जलद नहीं कह सकते। पहली श्रेणी के लोग समझदार कहे जाते हैं, दूसरी श्रेणी के भावुक।

जो लोग समझदार हैं, उनकी बात सुनकर मन अचरज से अवाक् हो रहता है कि इस देश की राज्य-व्यवस्था आदि ठीक चलती है, दस पढ़े-लिखे आदमियों को अगर ठीक से अन्न मिल जाता है, तो अंग्रेजी को क्यों छोड़ा जाए। आखिर डेढ़ सौ वर्षों तक हम लोग अंग्रेजी के ताबेदार रहे हैं? इतिहास को धो-पोंछकर फेंक नहीं दिया जा सकता। सिर्फ इसलिए कि वह हमारे पुराने शासकों की भाषा थी; अंग्रेजी को विदेशी नहीं कहा जा सकता है! क्या यह तथ्य नहीं है कि इस देश के बीसियों बाप-बेटों का पत्र-व्यवहार अंग्रेजी में होता है? बहुत से ऐसे बाप-बेटे और पति-पत्नियों की नामावली आसानी से गिना दी जा सकती है। क्या हमारे नेतागण अपना काम इसी भाषा में नहीं चलाते थे? डेढ़ सौ वर्षों के निरंतर अभ्यास के कारण समूचे देश में यह एक भाषा प्रतिष्ठित हुई है, क्यों इसका निरादर किया जाये? यह क्या भारतवर्ष का परम सौभाग्य नहीं है कि उसकी आधी फीसदी जनता इस संसार की सर्वश्रेष्ठ भाषा से परिचित है? इस महिमामयी भाषा की तुलना में देशी भाषाओं में क्या धरा है! सिर गिनने से देश का काम नहीं चलता, दिमाग गिनना है। तुम कहते हो, देश की जनता सौ

फीसदी देशी भाषा जानती है। यह केवल सिर गिनना-मात्र है। गिनती दिमाग की होनी चाहिए। देश की आधी फीसदी की भी आधी फीसदी दफ्तर की फाइलों पर नोट लिखने की कला में प्रवीण है और उस आधी फीसदी की आधी फीसदी की आधी फीसदी देश-विदेश में लाज-हया छोड़कर अंग्रेजी बोल लेने की कला में पूर्ण दक्ष सिद्ध हो चुकी है, तो क्या हुआ? दिमाग की गणना होनी चाहिए। अंग्रेजी अब इस देश में विदेशी भाषा नहीं है, वह भी हमारी राष्ट्रीय भाषा है। अभी भी अंग्रेजों के बहुत से बच्चे इस भाषा को बोलते हैं।

और देशी भाषाओं में रखा ही क्या है। तुलसीदास की रामायण से या तुकाराम के अभंगों से देश का शासन नहीं चल सकता। भारतवर्ष में एक भी ऐसी भाषा नहीं है, जिसमें कोई समझदार न्यायाधीश फैसला लिख सके। वह फाँसी की सजा दे सकता है, लेकिन दण्डित व्यक्ति को उसी की भाषा में समझा नहीं सकता है क्यों उसे फाँसी दी गई। यदि वह पूछे कि दयानिधान, मुझे यह तो बता दीजिए कि मुझे फाँसी क्यों दी गई, तो उत्तर यह है कि तुम मूर्ख लोगों की भाषा में इतनी शक्ति नहीं कि हमारी जैसी अंग्रेजी जानने वाले किसी वकील को हजार-पाँच सौ रुपया देकर ठीक कर लो, जो समझ सके कि क्यों तुम्हें फाँसी दी गई। तुम्हें सिर्फ फाँसी पर झूल जाने का अधिकार है। क्यों और कैसे का निर्णय बड़े लोगों के बीच की बात है। देशी भाषाओं में फैसला नहीं लिखा जा सकता। जनता का शासन केवल बात की बात है। जनता की भाषा का नारा केवल वोट प्राप्त करने वालों के लटकों में से एक है। शासन की मशीन नारों पर नहीं चलती; फाइलों पर नोट लिखने की विद्या बड़ी मेहनत से सीखी जाती है। जनता की सुविधा की थोथी दलील पर परिवर्तन नहीं किया जा सकता।

ऊपर के वाक्यों के पढ़ने वाले व्यक्ति के मन में प्रतिक्रिया हो सकती है कि मैं व्यंग्य और विनोद की भाषा लिख रहा हूँ, परन्तु सच्चाई के साथ कहता हूँ कि मैंने बुद्धिमान लोगों से जो बातें सुनी हैं, उनका यही अर्थ हो सकता है। मैंने पण्डितों और प्रतिष्ठित व्यक्ति के प्रति आजीवन श्रद्धा का भाव बनाए रखा है, मैंने ऐसे लोगों की प्रत्येक बात को आदर और श्रद्धा से सुनने का नियम बनाया है और इसीलिए आज मेरा चित्त बहुत चंचल है। मैं व्याकुल भाव से सोचता हूँ कि आज से दस वर्ष पहले तक जिन दीवानों ने सर पर कफन बाँधकर देश की कोटि-कोटि जनता की शोषण और परमुखापेक्षिता से बचाने के लिए अचिन्तनीय यातनाएँ सही थीं, उन्होंने क्या यही स्वप्न देखा था? आज खुल्लमखुल्ला कहा जाने लगा है कि स्वतन्त्रता-प्राप्ति के नवीन आवेश में संविधान बनाने वाले देशभक्तों ने देश की भाषा-सम्बन्धी नीति को गलत ढंग से स्वीकार किया। अब नशा उतर गया है। पद-पद पर गोलियों के सामने सीना तान देने वाले दीवानों की संख्या घट गई है, इनको मूर्ख तो क्या कहा जाए, पर

काम उन्होंने बुद्धिमानी का नहीं किया! स्वतन्त्रता दिवस के अवसर पर जब बुद्धिमान लोग अपनी तरक्की का स्वप्न देखा करते थे, उस समय झंडा लेकर चिल्ला-चिल्लाकर अपनी सांस्कृतिक स्वतन्त्रता की घोषणा करने वाले 'अनपढ़' नौजवानों का जमाना लद चुका है; अब हमें धैर्य और विवेक के साथ विचार करना चाहिए। डेढ़ सौ वर्षों तक अनेक अपमान और तिरस्कार की छाया में सीखी हुई मालिकों की बोली को यों ही नहीं भुला देना चाहिए! वह वस्तुत: हमारी राष्ट्रीय जबान हो गई है। आज जो विदेशों में हमारी धाक है, वह इसी बोली के कारण है। यह गलत बात है कि गाँधी और नेहरू ने कोई बड़ी बात कही है, इसलिए दुनिया उनकी पूजा करती है। उनकी पूजा का प्रधान कारण अंग्रेजी बोली है। देखा, देश में इस बोली की पढ़ाई का स्तर गिरता जा रहा है; ऐसा न हो कि गाढ़े पसीने की यह कमाई यों ही नष्ट हो जाए। इसे बचाओ! दरिद्र देशी भाषाओं के आक्रमण से कहीं यह मार न डाली जाए। सुनता हूँ, और सुनकर सोचता हूँ कि सचमुच ही क्या कोई अनर्थ होने जा रहा है? सचमुच ही जिन लोगों ने अपने प्राणों की आहुति दी थी, उनमें पागलपन था या कहीं होश-हवास भी था? इतने बुद्धिमान लोगों की बात क्या यों ही टाल दी जाए? आखिर ये लोग अनुभवी हैं। बिना सोचे-समझे कुछ नहीं कहते। इनकी बातों में कुछ-न-कुछ सार तो अवश्य होगा।

लेकिन फिर मैं सोचता हूँ कि प्राण देने का साहस जिन्होंने किया था, उनको इतनी आसानी से छोड़ा भी नहीं जा सकता। कितने लोग हैं जो किसी आदर्श के लिए कष्ट सहन कर सकते हैं? कितने लोग हैं जो उसी प्रकार उठकर अनीति और अत्याचार का विरोध कर सकते हैं, जिस प्रकार स्वतन्त्रता की रट लगाने वाले भावावेशी नौजवानों ने किया था? मनुष्य क्या केवल इसलिए पैदा हुआ है कि जो कुछ जैसा है, उसे चुपचाप स्वीकार कर ले? क्या प्रयत्न और पुरुषार्थ केवल सिरफिरे लोगों की बकवास मात्र है? मेरा अन्तरतर ऐसा नहीं मानना चाहता। केवल अक्लमन्दी से सिर छिपा लेना ही बड़ी बात होती, तो मनुष्य कीड़े-मकोड़े से अधिक न होता। मनुष्य इसलिए 'मनुष्य' है कि उसने सृष्टि की धारा को अपने पुरुषार्थ से अनुकूल दिशा में मोड़ा है। कई बार उस पर गलत ढंग का अक्लमन्दी का नशा छा जाता है। वह अपनी दुर्बलताओं को तत्त्व-चिन्तक मनीषी की भाषा में महनीय बनाने का प्रयत्न करता है। अपनी आदतों को फलसफे का रूप देता है; परन्तु इससे गलतियाँ या दुर्बलताएँ बड़ी नहीं हो जातीं। जो तर्क इस दृष्टि से दिये जाते हैं कि हमारी आदतें और लतें चारित्र्य का बाना धारण करके प्रकट हों, वे तर्काभास मात्र हैं। अन्तर्यामी सब समय तर्कों के द्वारा अपनी योजना नहीं प्रकट करते। भावावेश तर्कों की अपेक्षा अधिक गहराई से निकलते हैं, वे अन्तरतर में बैठे हुए अज्ञात देवता के तर्जन-संकेत पर चलते हैं, तथाकथित अक्लमन्दी और कई बार निष्क्रियता, लत और

आदत के इंगित का नामान्तर मात्र होता है।

कदाचित् आज यह सोचने की आवश्यकता आ पड़ी है कि हम अपनी दुर्बलताओं को महनीय बनाने के यत्न तो नहीं कर रहे हैं, अपनी निष्क्रियता को तत्त्ववाद का रूप तो नहीं दे रहे हैं, अपनी अक्षमताओं को गौरव देने के लिए तर्काभाषों का सहारा तो नहीं ले रहे हैं? क्या करोड़ों की उपेक्षा करके कुछ थोड़े-से लोगों की सुविधा को बहुत बड़ा लाभ माना जा सकता है? क्या सचमुच स्व-भाषा की उपेक्षा से देश महान बनेगा? हमें फिर से सोचना पड़ेगा।

●

# मानव धर्म

वर्तमान युग में धर्म को नया रूप ग्रहण करना है। देश और काल के अनुसार धर्म के बाह्य रूपों में अन्तर दिखाई देता है। गम्भीरतापूर्वक विचार करने पर मालूम होगा कि धर्म के बाह्य रूपों में देश और काल के अनुसार परस्पर विरोध दिखाई देने पर भी धर्म के मूलभूत सिद्धान्त परस्पर विरुद्ध नहीं हैं। महाभारत में कहा गया है कि जो धर्म किसी अन्य धर्म के विरुद्ध पड़ता है, वह धर्म ही नहीं है। जो धर्म अविरोधी होता है, वस्तुतः वही धर्म है।

**धर्मं यो बाधते धर्म न स धर्मः कुधर्म तत्।**

**अविरोधी तु यो धर्मः स धर्मो मुनिसत्तम॥**

इसका कारण यह है कि धर्म के बाह्य रूप किसी ऐसे मानवीय कल्याणकारी तत्त्व के ऊपर प्रतिष्ठित होते हैं, जो स्वयं सदा एक रस रहने पर भी देश और काल के अनुसार नये-नये रूप ग्रहण करता है। कभी शास्त्र और परम्परा के बल पर बाह्य रूप दूसरे देश और दूसरे काल में पहुँच जाते हैं और उसमें अन्तर्निहित मानवीय कल्याण के मूलभूत तत्त्व को भुला दिया जाता है। इस प्रकार धर्म के नाम पर प्राणहीन रूढ़ियाँ और तत्त्व-दृष्टि रहित आचार-परम्पराएँ चल पड़ती हैं। रूढ़ि, वस्तुतः अन्तर्निहित तत्त्ववाद को भुला देने का ही नामान्तर है।

जब हम कहते हैं कि वर्तमान युग में धर्म को नया रूप ग्रहण करना है तो इसका स्पष्ट अर्थ क्या है, यह समझ लेना चाहिए। वर्तमान युग में विज्ञान की ऐसी उन्नति हुई है, जैसी मनुष्य के इतिहास में पहले कभी नहीं हुई थी। मनुष्य ने प्रकृति के भण्डार से ऐसे सैकड़ों शक्ति-स्रोतों का आविष्कार किया है, जिनका पता पहले उसको नहीं था। इन शक्तियों के बल पर वह देश और काल की सीमाओं को बहुत क्षीण करने में समर्थ हुआ और बहुत-सी बातों में वह नये सिरे से सोचने का अभ्यस्त हो गया है। अब उसके जीवन का श्रेष्ठतम लक्ष्य परलोक में सुखी होना नहीं है, बल्कि इसी लोक में इसी मर्त्यकाया के भीतर समूची मनुष्य जाति को नाना प्रकार के अभावों से मुक्त करके सुखी और सुसंस्कृत बनाना है, यह सत्य है कि आज भी मनुष्य में छीना-झपटी और मार-काट की

ओछी, बर्बरता के भग्नावशेष के रूप में बची हुई मनोवृत्ति मौजूद है। आज भी वह तलवार के बल पर अपनी मनोभिलाषा पूर्ण करने का उसी प्रकार प्रयास करता है, जिस प्रकार जंगली जानवर अपने नाखून और दाँतों के बल पर अपना मतलब सिद्ध करने का प्रयास करते हैं। वैज्ञानिक शक्ति ने उसके नखदन्तों को हजार गुना अधिक तेज और विषाक्त अवश्य बना दिया है, परन्तु मूल मनोवृत्ति वही है। आज भी समूची मनुष्य जाति अभाव की मार से मुक्त नहीं हो सकी है। आज भी अशिक्षा और कुशिक्षा से लेकर भूख और रोग तक की समस्या संसार के अधिकांश भागों में बनी हुई है। लेकिन फिर भी आज मनुष्य इन बातों से लज्जा अनुभव करता है। कोई भी विचारशील व्यक्ति आज अपने को युद्ध, शोषण और अभाव का उत्तरदायी नहीं बताना चाहता। कोई भी देश सामूहिक रूप से यह स्वीकार करने में संकोच अनुभव करता है कि उसने किसी दूसरे देश को युद्ध के लिए उत्तेजित किया है, शोषण में सहायक सिद्ध हुआ है। बड़ी बात यह नहीं है कि लड़ाई और शोषण-पोषण की व्यवस्था चल रही है या नहीं चल रही है। बड़ी बात यह है कि लोग अपने को युद्ध या शोषण का उत्तरदायी बताने में लज्जा अनुभव कर रहे हैं। यह ठीक है कि कभी-कभी लोग लड़ाई और शोषण के जारी रहने के लिए सचमुच उत्तरदायी होकर भी झूठी दलीलें देकर अपने को निर्दोष सिद्ध करते हैं। लेकिन यह मनोवृत्ति मध्ययुग की उस मनोवृत्ति से निश्चित रूप से भिन्न है, जो विश्व-विजेता बनने में गौरव अनुभव करती थी, और अपना रोब गालिब करने के लिए वृहत्तर जन-समुदाय को हीन और पशु बनाए रखना आवश्यक समझती थी। जब मनुष्य किसी कार्य के करने से शर्माने लगे, तो समझना चाहिए कि उसमें विवेक का उदय हो गया है, यद्यपि विवेकपूर्वक चलने की क्षमता उसमें नहीं आ पाई। केवल विवेक, सत और असत् की जानकारी भर करा देता है। वह मनुष्य में ज्ञान तो बढ़ा देता है, पर चरित्र-बल को दृढ़ नहीं कर पाता। इसीलिए शास्त्रों में विवेक के उदय के साथ वैराग्य को भी वांछनीय माना है। वैराग्य से मनुष्य असत् कर्मों से निवृत्त होता है और फिर सत् कर्मों की ओर उसकी प्रवृत्ति बढ़ती है, इसलिए सदाचार के लिए विवेक और वैराग्य दोनों का साथ-साथ उदय होना आवश्यक है। आज मनुष्य यह तो समझ गया है कि मार-काट और शोषण-पोषण की व्यवस्था पशुता का ही नामान्तर है, (अर्थात् उसमें विवेक का तो उदय हो गया है) परन्तु अभी उसमें सच्चे वैराग्य का उदय नहीं हुआ है। परन्तु उसका लज्जित होना सूचित करता है कि किसी-न-किसी दिन वह उन बातों को अवश्य छोड़ देगा, जिन्हें वह बुरा काम समझता है।

फिर विज्ञान की उन्नति के साथ-साथ शिक्षा का प्रसार भी बढ़ा है। मनुष्य निरन्तर एक-दूसरे के निकट आता जा रहा है। नाना देश के नाना स्तरों पर विराजमान मानवता का धार्मिक, साहित्यिक, दार्शनिक और सामाजिक

भावधाराओं का गम्भीरता के साथ अध्ययन किया जा रहा है। जितना ही इस क्षेत्र में कार्य होता जा रहा, उतना ही स्पष्ट होता जा रहा है कि मनुष्य समस्त ऊपरी विभेदों के अन्तराल में एक और अखण्ड है! तथाकथित धर्म-मत, राष्ट्रीयता और जाति-तत्त्व उसकी अखण्डता में किसी प्रकार की बाधा नहीं पहुँचा सकते। मनुष्य मात्र में जहाँ आधिभौतिक एकता है, वहाँ आधिदैविक और आध्यात्मिक एकता भी है। औषधियाँ और रोग के कीटाणु मनुष्य को समान भाव से प्रभावित करते हैं। सम्मोहन और मनोविश्लेषण की प्रक्रियाएँ मनुष्य मात्र में समान भाव से लागू होती हैं। त्याग और तपोमय जीवन सर्वत्र मनुष्य के अन्तरतर को समान भाव से स्पर्श करते हैं। जो विभेद दिखाई दे रहा है, वह ऊपरी है।

संसार के श्रेष्ठ मनीषियों ने घोषणा की है कि मनुष्य एक है और इसीलिए मूल मानव धर्म भी एक ही है। यह इस युग की आवश्यकता नहीं है, किन्तु युग का अनुभूत सत्य है। पहले भी दीर्घ दृष्टि वाले मनीषियों ने इस बात को अपने-अपने ढंग से कहा था, परन्तु आज यह सत्य अधिक व्यापक होकर अनुभूत हुआ है। इसलिए विभिन्न राष्ट्रीय इकाइयों में पाई जाने वाली संस्कृतियों में और धार्मिक सम्प्रदायों के विश्वासों में समन्वय करने की चर्चा चल पड़ी है। परन्तु समन्वय का अर्थ क्या है? कुछ लोग धर्मों के नाम पर चलने वाले सभी ऊपरी आचारों को एक साथ छोड़ देने को समन्वय कहने लगे हैं। रोजा भी अच्छा; और एकादशी भी अच्छा। त्रिपुण्ड धारण भी ठीक और क्रास का पहनना भी ठीक। सलाम भी सही और नमस्ते भी सही। इस प्रकार का समन्वय आरम्भ किया गया है। मुझे समन्वय की यह नीति ठीक नहीं जँचती। समन्वय में तत्तद् धर्मों के उन मूल तत्त्वों का ध्यान रखना आवश्यक है, जिनको केन्द्र करके इन बाह्य आचारों ने रूप ग्रहण किया है, उनके प्रति आदर का भाव उत्पन्न करना चाहिए। समन्वय का यह रूप नहीं होना चाहिए कि प्रत्येक व्यक्ति उन सब बाह्य आचारों को अपनाने लगे, जो भिन्न-भिन्न धर्म के पालन करने वाले ग्रहण करते हैं। समन्वय का अर्थ यह है कि हम मनुष्य की मूल एकता को स्वीकार करें और उस विशाल मानवता वाली दृष्टि को अपनाएँ जो समग्र मनुष्य जाति को सामूहिक रूप से नाना प्रकार की कुशिक्षा, कुसंस्कार और अभावों के बन्धन से मुक्त करके उसे जीवन की उच्चतर चरितार्थता की ओर ले जाने का प्रयास कर रही है। एक बार इस लक्ष्य को स्वीकार करने के बाद बहुत से आचरणों और विश्वासों के मूल्य बदलते दिखाई देंगे, और धर्म के नाम पर चलने वाली अनेक रूढ़ियाँ निरर्थक और भार मालूम होंगी। समन्वय पर विश्वास रखने वाला व्यक्ति किसी भी धर्माचार के प्रति अनादर या असहनशीलता का भाव नहीं रखेगा। उसके मन में सबके प्रति आदर या सहनशीलता का भाव रहेगा। क्योंकि वह जानता है कि मनुष्य मूलतः एक है और उसके भीतर दीर्घकाल के जो संस्कार

जमे हुए हैं, वे अकारण नहीं हैं। वह निरर्थक आचारों और रूढ़ि परम्पराओं के प्रति असहनशील भी नहीं होगा। वस्तुतः इस प्रकार की सहनशीलता और आदर बुद्धि आज के युग के लिए अत्यन्त आवश्यक वस्तु है। यदि मनुष्य ने इस प्रकार की मानवीय बुद्धि की उपेक्षा की तो घोर यथार्थ की उपेक्षा करेगा, और उसका प्रभाव अत्यन्त विनाशकारी सिद्ध होगा। यह अत्यन्त हर्ष की बात है कि मनुष्य यथार्थ को सामूहिक रूप से अनुभव करता जा रहा है। इसे पूर्ण रूप से अनुभव करने में ही उसका कल्याण होगा।

वर्तमान अवस्था तक मनुष्य जिस रास्ते पहुँचा है, वह किसी सुचिंतित परिकल्पना वा आप्त वाक्य के निर्देश अनुसार नहीं निश्चित हुआ है, वह उसके विकास की स्वाभाविक प्रक्रिया है; जैसे कली पुष्प के रूप में विकसित होकर अपनी सुरभि बिखेर देती है। पुष्प के प्रत्येक दल के रूप-रंग और आकृति से जो सामंजस्य उत्पन्न होता है, वह कली द्वारा चिंतित योजना नहीं है, बल्कि युग-युगान्तर से संचित उसकी भीतरी विकास-प्रक्रिया की स्वाभाविक परिणति है। मुझे यह विश्वास करने में उल्लास अनुभव होता है कि मनुष्य उसी प्रकार विकसित हो रहा है, जिस प्रकार कली पुष्प के रूप में विकसित होती है। मेरा विश्वास है कि इतिहास-विधाता की किसी अज्ञात निश्चित योजना के अनुसार ही मनुष्य का विकास हो रहा है। यद्यपि मनुष्य स्वयं नहीं जानता कि वह निश्चित योजना क्या है। फिर मेरा विश्वास है कि जिस प्रकार पुष्प का सामंजस्य, सौंदर्य और सुगन्ध उसका अन्तर्निहित सत्य है, जो यथा-समय अवश्य प्राप्त होता है। उसी प्रकार मनुष्य की धर्म-बुद्धि और उसकी सहज सौन्दर्य-प्रेरणा, उसका अन्तर्निहित सत्य है। वह एक-न-एक दिन अवश्य प्राप्त होगी। आज इस बात के स्पष्ट लक्षण दिखाई देने लगे हैं। मनुष्य में सांस्कृतिक समन्वय-बुद्धि, अहिंसा और मैत्री पर आधारित धर्म-बुद्धि और सौन्दर्य के सम्मान पर आधारित कलात्मक अभिरुचि निरन्तर विकसित होती जा रही है। युद्ध और शोषण के कोलाहलों के भीतर मानवता की देवी चुपचाप, किन्तु निश्चित गति से विजय-यात्रा की ओर बढ़ रही है। लोहार की दुकान की खटरखट्ट और गर्दोगुबार से शंकित होने वाले भूल जाते हैं कि वह वस्तुतः वीणा के तार की तैयार का कोलाहल है। जिस समय यह वीणा प्रस्तुत हो जायेगी, उस समय उसकी मनोहर ध्वनि हृदय को आनन्दविह्वल कर देगी। इस प्रकार मेरा विश्वास है कि मनुष्यता की मोहन वीणा अवश्य प्रस्तुत होगी। पर यही विजय-यात्रा का अन्तिम लक्ष्य नहीं है। मनुष्य इस विराट विपुल ब्रह्माण्ड रूपी शतदल का एक मामूली दल है। कौन कह सकता है कि विकसित मानवता महाकाल देवता की किसी विराट योजना का एक नगण्य अंग मात्र है।

●

# भारत की ऐक्य-साधना : साहित्य के क्षेत्र में

भारतवर्ष की ऐक्य-साधना अनेक क्षेत्रों में मूर्त हुई है। दर्शन, धर्म, मूर्तिकला, चित्रकला, वास्तुशास्त्र आदि में ऊपरी विभेदों के भीतर निरन्तर प्रवहमान एक ऐसी धारा है, जो आसानी से पहचानी जा सकती है। साहित्य के क्षेत्र में भी वह सर्वत्र विद्यमान है। 'वेद' हमारे सभी साहित्यिक और सांस्कृतिक विधि-विधानों का प्रेरक माना जाता रहा है। 'वेद' का अर्थ है विशुद्ध ज्ञान। बढ़ती हुई मानवबुद्धि के साथ 'विशुद्ध ज्ञान' के सामंजस्य का प्रयत्न निरन्तर होता रहा है। यही कारण है कि आजकल साहित्य में स्वकीयता या 'ओरिजिनेलिटी' के दावे का जैसा पागलपन व्याप्त है, वह हजारों वर्ष के भारतीय साहित्य में अपरिचित है। यह विश्वास है कि ज्ञान अनादि है और हम उसके अंश मात्र से ही परिचित हैं, भारतीय मनीषियों को एक अपूर्व संयम और निष्ठा से सम्पन्न बना देती है, नये चिन्तन को हर बार घूमकर पुराने चिन्तन के साथ मिला लेने से अहंकार क्षीण होता है। इस प्रकार सम्पूर्ण भारतीय साहित्य अपने मूल उत्स से समर्पित होने का दावा करता है। कुछ थोड़े से अपवादों को छोड़कर यह बात इस देश के किसी काल और किसी प्रदेश के साहित्य के बारे में सत्य कही जा सकती है। अपवादों में भी एक दूसरे प्रकार की निष्ठा और संयम के भाव मिलते हैं।

एक पश्चिमी विद्वान ने लिखा है कि समूचा भारतवर्षीय साहित्य कुल दो या ढाई ग्रन्थों से प्रेरणा लेकर बना है। एक तो है वाल्मीकि का प्रसिद्ध महाकाव्य रामायण और दूसरा है वेदव्यास लिखित बताया जाने वाला शतसहस्र श्लोकों का महाभारत। इन दो ग्रन्थों से कथानक और जीवनीशक्ति प्राप्त करके ही संस्कृत, प्राकृत, अपभ्रंश और देशी भाषाओं के साहित्य रचित हुए हैं। किसी भी बड़े कवि की महत्त्वपूर्ण रचना ले लीजिए, वह अपनी सामग्री या तो रामायण से या महाभारत से लेता दिखाई देगा। लोकभाषाओं के सहस्रों गानों का आधार ये दो ग्रन्थ हैं। इन दो ग्रंथों के अतिरिक्त एक और ग्रंथ है जिसने रसपरक काव्यों, नाटकों, कथा-आख्यायिकाओं के साहित्य को अंशतः सामग्री और प्रेरणा दी है। विशुद्ध ऐतिकतापरक रसात्मक साहित्य इसी महाग्रन्थ की प्रेरणा के परिणाम हैं। इसका नाम है वृहत्कथा। यह मूलतः पैशाची प्राकृत में लिखी गई थी; परन्तु अब 'वृहत्कथा-मंजरी', 'वृहत्कथा श्लोक संग्रह', 'कथासरित्-सागर' आदि संस्कृत रूपांतरों में ही प्राप्त हैं।

वाल्मीकि के रामायण ने आदर्श मानव का चरित्र दिया है। ऐसा मानव जिसकी ऊँचाई हजार प्रयत्नों के बाद भी दो अंगुल ऊपर ही रहती है। राम और सीता के रूपों में जो आदर्श पुरुष और नारी भारतीय चित्त में प्रतिष्ठित हुआ था, वह निरन्तर परिष्कृत होता गया है। विरूप परिस्थितियाँ उसे म्लान नहीं कर सकीं, अनुरूप परिस्थितियाँ उसकी उपेक्षा नहीं कर सकीं, बुद्धिगत विकास उसे धूमिल नहीं कर सका। भारतवर्ष आज भी सिर मार रहा है कि वह आदर्श प्राप्त कर ले। पर वह ऊँची-से-ऊँची उड़ानों के बाद भी ऊँचा ही बना रह जाता है—

**''अत्यतिंष्ठद् दशांगुलम्।''**

और महाभारत? महाभारत वह विराट वनस्थली है, जहाँ मानवचरित्र अपनी भीतरी जीवनीशक्ति से उसी प्रकार विराट बनकर फूटते हैं, जैसे विशाल वनस्पति धरती फोड़कर प्रकट होते हैं; महाभारत के चरित्रों की अन्तर्निहित जीवनीशक्ति बड़ी प्रबल है। इन चरित्रों को विपत्ति कातर नहीं बना पाती है। वे अपनी समस्त त्रुटियों और विच्युतियों के बावजूद आकर्षक लगते हैं। गलती करने वाला अपनी गलती पर गर्व करता है। फक्कड़ों, वीरों, त्यागियों, भोगियों की इस विशाल वनस्पति का प्रत्येक वृक्ष अपनी शोभा से आप प्रफुल्ल है। युधिष्ठिर-जैसा सत्यवादी, कर्ण-जैसा वदान्य, भीष्म-जैसा ज्ञानी वीर, अर्जुन-जैसा दृढ़व्रत शूर, भीम-जैसा मस्तमौला, द्रोपदी-जैसी तेजोदृप्ता, कुन्ती-जैसी मनस्विनी, बलराम-जैसा फक्कड़, श्रीकृष्ण-जैसा महाज्ञानी संसार के साहित्य में खोजे नहीं मिलेंगे। इतने वैविध्यपूर्ण चरित्रों को इस शत्साहस्त्री संहिता में साहित्य का आलोचक आश्चर्य के साथ देखता है कि कोई भी दो चरित्र नहीं मिलते, जो एक-दूसरे से अभिन्न लगते हों। कोई आश्चर्य नहीं कि महाभारत हजारों वर्षों से कवियों, नाटककारों, मूर्तिकारों और चित्रकारों को आकृष्ट करता रहा है।

रामायण और महाभारत भारतीय साहित्य को एकता प्रदान करने वाले अक्षय स्रोत हैं। इन महान ग्रंथों ने मनुष्य को पशुसुलभ धरातल से बहुत ऊपर उठाकर रखा है। काम-क्रोध का दास होना, इन्द्रियलोलुपता का शिकार बनना, सुनने में अच्छा भले ही न लगे, मनुष्य को पशु सामान्य धरातल पर ही खड़ा कर देते हैं। मनुष्य उससे बड़ा है, बहुत बड़ा। उसकी चरितार्थता अपने महत्तम स्वरूप को उपलब्ध करने में है, जो संयम से, त्याग से, तप से; विवेक से प्राप्त होती है। प्रेम पावन करने वाला धर्म है। वह मनुष्य को संकीर्णता, स्वार्थपरता, अहंभाव आदि से मुक्त करके ही चरितार्थ होता है।

इसके अतिरिक्त और भी ग्रंथ रहे हैं, जिन्होंने भारतीय साहित्य को प्रेरणा दी है। परन्तु सर्वत्र साहित्यकारों ने भारतीय संस्कृति के मूल स्वर को ही प्रबल रूप में अपनी रचनाओं में मुखरित किया। यह जो सामने दिखाई देने वाला लुभावना संसार है, वह सुन्दर है, मोहक है, पर लक्ष्य नहीं है। उसके उपभोग में मनुष्य जीवन की सार्थकता भले ही हो, चरितार्थता नहीं है। मनुष्य भोग के द्वारा शाश्वत

सुख नहीं प्राप्त कर सकता, त्याग में ही उसकी चरितार्थता है। जिन लोगों ने विशुद्ध लोकपरक साहित्य लिखा है, वे भी घूम-फिरकर अंत में इस निष्कर्ष पर ही पहुँचे हैं कि भोग-सुख क्षणिक है, इन्द्रियों की दासता गलत चीज है, अन्तरतर की ज्योति के आलोक में चलना ही वास्तविक सुख का हेतु है। कालिदास जैसे सौंदर्य-प्रेमी कवि भी बाह्य रूप के आकर्षण का मोहक चित्र खींचकर अन्त में उसी विराट अन्तर्ज्योति के लक्ष्य तक ले जाते हैं। कुमारसम्भव में अकाल वसन्त का मादक चित्र खींचकर, अग-जग को काम-चेतना की भयंकर ज्वाला में जलाकर तपस्वी के एक भ्रूक्षेप पर सबको मटियामेट कर देते हैं और त्याग और तपस्या की तैयारी में लग जाते हैं। अनायास-लब्ध तत्त्व प्रेम नहीं कहा जा सकता। बाहरी रूप के आकर्षण को चिरस्थायी प्रेम कहकर मान नहीं दिया जा सकता। सच्चा प्रेम तपस्या की आँच में तपकर निखरता है। पार्वती और शकुन्तला दोनों को रूप के प्रथम आकर्षण की व्यर्थता का पता चला था। दोनों की अभिलषित-प्राप्ति तपस्या के माध्यम से ही होती है। समूचे भारतीय काव्य-साहित्य में यह जीवन-दर्शन विविध रूपों में प्राप्त होता है। भोग और बाह्य रूप का मादक-आकर्षण इसी जगत को लक्ष्य मान लेने की मूढ़ता का ही नामान्तर है।

सच्चा सुख त्याग में है, तपस्या में है, ज्ञानोन्मुख होने में है। मध्यकालीन भारतीय साहित्य को एक और ग्रंथ ने बहुत प्रभावित किया था—वह है श्रीमद्‌भागवत। भक्ति—तत्रापि मधुररस की भक्ति—मध्यकालीन भारतवर्ष को बहुत प्रभावित करने में समर्थ हुई थी। सच पूछिए तो 15वीं शताब्दी के बाद के भारतवर्ष का साहित्य शक्तिमार्गी साहित्य है। राम और कृष्ण की लीलाओं को आश्रय करके समूचे भारत में साहित्य लिखा गया है। उनका प्रेरक तत्त्व भक्तिमार्ग ही रहा है। कुछ संत निर्गुणमार्गी भक्ति में विश्वास रखते थे। वे नहीं मानते थे कि भगवान मनुष्य रूप में अवतार लेते हैं या मूर्ति या प्रतीक में ही निवास करते हैं। परन्तु इनमें और अन्य सगुणमार्गी के मूल सिद्धान्तों में आश्चर्यजनक साम्य है। सभी भगवान को अहैतुक आत्मसमर्पण में विश्वास रखते हैं, सभी नाम-जप, साधुसेवा, सदाचार, कीर्तन सत्संग, गुरु महिमा आदि पर बल देते हैं। सारे भारतवर्ष के इन भक्तों में समानता है।

देश और काल में जितनी दूर तक दृष्टि जाती है, प्राचीन और अर्वाचीन भाषाओं का जितना विस्तीर्ण साहित्य उपलब्ध होता है, उतनी दूर तक बिलकुल स्पष्ट दिखाई देता है कि साहित्य के क्षेत्र में आसेतुहिमांचल भारत एक है। एक आदर्श, एक जीवन-दर्शन, एक प्रेरणा, एक लक्ष्य, न जाने कब से भारत की अन्तरात्मा में प्रतिष्ठित यह अद्‌भुत एकता काम करती आ रही है। इतने वैविध्य और वैचित्र्य के अन्तर में ऐसी अगाध एकता की बात कुछ आश्चर्यजनक ही दीखती है, पर है सत्य।

●

# धार्मिक विप्लव और शास्त्र

वर्तमान युग में जिसे 'धार्मिक क्रान्ति' कहा जा रहा है, वास्तव में यह धार्मिक विप्लव है। सफल विप्लव को 'क्रान्ति' कहते हैं, और धार्मिक विप्लव कभी सफल होता ही नहीं। जो बात सफल होती है, वह निश्चय ही धर्म है। अधर्म और असफलता कभी एक साथ रह ही नहीं सकते। आग और पानी का संसर्ग अकल्पनीय है। जहाँ कहीं सफलता है, वहीं धर्म है, जहाँ कहीं विभूति है, वहीं भगवान का अंश है—

**यद् यद् विभूतिमत् सत्त्वं श्रीमदूर्जितमेव वा।**
**यत्तवेवावगच्छ त्वं मम तेजोऽशसंभवम्॥**

आज समाज में बहुत दिनों के बाद चेतना का संचार हुआ है। युगों से सुप्त हिन्दू जनता आज उद्बुद्ध है—जागरूक है। आज उसे अपनी भीतरी और बाहरी अशान्ति का अनुभव हो रहा है। आज वह जीवन-मरण संघर्ष के लिए तैयार बैठी है। इस क्षुब्ध, अशान्त, अर्द्धचेतन समाज की गतिविधि देखकर कुछ लोग बेतरह प्रसन्न और कुछ लोग बेतरह सावधान हैं। दोनों में किसी की नीयत खराब नहीं है। अपने-अपने मार्ग में सभी दुरुस्त हैं, पर अपने-अपने मार्ग में दुरुस्त होना सत्य को खण्ड रूप में देखना है। खण्ड रूप में देखने से सत्य विकृत हो जाता है, उसका तेज एकांगी हो जाता है और रूप आहत। कबीर ने चेताया है—

**जो तन पाया खंड बुझाया तृष्णा नहीं भुलानी।**
**सरबस छोड़ खंड रस चाखा तृष्णा ताप नसानी॥**

जो लोग वर्तमान अवस्था से चिन्तित हो उठे हैं, जिन्हें सर्वत्र धार्मिक अत्याचार का बोलबाला दिखाई देता है, उनके अनुसार इसी धर्म की आड़ में हरिजनों के साथ अमानुषिक व्यवहार किया जा रहा है, स्त्रियों को पैरों की जूतियों से भी अधम स्थान दिया जा रहा है, गरीब जनता के रक्तकणों का सत्त्व—लाखों और करोड़ों में शुमार की जाने वाली सम्पत्ति—मठों, मन्दिरों, तीर्थों और यज्ञों के रूप में स्वाहा की जा रही है और न जाने क्या-क्या अनर्थ हो रहा है। धर्म के नाम पर हमने जो सामाजिक व्यवस्था कायम की थी, वह ढह

चुकी है—बरबाद हो गई है। हमारी आश्रम-व्यवस्था पहले से ही नष्ट हो गई है। उसके पूति-गन्ध शव को सहस्राधिक सम्प्रदायों में विभक्त साधुओं, संन्यासियों और वैरागी लोगों का दल 'येन केन प्रकारेण' वहन कर रहा है। हमारी वर्ण-व्यवस्था नष्ट हो चुकी है। विभाग के भीतर विभाग, जातियों के भीतर उपजातियाँ, टोलियों के भीतर टोलियाँ इस बात के प्रमाण हैं। पण्डे, पुरोहित, साधु और संन्यासियों का दल, इन लोगों के मत से उसी वर्णाश्रम व्यवस्था की ढही हुई इमारत के भग्नावशेष हैं। समाज में उन्हें कोई स्थान नहीं मिलना चाहिए।

इन चिन्तित और उद्विग्न व्यक्तियों में कुछ अधिक विचारशील हैं। वे समाज की तह तक जाते हैं। इनका संसार में मान है—आदर है। ये कहते हैं, समाज की जड़ में ही घुन लग गया है। जो व्यवस्था एक युग में परिस्थितियों के कारण स्वयं बन गई थी, उसे परिस्थिति ने आज स्वयं नष्ट कर दिया है। हमारी वैवाहिक संस्था नष्ट हो चुकी है—नगर-नगर और ग्राम-ग्राम में गुप्त और प्रकट रूप से स्थापित वेश्यालय मानो हमारी वैवाहिक संस्था के ऊपर प्रश्नवाचक चिह्न हैं। वे मानो डंके की चोट घोषित कर देना चाहते हैं कि यह वैवाहिक विधान कृत्रिम है, कुटिल है, अधर्म-संश्लिष्ट है। इस पर वर्तमान युग के विधवाश्रम, अनाथ नारी सदन और गुप्त जनन मन्दिर तो गला फाड़-फाड़कर अब्रह्मण्यम् का तुमुल उद्घोष कर रहे हैं!

करोड़ों की संख्या में दलितों का अस्तित्व जीर्ण वर्णाश्रम-व्यवस्था की गति का रोध बन चुका है। जिन्हें पैरों के नीचे दबा दिया गया है, उन्होंने ही पैर पकड़ लिया है—चलना दूभर हो गया है। इन तथा अन्य सफेद असफलताओं के रहते—इस समूह के मनीषियों का कहना है कि—धर्म निश्चय ही निष्प्रभ हो गया है।

इन विचारकों के अनुसार समाज में आमूल परिवर्तन ही इन खराबियों को नष्ट करने का एकमात्र रामबाण महौषध है। टूटे खँडहरों को एकमात्र ढहाकर, नये चूने-गारे की व्यवस्था करनी होगी। पुरानी ईंटों को यत्र-तत्र काम में लाया जा सकता है। चिलम जब नहीं जल रही है, तो क्यों न इसे उलट के सजाया जाए?

लेकिन इन विचारों की प्रतिक्रिया भी चल रही है। समाज का एक भावुक सम्प्रदाय इन सर्वध्वंसी विचारों को सुनकर सिहर उठा है—कुछ समझकर कुछ बिना समझे ही। ये लोग जरूरत से ज्यादा सावधान हो गए हैं। पत्ता खड़का नहीं कि इन्हें पुराने प्रासाद के गिरने का भय हो जाता है।

इस प्रकार के भावुक व्यक्ति 'संस्कृति' शब्द पर मुग्ध हैं। समाज का संगठन केवल संस्कृति की रक्षा के लिए हुआ। इस संस्कृति के रक्षक हैं शास्त्र।

'शास्त्रों' की संख्या बढ़ाई नहीं जा सकती। आज तक पुस्तक रूप में लिखित प्राचीन ग्रन्थ-समूह शास्त्र हैं। समाज के लिए सर्वदर्शी महात्माओं ने इन ग्रन्थों के प्रतिपाद्य ज्ञान का आलोक पाया था। इस शान में सार्वकालिक और सार्वदेशिक कल्याण का रास्ता दिखाया गया है। यही ग्रन्थ-समूह शास्त्र हैं—संख्या में परिमित, कार्य में अपरिमित। शास्त्र संशोधन के लिए नहीं बने।

कहते हैं क्रिया की अपेक्षा प्रतिक्रिया वेगवती होती है। जितना ही देश मनीषा के स्रोत में बहता है, उतने ही अधिक वेग से यह भावुक समूह शास्त्र से चिपटा जा रहा है। शास्त्र ही नहीं रहेगा तो क्या रह जाएगा? सर्वदर्शी महर्षियों की अमर वाणी की अवहेलना का एकमात्र परिणाम होगा सर्वनाश! और हो भी कुछ ऐसा ही रहा है। धार्मिक शृंखला नष्ट हुई नहीं कि उच्छृंखल समाज पाप और अनर्थ की क्रीड़ा भूमि हो जाएगा। और जिन्हें आँख हो, वे देख सकते हैं कि सारा देश आज उसी वीभत्स परिणाम का शिकार हुआ जा रहा है। जाति-मर्यादा, धर्म-मर्यादा, शास्त्र-मर्यादा और परम्परा की जो छीछालेदर इस युग में हो रही है, वह कभी नहीं हुई थी। संस्कृतिसम्पन्न कहे जाने वाले पुरुषों और स्त्रियों के चाल-व्यवहार, खान-पान, उठने-बैठने, खेलने-कूदने में उच्छृंखलता नहीं तो और क्या है? जरा पालिश हटाकर देखिए, इस 'पोलाइट' समाज का कितना अंश 'पोला' है! इस स्वतन्त्रता का अर्थ है शास्त्रों की अवहेलना, शिष्टाचार का अर्थ है कुल-मर्यादा को धकियाना, संस्कृति का अर्थ है संस्कारहीनता। यही है वह भारतवर्ष, जिसके अग्रजन्माओं के चरणों के नीचे सारा संसार 'स्वं स्वं चरित्र' सीखने आया था? हाय रे दुर्दैव!!

उपरोक्त ढंग के भावुक विचार रखने वाले समूह की एकमात्र सबसे प्यारी चीज अपनी संस्कृति है। देश, विदेशी शासन से आक्रांत है, होने दो; विदेशी मालों से बाजार पटा है—कुछ चिन्ता नहीं; विभिन्न प्रकार के स्वार्थों की रक्षा के लिए उतावले विजातीय राष्ट्रों की आर्थिक मशीनरी इस राष्ट्रीयताहीन देश का वक्ष विदीर्ण कर रही है—करने दो मगर रक्षा करो इस भारतीय संस्कृति की! देखो यह 'हिन्दू-संस्कृति' कहीं विदेशी संस्कृतियों से पतित न होने पावे। मकान चूता है, कुछ चिन्ता नहीं, पर देखना, उसकी मरम्मत करने की झोंक में वह ऊपर का मुँडेरा खराब न होने पावे! यही भर तो बच गया है! सब तो लुट चुका। इस तरह के विचार रखते हैं 'हिन्दू-संस्कृति'-प्रेमी!

सचमुच यह अनर्थ नहीं तो क्या है? लोग समाज की परिचालना करना चाहते हैं। समाज भी चलता है? समाज तो एक स्थिति का नाम है! चलता है नियम, चलती है व्यवस्था। शास्त्र इसी नियम का नाम है। समाज जैसा है, वैसा ही बना रहना चाहिए। इस स्थितिशील वस्तु को जबर्दस्ती चलाओगे तो अनर्थ हो जाएगा। इसके अंग-अंग विकृत हो जाएँगे, यह विकटाकार विसंष्ठुल पदार्थ स्थिति भ्रष्ट हो जाएगा, उसकी गति तो पहले से ही भ्रष्ट है। उभय विस्रस्त समाज

छिन्न मेघ की नाईं नष्ट-भ्रष्ट हो जाएगा।

इस प्रकार एक ओर जहाँ आमूल परिवर्तन की आवाज आ रही है, वहीं दूसरी ओर परिवर्तन शब्द से ही लोहा लिए जाने की तैयारी हो रही है। वस्तुतः समाज की किसी भी परिस्थिति को एक ही ओर से देखने के कारण ही यह दो दल हो सके हैं। हम पहले दल की ओर से दूसरे से एक सीधा प्रश्न करेंगे—क्या हमारी वैवाहिक संस्था नष्ट नहीं हो गई? क्या ये वेश्यालय या अनाथ नारी-सदन हमारी विवाह-पद्धति का मखौल नहीं उड़ा रहे हैं। क्या सचमुच दलितों का अस्तित्व समाज की शोभा है? क्या ये बातें किसी शास्त्र को मान्य हो सकती हैं।

और ठीक इन्हीं प्रश्नों को उलटकर हम दूसरे दल की ओर से प्रथम दल से पूछते हैं—क्या हमारी वैवाहिक संस्था सचमुच नष्ट हो चुकी है? क्या वेश्यालयों की सत्ता इस बात का प्रमाण नहीं है कि शास्त्रीय मर्यादा ने ही अब तक इनकी प्रवर्द्धमान गति का रोध किया है? क्या किसी भी ऐसे समाज की कल्पना आप कर सकते हैं, जिसमें दलितों का अस्तित्व न हो? क्या इन बातों को कोई भी शास्त्र अमान्य ठहरा सकता है?

वस्तुतः मनुष्य की बुद्धि निःसीम है। उसका विकास अब भी हो रहा है। उसका चरम विकास कौन जानता है, कभी होगा या नहीं? इस बुद्धि के बल पर आरोपित सिद्धान्त सदा अस्थिर रहेंगे। एक आएगा तो दूसरा जाएगा। इसलिए सदा इस बुद्धि की रोक-थाम करने की चेष्टा होती आई है। इसकी गति रोकने के लिए नहीं, इसे और भी वेग देने के लिए। नदी की धारा अपने दोनों कूलों से बँधी रहती है। यही बन्धन उसमें वेग ले आता है। यह बन्धन न हो, तो नदी का वेग रुक जायेगा, उसका जल बद्ध हो जाएगा। मानव-बुद्धि को भी वेग प्रदान करने के लिए ईश्वर की ओर से बन्धन दिए गए हैं। शास्त्र और कुछ नहीं, मानव-बुद्धि का वही कूलद्वय-बद्ध स्रोत है! उसे इसी दृष्टि से अध्ययन करना चाहिए। वह इसी दृष्टि से नित्य, सार्वकालिक और सार्वदेशिक है।

शायद बात को और भी स्पष्ट करने की जरूरत है। मनुष्य की बुद्धि अकेली ही उसकी मार्ग-दर्शिका नहीं है। उसके साथ ही साथ मनुष्य भावात्मक शक्तियों से भी परिचालित है। मनुष्य युगपत् भाव और बुद्धि के जगत में चल रहा है। पहले के द्वारा सत्य बिना कारण प्रत्यक्ष होता है, दूसरी प्रत्यक्ष सत्य की कारक परम्परा को ठीक करती है। दोनों एक-दूसरे से बद्ध हैं—विकास के लिए, रोध के लिए नहीं।

जिन्होंने समाजशास्त्र का मनन किया है, वे जानते हैं कि न जाने क्यों एक दिन एकाएक मनुष्य के सामने यह सत्य प्रत्यक्ष हुआ था कि 'सतीत्व-रक्षा धर्म' है। कोई सामाजिक, धार्मिक वैयक्तिक या यौन-प्रवृत्ति इस आविष्कार के मूल में नहीं थी। क्या था, क्या नहीं था; यह तो आज हमारे विचार का विषय बना

हुआ है, उस दिन न ये शब्द ही मनुष्य को ज्ञात थे, और न ये विचार ही।

तब से अब तक इस स्वतः आविर्भूत सत्य—सतीत्व-रक्षा धर्म है—का पालन मनुष्य करता आया है। इस भाव-जगत के सत्य की रक्षा के लिए मानव-बुद्धि ने कितने तरह के कवच तैयार किये, इसका ठिकाना नहीं। अपने शास्त्रों की ही जाँच कीजिए। नाना तरह की व्यवस्था की गई, पर मानव-बुद्धि ने हार नहीं मानी। स्वयंवर से लेकर राक्षस विवाह तक, और नियोग से लेकर विधवा विवाह तक की व्यवस्था इसी मानव-बुद्धि ने समय-समय पर की है। कहीं वह तलाक का समर्थन करते दिखाई देती है, कहीं पर्दे की वकालत कर रही है, और कहीं सह-शिक्षण का प्रचार। सती-प्रथा का प्रचार भी इसी सत्य की रक्षा का प्रयास था, और गुप्त जनन मन्दिरों का खोलना भी इसी सत्य का एकतरफा कवच समझा गया है। जगत भर के धर्मशास्त्रों ने अपनी-अपनी परिस्थिति और योग्यता के अनुसार नाना विधानों की रचना की है।

तो क्या सभी विधान सार्वदेशिक हैं? सार्वकालिक हैं? नित्य हैं?

मनुष्य की इन्हीं बौद्धिक व्यवस्थाओं से इसकी अस्थिरता सिद्ध होती है। आज जिसे शाश्वत समझा जा रहा है, कल वह अशाश्वत समझ लिया जाएगा। इसीलिए केवल बुद्धि की भित्ति पर उठाई हुई इमारत अस्थिर होगी। पर इन्हीं व्यवस्थाओं के भीतर इसका शाश्वत सत्य रूप स्पष्ट दिखाई दे जाता है। वही शाश्वत सत्य इन सारी ऊपरी विधि-व्यवस्थाओं का मेरुदण्ड है। ये विधान इस सत्य की घोषणा करते हैं कि 'सतीत्व' प्रधान वस्तु है, विधान गौण। शास्त्र न हों, तो विधानों की अस्थिर प्रतिमा में निहित उसकी अन्तरात्मा को कैसे पहचाना जा सकता है? भाव-जगत का सत्य प्रधान है, बुद्धि-जगत का गौण। शास्त्र इस भाव-जगत के सत्य को उद्‌भासित करते हैं। शास्त्र इसीलिए मान्य हैं।

अर्थात् शास्त्र की नित्यता उसके किसी एक विधान में नहीं, उसके समूचे विधानों में है। शास्त्र जो वचन कहते हैं, वह गौण है, जिस लिए कहते हैं, वह (वस्तु या बात) प्रधान।

शास्त्र की तो व्यवस्था भिन्न-भिन्न है।

1. विधवा को नियोग विधि से सन्तान उत्पादन करना चाहिए।

2. विधवा की भी अपुत्रासत्वेऽपि भीष्मादि ब्रह्मचारियों की भाँति मुक्ति होती है।

3. नष्ट, मृत, प्रव्रजित, क्लीव और पतित पति की नारी पुनर्विवाह कर सकती है।

4. स्त्रियों को कभी स्वाधीनता नहीं मिलनी चाहिए। लड़कपन में वे पिता के अधीन, युवावस्था में पति के अधीन और वृद्धावस्था में पुत्रों के अधीन होकर ही रहें।

5. स्त्रियों को मृत स्वामी के साथ काष्ठभक्षण (चितारोहण) करना चाहिए।

इन परस्परविरोधी व्यवस्थाओं का सीधा-सा अर्थ यह है कि जिस तरह हो सके, स्त्री को सती-धर्म का पालन करना चाहिए। इसके अतिरिक्त इसका दूसरा कोई अर्थ हो ही नहीं सकता। आप अगर संसार में विभिन्न धर्मशास्त्रों की जाँच करेंगे, तो यही अर्थ उनसे भी निकलेगा। इस कथन का अर्थ यह है कि धर्म का निर्णय सर्वदेश और सर्वकाल के विधानों की जाँच करके ही करना चाहिए।

अतिशय अभिनव मनीषा के स्रोत में बहने वाले कुछ लोग इस सत्य की अवहेलना करने पर उतारू हो गये हैं। उनके मत से सतीत्व स्त्रियों के लिए जंजीर है। पुरुषों ने उन्हें काबू में रखने के लिए इस आत्मध्वंसी नीति को सिखा रखा है। इस कथन के समर्थक स्त्रियों और पुरुषों को, नजदीक से देखने का अवसर इस लेखक को मिला है। इनका आचरण अत्यन्त पवित्र और आदर्श होता है। वस्तुतः जिनके भीतर आचरण की दृढ़ता रखती है, वे विचार में निर्भीक और स्पष्ट हुआ करते हैं। यह और बात है कि ऐसा आचरण विरल ही होता है।

पर, हम इस प्रकार के विचारों को ही धार्मिक विप्लव में गिनते हैं। इस प्रकार के विचार शुष्क तर्क पर अवलम्बित होते हैं। प्रायः अपरिपक्व विचार के युवक इस तरह की बातें उगला करते हैं। इसमें मनुष्य के एकांगी उत्कर्ष का विकास हुआ है। परन्तु इस तरह के विचार में 'सरबम छोड़ खण्ड रस चखा' जाता है।

ऊपर की बात कहते समय हमने अपने को यथासम्भव संस्कार-मुक्त रखने का प्रयत्न किया है। अपने को एकदम आदिम युग का नव-विकसित मनुष्य कल्पना कर लीजिए, और फिर इस बात को सोचिए। इसके बाद फिर सभ्यता के चरम सोपान पर बैठकर इसी बात का ध्यान कीजिए। लहूलुहान नरसिंह युग का आदिमानव अपने शताधिक प्रतिद्वन्द्वियों का संहार कर स्निग्धनयना प्रियतमा के प्रसाद से अपने को धन्य समझ रहा है—वहाँ भी स्त्री सती है! और देवलोक में दुःख, शोक और भय से विनिर्मुक्ता प्रेयसी भी कटाक्षों से अमृत वर्षा कर रही है। सतीत्व की व्यापकता में कमी हो सकती है—मात्रा में नहीं। यहीं और यहीं धार्मिक विप्लव की निःसारता और शास्त्र की मान्यता है।

सतीत्व को स्त्रियों के लिए जंजीर समझने वाले तार्किक विचार शास्त्रीय सत्य के विरुद्ध हैं। उनमें तर्क को संयमित करने वाली शक्ति नहीं है। इस प्रकार के विचारों का न कोई रूप है न उसका आवरण, ये धार्मिक विप्लव के सहायक हैं। इनकी असफलता में कोई सन्देह नहीं।

●

# गुरुनानक देव

कार्तिकी पूर्णिमा इस देश की बहुत पवित्र तिथि है। इस दिन सारे भारतवर्ष में कोई-न-कोई उत्सव, मेला, स्नान या अनुष्ठान होता है। शरत्काल का पूर्ण चन्द्रमा इस दिन अपने पूरे वैभव पर होता है, आकाश निर्मल, दिशाएँ प्रसन्न, वायुमण्डल शान्त, पृथ्वी हरी-भरी, जलप्रवाह मृदु मंथर हो जाता है। कुछ आश्चर्य नहीं कि इस दिन मनुष्य का सामूहिक चित्त उद्वेल हो उठे। इसी दिन महान गुरुनानक देव के आविर्भाव का उत्सव मनाया जाता है। आकाश में जिस प्रकार षोडश कला से पूर्ण चन्द्रमा अपनी कोमल स्निग्ध किरणों से प्रकाशित होता है; उसी प्रकार मानव के चित्त में किसी उज्ज्वल प्रसन्न ज्योतिपुंज का आविर्भाव होना स्वाभाविक ही है। गुरुनानक देव ऐसे ही षोडश कला से पूर्ण स्निग्ध-ज्योति महामानव थे। लोकमानस में अर्से से कार्तिकी पूर्णिमा के साथ गुरु के आविर्भाव का सम्बन्ध जोड़ दिया गया है। गुरु किसी एक ही दिन को पार्थिव शरीर में आविर्भूत हुए होंगे, पर भक्तों के चित्त में वे प्रतिक्षण प्रकट हो सकते हैं। पार्थिव रूप को महत्त्व दिया जाता है; परन्तु प्रतिक्षण आविर्भूत होने को आध्यात्मिक दृष्टि से अधिक महत्त्व मिलना चाहिए। इतिहास के पण्डित गुरु के पार्थिव शरीर के आविर्भाव के विषय में वाद-विवाद करते रहें, इस देश का सामूहिक मानव चित्त उतना महत्त्व नहीं देता।

गुरु जिस किसी भी शुभ क्षण में चित्त में आविर्भूत हो जाएँ, वही क्षण उत्सव का है, वही क्षण उल्लसित कर देने के लिए पर्याप्त है। **'नवो-नवो भवसि जायमानः'**—गुरु, तुम प्रतिक्षण चित्तभूमि में आविर्भूत होकर नित्य नवीन हो रहे हो। हजारों वर्ष से शरत्काल की यह सर्वाधिक प्रसन्न तिथि प्रभामण्डित पूर्णचन्द्र के साथ उतनी ही मीठी ज्योति के धनी महामानव को स्मरण कराती रही है। इस चन्द्रमा के साथ महामानवों का सम्बन्ध जोड़ने में इस देश का समष्टि चित्त आह्लाद अनुभव करता है। हम 'रामचन्द्र', 'कृष्णचन्द्र आदि कहकर इसी आह्लाद को प्रकट करते हैं। गुरुनानक देव के साथ इस पूर्णचन्द्र का सम्बन्ध जोड़ना भारतीय जनता के मानस के अनुकूल है। आज वह अपना आह्लाद प्रकट करती है।

गुरुनानक देव का आविर्भाव आज से लगभग पाँच सौ वर्ष पूर्व हुआ। भारतवर्ष की मिट्टी में युग के अनुरूप महापुरुषों को जन्म देने का अद्‌भुत गुण है। आज से पाँच सौ वर्ष पहले का देश अनेक कुसंस्कारों में उलझा था। जातियों, सम्प्रदायों, धर्मों और संकीर्ण कुलाभिमानों से वह खण्ड विच्छिन्न हो गया था। देश में नये धर्म के आगन्तुकों के कारण एक ऐसी समस्या उठ खड़ी हुई थी, जो इस देश के हजारों वर्षों के लम्बे इतिहास में अपरिचित थी। ऐसे ही दुर्घटकाल में इस देश की मिट्टी ने ऐसे अनेक महापुरुषों को उत्पन्न किया, जो सड़ी रूढ़ियों, मृतप्राय आचारों, बासी विचारों और अर्थहीन संकीर्णताओं के विरुद्ध तीव्र प्रहार करने में कुण्ठित नहीं हुए और इन जर्जर बातों से परे सबमें विद्यमान सबको नई ज्योति और नया जीवन प्रदान करने वाले महान जीवन-देवता की महिमा प्रतिष्ठित करने में समर्थ हुए। इन सन्तों की ज्योतिष्क मण्डली में गुरुनानक देव ऐसे संत हैं, जो शरत्‌काल के पूर्णचन्द्र की तरह ही स्निग्ध, उसी प्रकार शान्त-निर्मल, उसी प्रकार रश्मि के भण्डार थे। कई सन्तों ने कस-कस के चोटें मारीं; व्यंग्य-बाण छोड़े; तर्क की छुरी चलाई, पर महान गुरुनानक देव ने सुधालेप का काम किया। यह आश्चर्य की बात है कि विचार और आचार की दुनिया में इतनी बड़ी क्रान्ति ले आने वाला यह सन्त इतने मधुर, इतने स्निग्ध, इतने मोहक वचनों का बोलने वाला है। किसी का दिल दुखाए बिना, किसी पर आघात किये बिना, कुसंस्कारों को छिन्न करने की शक्ति रखने वाला, नई संजीवनी धारा से प्राणिमात्र को उल्लसित करने वाला, यह सन्त मध्यकाल की ज्योतिष्क मण्डली में अपनी निराली शोभा से शरत् पूर्णिमा के पूर्णचन्द्र की तरह ही ज्योतिष्मान् हैं। आज उनकी याद आये बिना नहीं रह सकती। यह सब प्रकार से लोकोत्तर है। उसका उपचार प्रेम और मैत्री है। उसका शास्त्र सहानुभूति और हित-चिन्ता है। वह कुसंस्कारों के अंधकार को अपनी स्निग्ध ज्योति से भेदता है, मुमूर्षु प्राणधारा को अमृत का भाण्ड उँड़ेलकर प्रवाहशील बताता है। वह भेदों में अभेद देखता है, नानात्व में एक का संधान बनाता है, वह सब प्रकार से निराला है। इस कार्तिक पूर्णिमा को अनायास उसके चरणों में नत हो जाने की इच्छा होती है। गुरुनानक ने प्रेम का संदेश दिया है, क्योंकि मनुष्य जीवन का जो चरम प्राप्तव्य है, वह स्वयं प्रेमरूप है। प्रेम ही उसका स्वभाव है। प्रेम ही उसका साधन है। अरे ओ मुग्ध मनुष्य, सच्ची प्रीति से ही तेरा मान-अभिमान नष्ट होगा, तेरी छोटाई की सीमा समाप्त होगी, परम मंगलमय शिव तुझे प्राप्त होगा। उसी सच्चे प्रेम की साधना तेरे जीवन का परम लक्ष्य है। बाह्य आडम्बरों को तू धर्म समझ रहा है, मूल संस्कारों को तू आस्था मानता है? नहीं प्यारे, यह सब धर्म नहीं है। धर्म तो स्वयं रूप होकर भगवान के रूप में तेरे भीतर विराजमान है। उसी अगम अगोचर प्रभु की शरण पकड़। क्या पड़ा है इन छोटे अहंकारों में। ये मुक्ति के नहीं, बंधन के हेतु हैं।

धन्य हो, अगम अगोचर अलख अपार देव, तुम्हीं मेरी चिन्ता करो। जहाँ तक देखता हूँ, वहाँ तक—जल में, स्थल में, पृथ्वी में,—सर्वत्र तुम्हारी ही लीला व्याप्त है, घट-घट में तुम्हारी ज्योति उद्‌भासित हो रही है—

**अगम अगोचर अलख अपारा, चिन्ता करहु हमारी।**
**जलि थलि माही अलि भरिपुरि ला॥**
**घट घट ज्योति तुम्हारी!**

अद्‌भुत है गुरु की वाणी की सहज बेधक शक्ति। कहीं कोई आडंबर नहीं, कोई बनाव नहीं, सहज हृदय से निकली हुई सहज प्रभावित करने की अपार शक्ति। सहज जीवन बड़ी कठिन साधना है, सहज भाषा बड़ी बलवती आस्था है। सीधी लकीर खींचना टेढ़ा काम है। गुरु का अनाडम्बर सहज धर्म ऐसी ही सहजवाणी से प्रचारित हो सकता था। कितनी अद्‌भुत निरभिमान शैली है। कहीं भी पांडित्य का दुर्धर बोझ नहीं और फिर भी पण्डितों को आन्दोलित करने वाली यह वाणी धन्य है—

**कोई पढ़ता सहसा किरता कोई पड़े पुराना**
**कोई नामु जपै जपमाली—लागे तिसै धियाना**
**अब ही कब ही किछू न जाना।**
**तेरा एको नाम पेछाना**
**न जाना हरे मेरी कवण गती**
**हम मूरख अगियान सरन प्रभु तेरी**
**कोई किरपा राखहु मेरी लाज पते**

ऐसी मीठी निरहंकार सीधी वाणी से गुरु ने भटकती जनता को उसका लक्ष्य बताया। आज विद्वान चकित हैं, पण्डित अचरज में हैं—कितनी बड़ी ताकत और कैसा निरीह रूप। कालिदास ने ठीक ही कहा था—'**ध्रुवं वपुः कांचन पद्मधर्मियान्मुदुप्रकृत्या च संसारमेव च।**' जो रूप से स्वर्णकमल के धर्म वाला होता है, वह निश्चय ही स्वभाव से ही मृदु होता है, किन्तु सारवान भी होता है। सारवान ही होता है। गुरुनानक देव ऐसे ही कांचन पद्मधर्मी महामानव थे—'**मृदु प्रकृत्या च संसारमेव च।**'

किसी लकीर को मिटाये बिना छोटी बना देने का उपाय है बड़ी लकीर खींच देना। क्षुद्र अहमिकाओं और अर्थहीन संकीर्णताओं की क्षुद्रता सिद्ध करने के लिए तर्क और शास्त्रार्थ का मार्ग कदाचित ठीक नहीं है। सही उपाय है बड़े सत्य को प्रत्यक्ष कर देना। गुरुनानक ने यही किया। उन्होंने जनता को बड़े से बड़े सत्य के सम्मुखीन कर दिया। हजारों दीये उस महाज्योति के सामने स्वयं फीके पड़ गये।

भगवान जब अनुग्रह करते हैं तो अपनी दिव्य ज्योति ऐसे महान सन्तों में उतार देते हैं। एक बार जब यह ज्योति मानव देह को आश्रय करके उतरती है तो चुपचाप नहीं बैठती। वह क्रियात्मक होती है, नीचे गिरे हुए अभाजन जनों को वह प्रभावित करती है, ऊपर उठती है। वह उतरती है और ऊपर उठाती है। इसे पुराने पारिभाषिक शब्दों में कहें तो कुछ इस प्रकार होगा कि एक ओर उसका 'अवतार' होता है, दूसरी ओर औरों का 'उद्धार' होता है। अवतार और उद्धार की यह लीला भगवान के प्रेम का सक्रिय रूप है, जिसे पुराने भक्त जन 'अनुग्रह' कहते हैं। आज से लगभग पाँच सौ वर्ष पहले परम प्रेयान् हरि का यह 'अनुग्रह' सक्रिय हुआ था, आज भी वह क्रियाशील है। आज कदाचित् गुरु की वाणी की सबसे अधिक तीव्र आवश्यकता अनुभूत हो रही है।

महागुरु, नयी आशा, नयी उमंग, नये उल्लास की आशा में आज इस देश की जनता तुम्हारे चरणों में प्रणति निवेदन कर रही है। आशा की ज्योति विकीर्ण करो, मैत्री और प्रीति की स्निग्ध धारा आप्लावित करो। हम उलझ गये हैं, भटक गये हैं, पर कृतज्ञता अब भी हममें रह गई है। आज भी हम तुम्हारी अमृतोपम वाणी को भूल नहीं गये हैं। कृतज्ञ भारत का प्रणाम अंगीकार करो।

●

# हिन्दी को पंजाब की देन

हिन्दी सारे देश की भाषा है। विभिन्न प्रदेशों के कवियों, विचारकों, लेखकों ने इसे वह रूप दिया है, जो आज समूचे देश में स्वीकृत हुआ है। हिन्दी भाषा के दो रूप हैं—एक तो इसका पुराना साहित्यिक रूप जिसमें उच्च कोटि के कवियों और सन्तों ने बहुत भव्य और समृद्ध साहित्य लिखा है। दूसरा आधुनिक खड़ी बोली का रूप, जो इन दिनों सम्पूर्ण देश में प्रचलित है। मैं पहले पुराने रूप को लूँगा।

हिन्दी का यह पुराना रूप कितना पुराना है, इस विषय में एक मत नहीं है। कुछ लोग पुरानी हिन्दी का आरम्भ वहाँ से मानते हैं, जहाँ से भाषा संयोगात्मक अवस्था पार करके वियोगात्मक रूप में आने लगी। ऐसे विद्वान अपभ्रंश और अवहट्ट के पुराने साहित्य को भी पुराने हिन्दी का साहित्य मानते हैं। पंजाब के सुप्रसिद्ध भाषा-मर्मज्ञ स्वर्गीय चन्द्रधर शर्मा गुलेरी ऐसा ही मानते थे। इस मत को स्वीकार किया जाए तो अपभ्रंश के अनेक सरस कवि इस भाषा के कवि मान लिये जा सकते हैं। 'संदेश रासक' के रससिद्ध कवि अद्दहमाण या अब्दुल रहमान इनके मुकुटमणि सिद्ध होंगे। पर सबको यह मत स्वीकार नहीं होगा इसलिए इस प्रसंग को अधिक बढ़ाना उचित नहीं होगा। परन्तु नाथ सिद्धों की अनेक रचनाएँ निर्विवाद रूप से हिन्दी के पुराने रूप में प्राप्त होती हैं। मैंने अपनी पुस्तक 'नाथ-सम्प्रदाय' में दिखाया है कि नाथ मत के प्राचीन चार आचार्य-मच्छन्दरनाथ, गोरखनाथ, जालन्धरपाद और कृष्णपाद या कन्हपा में से दो अर्थात् गोरखनाथ और जालन्धर निस्सन्देह पंजाब के थे। तीसरे कृष्णपाद भी हो सकते हैं। इनके लिखे बताए जाने वाले अनेक पद पुरानी हिन्दी के नमूने हैं। गोरखनाथ युग-गुरु थे। उनका प्रभाव बहुत व्यापक और दूरगामी था। यद्यपि उनके नाम पर चलने वाली सभी रचनाएँ प्रामाणिक नहीं मानी जा सकतीं तो भी कुछ-न-कुछ उनमें ऐसी अवश्य हैं, जो बहुत पुरानी हैं। पंजाब की उर्वरा भूमि ने अगर एक गोरखनाथ को ही दिया होता, तो भी इस देन की तुलना और किसी से नहीं हो सकती। परन्तु पंजाब ने और भी महत्त्वपूर्ण विभूतियों को देकर हिन्दी को समृद्ध और सम्पन्न बनाया है। सिद्ध चौरंगीनाथ और अन्य कई

नाथ कवियों की परम्परा पंजाब से सम्बन्ध बताती है। नाम गिनाने का प्रयत्न यहाँ नहीं किया जायेगा। नाथ सिद्धों की रचनाओं की सबसे बड़ी देन है स्वतन्त्र चिन्तन की परम्परा। आप्त वाक्यों को प्रमाण मानकर हर बात की संगति लगाने की प्रवृत्ति इसमें नहीं है। उसमें खरी-खरी सुनाने की चेष्टा बलवती है। हिन्दी में इनकी जो रचनाएँ उपलब्ध होती हैं, उनमें रूढ़ियों के प्रति विद्रोह और सहज मानव जीवन की महिमा बताई गई है। यह परम्परा पंजाब के भक्त कवियों में भी बनी रही। स्वतन्त्र चिन्तन की धारावाही परम्परा पंजाबी सन्त काव्य की विशिष्ट देन है। गोरखनाथ और समसामयिक सिद्धों का इस दृष्टि से विशेष महत्त्व है।

नाथमत ने परवर्ती निर्गुण साहित्य को बहुत प्रभावित किया है। नाथ सिद्धों की बानियों में समाज की रूढ़ियों और बाह्य प्रपंच में उलझने की प्रवृत्ति का विरोध उग्र रूप में था। परन्तु उसमें बड़ी त्रुटि यह थी कि एक तो उसमें रागात्मक वृत्ति के उदात्तीकरण का प्रयास नहीं था, दूसरे ये सिद्ध अपने को जनसमूह से अलग समझने की प्रवृत्ति के शिकार हो गए थे। भक्त कवियों ने इन त्रुटियों को दूर किया। एक ओर जहाँ उन्होंने साधना मार्ग में प्रेमतत्त्व को स्थान दिया, वहीं दूसरी ओर अपने को जन-समूह से अलग नहीं होने दिया। भक्ति का आन्दोलन विराट जन-आन्दोलन के रूप में प्रकट हुआ। सिख गुरुओं ने निर्गुण भक्ति मार्ग का प्रचार किया। इस बात में अन्यान्य निर्गुणमार्गी सन्तों से एक बात में विशिष्ट बने रहे। मध्यकाल में भाष्यों, टीकाओं और मंत्रों से उपलक्षित भक्ति सम्प्रदायों का बड़ा जोर था। कोई भी भक्ति सम्प्रदाय तब तक मान्य नहीं होता था, जब तक किसी-न-किसी प्रस्थानत्रयी समर्थित सम्प्रदाय का आश्रय न लेता था। प्रस्थानत्रयी, अर्थात् उपनिषद्, गीता और वेदान्त सूत्र। पंजाब के भक्त कवियों ने इस पराधीनता को अस्वीकार किया। नाभादासजी ने अपने भक्तमाल से उन्हीं निर्गुणमार्गी सन्तों को स्थान दिया, जो इन सम्प्रदायों से सम्बद्ध माने जाते थे। कबीरदास को इसलिए स्थान मिला कि वे रामानन्द के शिष्य थे और इस प्रकार रामानुज सम्प्रदाय से दूर से सम्बद्ध थे। गुरुनानक को स्थान नहीं मिला; क्योंकि उनका सम्बन्ध किसी से नहीं जोड़ा जा सका। पंजाब के सन्त कवियों ने इस बात की परवाह न की। उन्होंने उन समस्त सन्त-कवियों की बानियों का आदर किया, जो अनुभव-सिद्ध सत्य के गायक थे। सम्प्रदाय या आचार्य या ग्रंथ विशेष के समर्थन के लिए उन्होंने रुकना उचित नहीं समझा। यह विशेष दृष्टि उनकी बहुत महत्त्वपूर्ण देन है। इसमें स्वाधीन चिन्तन और आत्मानुभव हेतुक उपलब्धि पर बल दिया गया है। पंजाब में बहुत महत्त्वपूर्ण भक्ति-साहित्य लिखा गया, पर हिन्दी को सबसे बड़ी देन इनकी स्वाधीन चिन्तना ही मानी जाएगी। पंजाब के लेखक आज भी उस परम्परा को सुरक्षित रखे हुए हैं।

पटियाला, नाभा आदि राज्यों ने हिन्दी कविता को बहुत प्रोत्साहन दिया है। साहित्य को समृद्ध करने में इन दरबारों के कवियों का महत्त्वपूर्ण योग है। परन्तु स्वाधीन चिन्तन की जो समस्या सन्त कवियों ने स्थापित की, वह अपने ढंग की निराली ही है।

आधुनिक हिन्दी का जो भाषागत ढाँचा है, वह खड़ीबोली का है। दिल्ली के आसपास की बस्तियों में जो भाषा बोली जाती थी, उसी से उसका विकास बताया जाता है। पंजाब का एक हिस्सा भी (जो अब 'हरियाणा' राज्य बन गया है) इस क्षेत्र में आता है। यदि इस दृष्टि से विचार किया जाए तो हिन्दी का आधुनिक रूप ही पंजाब की देन कहा जा सकता है।

पंजाब ने शुरू से ही इस बोली के परिमार्जन और संवर्द्धन में महत्त्वपूर्ण भाग लिया है। पटियाला दरबार के रामप्रसाद निरंजनी शुद्ध परिमार्जित हिन्दी लिखने वाले प्रारम्भिक लेखकों में महत्त्वपूर्ण स्थान के अधिकारी हैं। श्रद्धाराम फिल्लौरी के 'सत्यामृत प्रवाह' आदि ग्रन्थ और हिन्दी का सबसे पहला उपन्यास 'भाग्यवती' प्रसिद्ध ही है। परन्तु हिन्दी के लिए आर्यसमाज ने जो कार्य किया है; उसकी तुलना नहीं हो सकती। आर्यसमाज के संस्थापक ऋषि दयानन्द का जन्म-स्थान तो नहीं, पर मुख्य कार्यक्षेत्र पंजाब ही रहा। उन्होंने हिन्दी को 'आर्यभाषा' का गौरव दिया। उन्नीसवीं शताब्दी में आर्यसमाज ने पुस्तकों, व्याख्यानों, भजनों और शास्त्रार्थों की धूम मचा दी थी। उसने अनेक पत्र-पत्रिकाओं का प्रकाशन किया। व्यंग्यों, कटाक्षों, उत्तर-प्रत्युत्तरों से निकलने वाली सूक्तियों और व्यंग्योक्तियों से भाषा को समृद्ध बनाने में आर्यसमाज की देन अमूल्य है। आर्यसमाज के द्वारा चलाए गए स्कूलों, कालेजों, गुरुकुलों ने हिन्दी भाषा को शक्ति-सम्पन्न बनाने में बड़ा महत्त्वपूर्ण कार्य किया है। स्वामी श्रद्धानन्द द्वारा स्थापित गुरुकुल विश्वविद्यालय हिन्दी माध्यम से उच्चतम शिक्षा की व्यवस्था करने वाली बहुत शक्तिशाली संस्था रही है। यहाँ से निकले हुए स्नातकों ने हिन्दी भाषा साहित्य को बहुमूल्य ग्रन्थ दिए हैं। इनमें अधिकांश पंजाबी हैं। विपरीत परिस्थितियों में भी इन्होंने हिन्दी को समृद्ध और सम्पन्न बनाने का महान कार्य किया है। स्वामी सत्यदेव, भाई परमानन्द, सन्तरामजी आदि की सेवाएँ सर्वविदित हैं। वस्तुतः आर्यसमाज ने हिन्दी को शक्तिशाली बनाने में बहुत महान योग दिया है और आर्यसमाज के नेताओं में बड़ी भारी संख्या पंजाब के सपूतों की है।

सरदार पूर्ण सिंह, चन्द्रधर शर्मा गुलेरी, सुदर्शन, जयचंद्र विद्यालंकार, चंद्रगुप्त विद्यालंकार, श्रीमती सत्यवती मलिक, यशपाल, उपेन्द्रनाथ अश्क, अज्ञेय, इन्द्रनाथ मदान; पृथ्वीनाथ शर्मा आदि साहित्यकार पंजाब की ही देन हैं। सबका नाम गिनाना सम्भव नहीं है। केवल इतना ही कहना पर्याप्त है कि इन तथा इसी प्रकार के अन्य महान लेखकों ने हिन्दी भाषा और साहित्य को सम्पन्न बनाया है।

जो बात विशेष रूप से लक्ष्य करने की है, वह यह है कि पंजाब के लेखकों ने स्वाधीन चिंतन की परम्परा कायम रखी है। रसपरक साहित्य ही नहीं, अन्यान्य, सूचनामूलक साहित्यों में भी पंजाब के लेखक अपेक्षाकृत रूढ़िमुक्त होकर लिख सके हैं। दूसरी विशेषता उनकी यह है कि ये लेखक यथार्थ पर सदा दृष्टि रखते हैं। ये यथासम्भव काल्पनिक मायालोक के निर्माण की चिन्ता छोड़कर दुनिया जैसी दिख रही है और उससे जैसी समस्याएँ सचमुच ही उद्भूत हो रही हैं, उन्हीं के सम्मुखीन होते हैं। मिथ्या कुहेलिका की सृष्टि करके वास्तविक प्रश्नों की चुनौती को तरह दे जाने की कला उनमें नहीं है। पंजाब के लेखकों ने हिन्दी को यथार्थवादी साहित्य दिया है।

कम लोग जानते हैं कि पंजाब के विचारशील मनीषियों ने तत्त्ववाद के क्षेत्र में भी मार्गदर्शन किया है। पंजाब के पूर्वी भाग (अब, हरियाणा) में पैदा हुए साधु निश्चलदास ने हिन्दी में वेदान्त दर्शन की नई व्याख्या दी है। स्वामी विवेकानन्द जैसे मनीषी ने साधु निश्चलदास के 'विचारसागर' ग्रन्थ के विषय में लिखा था कि "भारत में जितना प्रभाव इस पुस्तक का है, उतना पिछली तीन शताब्दियों में लिखी गई किसी दूसरी भाषा, पुस्तक का नहीं है।" इस पुस्तक का अंग्रेजी, बँगला, मराठी आदि भाषाओं में अनुवाद हो चुका है। आधुनिक काल के साहित्य में भी पंजाबी लेखकों ने स्वानुभूत सत्य को स्वाधीन भाव से अभिव्यक्त करने की परम्परा स्थापित की है। काल्पनिक भावुकता को छोड़कर यथार्थ परिस्थितियों के सम्मुख खड़ा होने की परम्परा कायम की है और ज्वलन्त प्रश्नों के सम्मुखीन होने का साहस दिखाया है। आधुनिक युग में पंजाब ने कविता की अपेक्षा गद्य के क्षेत्र में अधिक दिया है। इस भाषा को उसने .ओज और वेग दिया है और ज्वलन्त जाग्रत प्रश्नों की चुनौती स्वीकार करने की दृढ़ता दी है। हिन्दी को पंजाब की देन पर उचित गर्व है।

●

# आत्मदान का संदेशवाहक—वसंत

संसार भर में वसन्त का मौसम उल्लास का काल माना जाता है। हमारे इस प्राचीन देश में तो वसन्त-ऋतु के साथ अनेकानेक स्मृतियाँ जुड़ी हुई हैं! एक तो यह काल यों ही जड़-चेतन सबके अन्तरतर में आनन्द का शतदल प्रस्फुटित कर देता है, उस पर मनुष्य के मदिर चित्त से निकली हुई कल्पनाओं और मानसपटल पर अंकित स्मृतियों के कारण वह और भी उन्मादक बन जाता है। वसन्त पंचमी के दिन प्रथम वसन्तावतार का उत्सव मनाया जाता है। पुराने साहित्य में इस दिन का बड़ा ही मोहक चित्र मिलता है। उन दिनों ग्राम तरुणों में आनन्द-उद्वेलित हो उठता है और ग्राम-तरुणियाँ नवीन आम्र-मंजरी का कर्णाभरण धारण करके गाँव को जगमग कर देती थीं। प्राकृत कवि ने ऐसी ही किसी कर्ण-कृत-आम्र-मंजरी बालिका की शोभा से उल्लसित होकर गाया था—**'कण्णकअ चूअमंजरी, पुत्ति तुए मंडिओ गाओ!'** फिर फाल्गुन के महीने में यह उल्लास और भी उद्दाम, और भी मोहक रूप धारण करता था।

### उत्सवों का काल

सारी वसन्त-ऋतु मादक-उत्सवों का काल है। कभी अशोक-दोहद के रूप में, कभी सदन देवता की पूजा के रूप में, कभी कामदेवायतन-यात्रा के रूप में, कभी आम्र-तरु और माधवी लता के विवाह के रूप में, कभी होली के हुड़दंग के रूप में, कभी होलाका (होला), अभ्यूष, खादनिका (भुने हुए कच्चे गेहूँ की पिकनिक), कभी नवाम्र-खादनिका (नये आम के टिकोरों का पिकनिक) आदि के रूप में समूचा वसन्त काल, नाच, गान और काव्यालाप से मुखर हो उठता था। पुराने साहित्य में इन उत्सवों का भूरिशः उल्लेख है। आज भी ये उत्सव किसी-न-किसी रूप में जी रहे हैं। आज सबसे अधिक आकर्षक उत्सव होली का है। मध्यकाल में इसने सचमुच सीमा अतिक्रम करने वाला रूप धारण किया था। भारतेन्दु हरिश्चंद्र तक ने उल्लासातिरेक में **'एहि पाखें पतिव्रत ताखें धरौं'** की सलाह दी थी। इसकी भूमिका महाराजा श्री हर्षदेव की रत्नावली में ही दिखाई देने लगी थी। जो हो, मध्यकाल में होलिकोत्सव का रंग ज्यादा गाढ़ा हो गया था और हम उस विरासत को अभी तक ढोए लिए जा रहे हैं।

## वसन्त क्या है?

परन्तु वसन्त है क्या चीज? ज्योतिषी के लिए यह धरती की मध्य रेखा के सूर्य के ठीक-ठीक सामने पहुँच जाने के आस-पास का समय है। आजकल मार्च के महीने के तीसरे सप्ताह के अन्त में वह समय आता है। इतनी-सी बात और इतना-सा उल्लास! केवल भारतवर्ष नहीं, समूचा संसार इस दिन उल्लसित हो सकता है। केवल मनुष्य नहीं, पशु-पक्षियों की नाड़ियों में अद्भुत तरंगें उठती हैं। केवल विकसित मनवाले जीवों में ही नहीं, पेड़-पौधों के अन्तरतर का व्याकुल आनन्द किसलयों और पुष्पों के रूप में फट पड़ता है। और चराचर गवाह की जड़ धरिणी भी अद्भुत शृंगार-सज्जा में आनन्द-पुलकित जान पड़ती है। क्यों? क्या हो जाता है सारी प्रकृति को? वह हृदय को मथ देनेवाली वेदना क्यों आ जाती है? सारी सृष्टि में अपने को उँड़ेलकर किसी महा-अजाने प्रियतम की तृप्ति के लिए आत्मदान करने की व्याकुलता कहाँ से आती है?

मेरा मन कहता है कि विश्व-जनित उल्लास, यह अणु-परमाणु से लेकर मनुष्य तक का उद्दाम मानसिक आलोड़न, यह अकारण खिंचाव की अनुभूति नई बात नहीं है, व्यक्ति-मानस की विश्लिष्ट अनुभूति नहीं है—इसका इतिहास बहुत पुराना होना चाहिए—उतना ही पुराना जितना पुराना मनुष्य है, जितना पुराना चेतन जगत है—जितनी पुरानी यह धरित्री स्वयं है! ज्योतिषी जिस बात को बड़ी ही आडंबरहीन और अनगढ़ भाषा में कह देता है—धरती की मध्यरेखा का सूर्य के सामने आ जाना! वह इतनी सीधी-सी बात नहीं है। यह न जाने किस पुराने उल्लास की चिरनूतन की स्मृति की कहानी है। कैसे कहूँ कि धरती के इस साज सिंगार के अन्तराल में किसी प्रकार का मानसिक कम्पन नहीं है, कोई उन्मथित करनेवाली प्रीति नहीं है? कैसे कहूँ कि यह सब यों ही हो जाता है। महाभाषा क्या केवल तथाकथित चेतन प्राणी को ही अपने मोहक मन्त्र से आवेग-चंचल कर रही है? यह त्रैलोक्य मोहक उल्लास का स्पर्श पाने का सौभाग्य कुछ थोड़े-से जीवधारियों को ही प्राप्त है। कैसे कहूँ कि लाख-लाख पुष्पों का एकाएक फूट उठना सिर्फ जड़ प्रकृति का विचार मात्र है, केवल सूर्य की अचेतन रश्मियों के अपेक्षाकृत सीधे टूट पड़ने की प्रतिक्रिया मात्र है; महज जड़तर गुरुत्वाकर्षण की अन्धलीला मात्र है? नहीं, यह इससे निश्चय ही कोई बड़ी बात है।

## धरती सूर्य का ही एक भाग

कहते हैं, महासूर्य ही कभी विभक्त होकर दो हो गया था—एक तो सूर्यबिम्ब के रूप में आज सूर्य के नाम से परिचित नक्षत्र ही है—अपने को आप ही धारण करता हुआ, अपने तेज से आप ही जलता रहनेवाला महाप्रतापी सूर्य के चारों ओर चक्कर देते दिखाई देने वाले ग्रहपिण्ड हैं, जो उसके अंगुलिसंकेत पर इस प्रकार नाच रहे हैं, जैसे खिलाड़ी के इशारे पर सर्कस के घोड़े नाचते हैं—अविश्रान्त, अनवरत, वे भी कभी महासूर्य से टूटकर निकल पड़े थे। पर

ब्रह्मांड भर की कहानी जानने की आज जरूरत नहीं है। वैज्ञानिक पंडितों ने विश्वास दिलाया है कि महासूर्य से टूटकर गिरा हुआ पिण्ड ही धरती है। यह बहुत पुरानी कहानी है। तब से अब तक लाखों वर्ष बीत गये, लेकिन धरती उस वियोग को भूल नहीं सकी है। वह चक्कर लगा रही है, उसी आकर्षण रज्जु में बँधी हुई खाक छान रही है। कुछ ऐसा समझिए कि **'खिरकी-खिरकीन फिरे फिरकी-सी!'** विचित्र है यह द्वैत में अद्वैत का आकर्षण, विरह में मिलन का अक्लांत प्रयास; अद्‌भुत है इसकी प्रचण्ड गति!

शास्त्र में बताया गया है कि सृष्टि के आरम्भ में किसी दिन निर्मम निर्द्वन्द्व पुरुषोत्तम के चित्त में महामाया का मंत्र गूँज उठा था—**'एकोऽहं बहुस्याम्'**—मैं एक हूँ अनेक बनूँ। इस विराट इच्छा ने सृष्टि का यह चक्का घुमा दिया जो अनन्त काल तक चलता रहेगा। क्या महासूर्य के मन में कोई ऐसी ही इच्छा हुई थी? क्या विराट पुरुष को क्षोभचंचल करनेवाली महामाया ने उसके चित्त में किसी मोहन-मंत्र को गुंजरित कर दिया था? कौन बताएगा? धन्य ही महामाया, निर्मम निर्द्वन्द्व विराट् पुरुष से लेकर अणु-परमाणु तक को विक्षोभ-व्याकुल बना रही हो। किसलिए? इतना आनन्द, इतना उल्लास, इतनी व्याकुलता तुमने क्या व्यर्थ पसार रखी है? किसलिए? वह कौन-सी माया है जो लता-वृक्षों के अन्तरतर को बेधकर पुष्पों के रूप में फूट पड़ती है? चराचर के चित्त को उन्मथित कर देनेवाला या मनोजन्मा विकार क्या है? किस महान उद्देश्य से विधाता ने चराचर सृष्टि को इस मनोजन्मा विकार का वरदान दे रखा है?

तो, सूर्य और पृथ्वी अभिन्न वस्तुएँ हैं। इस पृथ्वी पर जो कुछ है वह सूर्य का है। यह विलोल वायु, वह विस्फूर्जित वीर्य समुद्र, यह उत्तुंग गिरिकूट—सब सूर्य से आये हैं और वह सूर्य के तेज से पल रहे हैं। यह प्राणतत्त्व, मनस्तत्व बुद्धितत्व—सब सूर्य से प्रेरणा पा रहे हैं। वैदिक ऋषि ने सविता (सूर्य) देवता के उस वरेण्य तेज का ध्यान किया था जो हमारी बुद्धि की प्रेरणा है—'धियो यो नः प्रचोदयात्' सूर्य सच्चे अर्थों में 'सविता' (उत्पन्न करने वाला) है।

## धरती सूर्य से मिलने के आकुल

कुछ आश्चर्य नहीं यदि आज धरित्री उसके सामने पहुँचने पर पुलक-कंटकित हो उठती है और निःशेष भाव से आत्मदान की व्याकुलता से अधीर हो उठती है—कुछ आश्चर्य नहीं यदि उसके आश्रित चराचर जगत में इस काल में उल्लास की तरंगें लहरा उठती हैं। लाखों वर्षों से यह लीला चल रही है। लाखों वर्षों से चराचर के हृदय-स्थित मनोजन्मा विकार की सहायता यह वसन्त नामक काल-खण्ड कर रहा है। ज्योतिषी तुमने केवल ऊपर-ऊपर से देखा है, तुमने इस व्याकुल अभिसार-यात्रा के स्खलित-विचलित पद-संचार को ठीक नहीं समझा।

वसन्त का मादक-काल उस रहस्यमय दिन की स्मृति लेकर आता है, जब महाकाल के अदृश्य इंगित पर सूर्य और धरती—एक ही महापिण्ड के दो

रूप—उसी प्रकार वियुक्त हुए थे; जिस प्रकार किसी दिन शिव और शक्ति अलग हो गये थे, तब से यह लीला चल रही है। उसी व्याकुल वेदना ने धरित्री को इतना चक्कर दिलवाया है। उसके अन्तरतर को उन्मथित व्याकुल कर-करके यह इतना सौन्दर्य उत्पन्न किया है—यह हरित शाद्वला वनराजि, यह तरंगमोहिनी वारिधारा, यह फूल और पल्लवों का अपूर्व वैचित्र्य—सब उसी व्याकुल वेदना से सम्भव हुए हैं। यह व्यर्थ नहीं होना चाहिए। मेरा मन कहता है कि इसकी कहीं-न-कहीं कोई चरितार्थता होनी चाहिए। त्रिपुरसुन्दरी का त्रैलोक्य-मोहन रूप निश्चय ही किसी बड़े उद्देश्य के लिए है। देखकर मन मुग्ध हो जाता है—किस प्रकार छोटे-से चैतन्य-कण ने अपने को मानव बुद्धि के रूप में विकसित कर लिया है। जड़ से चैतन्य, चैतन्य से मन-बुद्धि और मन-बुद्धि से मनुष्यत्व का विकास चकित कर देनेवाली एक घटना है। यह पद्म कालिका के विकास के समान है, एक-एक दल उभरते जा रहे हैं, धीरे-धीरे सुगन्धि अपने-आपको उद्घाटित करती जा रही है। यह सब निश्चय ही व्यर्थ नहीं है। हर वसन्त के अवसर पर जब सृष्टि का पुलक-कम्पन बाँध तोड़ देता है तब लगता है कि अभी बहुत बाकी है। महाकाल देवता का यह अबोध-आनन्द-वितरण—उन्मथित करनेवाली रहस्यलीला—निश्चय ही सकारण है।

## आत्मदान में सार्थकता

आज जब संसार की भयंकर प्रतिहिंसा की बात सोचता हूँ तो मन बैठ जाता है। कहाँ उल्लासमयी मादक वेदना का काल वसन्त और कहाँ '**युद्धं देहि**' का विकट विराव! परन्तु यह स्थायी भाव नहीं है। जानता हूँ, मूल स्वर प्रेम का है, आत्मदान का है, दलित द्राक्षा के समान अपने आपको निचोड़कर महा-अज्ञात की तृप्तिसाधना का है। सारी धरित्री इसका सबूत है, चराचर में व्याप्त व्याकुल मनोवेदना इसका समर्थन करती है। संचारी भावों से व्याकुल होने की जरूरत नहीं है। प्रत्येक कटु-तिक्त रस मधुर रस को अन्ततः सहायता ही पहुँचाता है। वसन्त का काल समस्त चराचर को उन्मथित करके, समूची धरती को पुष्पाभरण बनाके और मनुष्य के चित्त में कोमल वृत्तियों को जागरित करके यही सन्देश ले आता है कि सार्थकता आत्मदान में है। यह सृष्टि का इतना व्यापक आयोजन व्यर्थ नहीं है। अपने आपको निछावर कर देने के आनन्द से ही यह आरम्भ होता है, उसी में इसकी चरितार्थता है। ये युद्ध और प्रतिहिंसा के भाव क्षणिक हैं—स्थायी है अपने को उत्सर्ग करके महाकाल की लीला में सहायक होने की मानसोल्लासिनी वेदना। वसन्त इसी की याद दिलाने आता है। सनातन से वसन्त उसी आत्मदान की उल्लासदायिनी वेदना का मित्र माना जाता है। धन्य हो ऋतुराज, धन्य हो महाकाल के महान इंगित, धन्य हो भगवती त्रिपुर-सुन्दरी के स्मितविलास!

●

# दीपावली—सामाजिक मंगलेच्छा का प्रतिमा पर्व

दीपावली इस साल भी आ गई। हर साल ही आती है। न जाने किस भले आदमी के मन में किस शुभ मुहूर्त में दीपकों के उत्सव की बात आई थी। पंडितों ने इस पर्व का इतिहास खोजने का प्रयत्न किया है। भक्तों का विश्वास कुछ और है, पंडितों के अनुसंधान कुछ और, मगर उत्सव है पुराना। बुद्धदेव के जीवनकाल में यह उत्तर भारत में अवश्य मनाया जाता था और सबूत मिला है कि गुप्तकाल में भी मनाया जाता था। मतलब यह है कि कम से कम ढाई-तीन हजार वर्षों के मानव-चित्त के उमंग और उल्लास की कहानी इस पर्व के साथ जुड़ी है। इतनी क्या कम है? दो सौ पीढ़ियों तक जो पर्व मनुष्य के चित्त को आनन्द से उद्वेलित कर सका है, यह क्या मामूली पर्व है। राज्यों और राजवंशों के उत्थान-पतन होते रहे, बड़े-बड़े धर्म-सम्प्रदाय उठते-गिरते रहे, चंचला लक्ष्मी का प्रसाद न जाने कितने लोगों को प्राप्त हुआ और कितने उससे वंचित हो गए, पर दीपमाला का उत्सव नहीं रुका। साधारणत: यह विश्वास किया जाता है कि यह लक्ष्मी-पूजा का दिन है। बंगाल में दूसरी परम्परा है। वहाँ इस तिथि को काली जी की पूजा होती है। लक्ष्मी-पूजा वहाँ आश्विन मास की पूर्णिमा के दिन होती है। उसे कोजागर पूर्णिमा कहते हैं। पर पूजा लक्ष्मी की हो या काली की, दीपमाला सर्वत्र जगमगा उठती है। देवी-देवता और उनकी पूजा गौण है, मनुष्य-चित्त का उल्लास प्रधान, और उत्सव यह उल्लास का ही है।

वैसे यह पर्व इतने दिनों तक जीता रहा, निश्चय ही इसके दीर्घ इतिहास में ऐसे अवसर आए होंगे, जब शक्तिशाली समझे जानेवाले लोगों को यह उत्सव पसन्द नहीं आया होगा। ऐसे अवसरों पर इस उत्सव को बन्द करा देने की आज्ञाएँ भी निकली होंगी। शकुन्तला नाटक की गवाही के आधार पर कहा जा सकता है कि शक्तिशाली नरपतियों का जब मन उदास हुआ करता था, तो वे ऐसे परम्परा-प्रचलित उत्सवों को रोक देते थे। राजा दुष्यन्त प्रबल प्रतापी राजा थे। प्रिया-वियोग से उनका मन दुखी था, तब वसन्तोत्सव मनाया जाना बन्द कर दिया गया था। आतंक ऐसा कि आम-जैसा अनायास खिल उठने वाला मौजी वृक्ष भी आधी बौर तक खिलकर रुक गया। किसी को शंका हुई कि शायद कामदेव-जैसे महाप्रतापशाली देवता ने भी चकित होकर अधखिंचे धनुष को समेट लिया हो। मुद्राराक्षस की गवाही पर कहा जा सकता है कि चन्द्रगुप्त ने

कौमुदी महोत्सव रोक दिया था। शक्तिशाली राजाओं की कुंचित भृकुटियों का शिकार कभी-न-कभी इस उत्सव को भी होना पड़ा होगा, पर हुआ नहीं। मनुष्य की सम्मिलित सामाजिक मंगलेच्छा को दबाना क्या सम्भव है? दीवाली का उत्सव हर साल यह संदेश दुहरा जाता है—राज्य बदल जायेंगे, राजमुकुट पुराने हो जायेंगे, मठ ढह जायेंगे, सम्प्रदाय नष्ट हो जायेंगे—बची रहेगी मनुष्य की सामूहिक मंगलेच्छा।

आज से हजारों वर्ष पहले मनुष्य ने निश्चय किया था कि वह दरिद्रता की अवस्था में नहीं रहेगा, वह सामाजिक रूप में समृद्ध रहेगा एक व्यक्ति नहीं, एक परिवार नहीं, एक जाति भी नहीं, बल्कि समूचा मानव-समाज समृद्धि चाहता है, अदारिद्र्य चाहता है, अमंगल का अन्त चाहता है, उल्लास और उमंग चाहता है। दीपावली का उत्सव उसी सामाजिक मंगलेच्छा का दृश्यमान मूर्तरूप है। समूचा समाज आज दरिद्रता के अभिशाप से मुक्ति चाहता है, अभाव के शिकंजे से छूटना चाहता है। दीवाली उसके इस संकल्प की जलती हुई दीपशिखा है। राजवंश आये और गये, बड़े-बड़े समृद्धिशाली नगर बने और बिगड़े, किन्तु मनुष्य की वह चिरप्रार्थित आकांक्षा नहीं पूरी हुई। आज भी वह लक्ष्मीजी की पूजा कर रहा है। परन्तु पूजा करता है, दरिद्रता की पीठ पर बैठकर आज भी वह महाकालिका की पूजा करता है—आतंक और भ्रम से कम्पित हृदय से लेकर। अब यह पूजा सफल होगी? कब महामाया का वह प्रसन्न-मुख प्रकट होगा, जिसे देखकर मनुष्य अभाव की मार से बच सकेगा? कब उनका वह रुद्र रूप दिखाई देगा जिससे वह भय और आतंक को ध्वस्त होते देखेगा? अभी तक तो ऐसा नहीं हो सका है। महामाया की चिन्मयलीला अभी दुर्भाग्य के विकट अट्टहासों से बाधाग्रस्त है। क्यों ऐसा है? क्या कभी मनुष्य की स्वाभाविक मंगलेच्छा पूरी होगी?

चारों ओर जब अभाव का करुण हाहाकार सुनाई दे रहा है, दीपावली अपना मंगल-सन्देश लेकर आई है। कई हजार वर्ष पहले मनुष्य ने सामूहिक रूप से समृद्ध होने का संकल्प किया था। वह संकल्प आज भी जी रहा है। क्यों न मनुष्य अब इच्छा के बाद प्रयत्न शुरू करे? सामाजिक मंगलेच्छा को आज तक कोई नहीं दबा सका। वह न मरी, न भूत हुई, जबकि न जाने कितनी व्यक्तिगत आकांक्षाएँ मरकर भूत हो गईं। कितने व्यक्तिगत प्रयत्न हमेशा के लिए समाप्त हो गये। दीवाली यह संदेश लेकर आ रही है कि व्यक्ति-मनुष्य की इच्छा भी नश्वर है, प्रयत्न भी अमर होगा। अब व्यक्तिगत प्रयत्नों का जमाना लद गया। उसकी पूरी परीक्षा हो चुकी। अब सामाजिक मनुष्य की मंगलेच्छा जियेगी और सामाजिक मनुष्य को सब प्रकार के अभावों और बन्धनों से मुक्त करने की साधना ही जियेगी।

●

# हिन्दी का वर्तमान और भविष्य

आज हम अपने देश के साहित्य और भाषा के इतिहास के बहुत महत्त्वपूर्ण मोड़ पर आ गये हैं। यहाँ बहुत सावधानी और साहस की आवश्यकता है। यहाँ से गलत कदम उठाने का मतलब है दीर्घकाल तक के लिए भटकने को बाध्य होना। इसीलिए आज के हमारे इस अधिवेशन का बड़ा ही महत्त्व है। मैं जानता हूँ कि इस महत्त्वपूर्ण समय में जिस सूझ, साहस और धैर्य की आवश्यकता है, वह मुझमें बिलकुल नहीं है। किन्तु मैं यह भी जानता हूँ कि हमारी इस परिषद् में ऐसे अनेक विद्वज्जन हैं, जिनमें ये गुण पर्याप्त मात्रा में विद्यमान हैं। इन विद्वानों के सम्मिलित बल का ही मुझे भरोसा है। मुझे इस अवसर पर सबसे बड़ा दुख यह है कि आज हमारे बीच डॉ० अमरनाथ झा जैसे दीर्घ-दृष्टि सम्पन्न और निर्भीक साहसी पथ-प्रदर्शक नहीं हैं। झा जी सच्चे अर्थों में बौद्धिक नेता थे। वे अपने स्वर्गवास के समय काशी नागरी-प्रचारिणी सभा जैसी गौरवशालिनी हिन्दी-संस्था के सभापति थे और राष्ट्रपति द्वारा नियोजित राजभाषा-आयोग के महत्त्वपूर्ण सदस्य थे। विश्वविद्यालयों में साहित्य के शिक्षण का स्तर ऊँचा करने का और नयी पीढ़ी के विद्यार्थियों में शिक्षा के प्रति सहज अनुराग और दृढ़ चरित्र-बल उत्पन्न करने में उनकी अद्‌भुत शक्ति परीक्षित हो चुकी थी। यह हमारे लिए परम दुर्भाग्य का विषय है कि वे उसी समय महाकाल देवता के दरबार में बुला लिये गये, जिस समय उनकी सबसे अधिक जरूरत थी। मेरा विश्वास है कि इतिहास-विधाता अमंगल के भीतर से भी मंगल का निर्देश किया करते हैं और इसीलिए मैं सोच रहा हूँ कि झा जी के अचानक स्वर्गवास का भी उनकी दृष्टि में कुछ अर्थ होगा। जो हो, इस समय तो हम शोक से अभिभूत हैं और कुछ सूझ नहीं पड़ता कि ऐसे महान बौद्धिक नेता का पथ-प्रदर्शन हमें कैसे प्राप्त होगा। भरे हृदय से हम भगवान से प्रार्थना करते हैं कि झा जी का व्यक्तित्व परलोक से भी हमारा मार्ग-प्रदर्शन करता रहे।

हम लोग विश्वविद्यालयों में अध्यापन कार्य करते हैं। हमारा मुख्य आलोच्य विषय यही है कि हम विश्वविद्यालय में सम्प्रति होने वाले अध्ययन और अध्यापन का स्तर किस प्रकार ऊँचा करें, शोध कार्य को किस प्रकार अद्यावधिक गम्भीर और उच्चस्तरीय बनाएँ। हिन्दी के अध्यापन और शोध कार्य

को अन्यान्य विषय के इन्हीं कार्यों की तुलना में अधिक महत्त्व मिलना चाहिए, क्योंकि हम केवल अध्ययन-अध्यापन और शोध का कार्य ही नहीं करते, भारतवर्ष के नये साहित्य का निर्माण भी कर रहे हैं। इसलिए अन्यान्य विषयों की भाँति हम केवल शुष्क छान-बीन से ही सन्तुष्ट नहीं रह सकते। हमारे द्वारा किया हुआ प्रत्येक काम नवीन भारतवर्ष के साहित्यिक निर्माण की ईंट का काम कर रहा है। इन दिनों नाना कारणों से हिन्दी की ओर लोगों की दृष्टि आकृष्ट हुई है और इसका प्रत्यक्ष या अप्रत्यक्ष प्रभाव विश्वविद्यालयों के शिक्षण कार्य पर पड़ रहा है। केवल इसी दृष्टि से हमें इस पर ध्यान देना आवश्यक है।

(1) हिन्दीत्तर प्रान्तों के अनेक शिक्षार्थी छात्र हमारे विश्वविद्यालयों में हिन्दी की उच्च शिक्षा पाने के लिए आ रहे हैं और विभिन्न विषयों के शोध कार्य में भी जुटे हुए हैं। यद्यपि हमारी केन्द्रीय सरकार ने इस प्रकार के साहित्यिक अध्यवसाय को उचित मात्रा में प्रोत्साहन नहीं दिया है, परन्तु इस बात के लक्षण दिखाई देने लगे हैं कि वह एकदम निश्चेष्ट भी नहीं है। आशा करनी चाहिए कि शीघ्र ही इस प्रकार के अध्यवसाय को सरकार की ओर से अधिप्रोत्साहन और प्रश्रय दिया जायेगा और हिन्दीत्तर प्रान्तों से सैकड़ों विद्यार्थी हमारे विश्वविद्यालयों में ऊँची शिक्षा पाने के लिए और शोध कार्य करने के लिए उत्साहित होंगे। विभिन्न प्रादेशिक साहित्यों के वातावरण में पले हुए ये शिक्षार्थी हिन्दी साहित्य को नवीन पार्श्वों से देखने का अवसर पायेंगे। उनकी दृष्टि सब समय हमारी धारणाओं के साथ मेल नहीं भी खा सकती है। हम लोग जिस प्रकार से अपने साहित्य के इतिहास को देखते आ रहे हैं, वह इन नवीन कोणों से देखनेवाले जिज्ञासुओं द्वारा किस प्रकार आलोचित होगा, यह कहना बड़ा कठिन है, परन्तु मुझे इस बात में रंचमात्र भी सन्देह नहीं कि नवीन सम्पर्कों के कारण हमारी बहुत-सी धारणाएँ बदलेंगी और भारतवर्ष के विभिन्न साहित्यों के साथ हिन्दी साहित्य की युक्त वेणी निकट भविष्य में एक सर्वभारतीय साहित्य की सृष्टि करेगी। यह महत्त्वपूर्ण और मंगलजनक संवाद है!

(2) यह सौभाग्य की बात है कि इन दिनों भारतवर्ष के प्रादेशिक साहित्यों के प्रति सर्वत्र प्रबल जिज्ञासा उत्पन्न हुई है। भारतवर्ष की प्राय: सभी भाषाओं में तदितर प्रान्तीय भाषाओं के साहित्य का थोड़ा बहुत अनुवाद होने लगा है। हिन्दी में तो यह क्रम और भी पुष्ट होकर प्रकट हो रहा है। ऐसा जान पड़ता है कि थोड़े ही दिनों में प्रादेशिक भाषाओं का बहुत ही मूल्यवान साहित्य संगृहीत हो जायेगा और इसी प्रकार दूसरे प्रदेशों में थोड़ा बहुत हिन्दी का साहित्य संगृहीत होगा। मुझे ऐसा लग रहा है कि क्रम ठीक से चलता रहा तो आगामी दस वर्षों के भीतर केवल नवीन भारतीय साहित्य की रूपरेखा ही स्पष्ट न हो उठेगी, बल्कि हमें उस आधुनिक भारतीय दृष्टि का भी सन्धान मिलेगा, जो पिछले डेढ़-दो सौ वर्षों के पश्चिमी संपर्क और संघर्ष से निखरी है। इस प्रकार भारतवर्ष के प्रत्येक

क्षेत्र के साहित्य की दृष्टि अधिक परिष्कृत, अधिक उदार और अधिक परिमार्जित होती जायेगी। मेरी दृष्टि में यह दूसरा शुभ लक्षण है।

(3) हिन्दी आन्दोलन का स्वरूप भी बदलने जा रहा है। हमारे हिन्दी प्रदेशों में संघर्ष का प्रथम रूप था, हिन्दी और उर्दू की प्रतिद्वन्द्विता। इसने अन्त में साम्प्रदायिक रूप धारण किया और दोनों की भाषाओं के साहित्यिकों में अस्वस्थ मनोवृत्ति पैदा की। परिणाम यह हुआ कि हममें सहज भाषा के स्थान पर कृत्रिम और बोझिल भाषा गढ़ने की प्रवृत्ति बढ़ गई। हिन्दी क्षेत्र के बाहर इस ऐतिहासिक विकास की अवस्था को समझने में प्रायः गलती की जाती है। सौभाग्य से अब वह अवस्था समाप्त हो गई है और हम स्वस्थ और सहज गति को अपनाते जा रहे हैं। उर्दू हिन्दी से कोई भिन्न भाषा नहीं थी। सच पूछिए तो जिस खड़ीबोली को आज हमने अपने सामाजिक, सांस्कृतिक और साहित्यिक विचारों और व्यवहारों का वाहन बनाया है, उसे पहले पहल मुसलमान भाइयों का ही आश्रय अधिक प्राप्त था। इस भाषा के पुराने अस्तित्व के बारे में शंका उत्पन्न करना हमारा उद्देश्य नहीं है। भाषा तो दिल्ली के आसपास से ही विद्यमान थी—नाथों, निरंजनियों और निर्गुणियों के पुराने पदों में उसका थोड़ा-बहुत प्रयोग भी मिल जाता है, किन्तु उसे साहित्यिक और सामाजिक विचारों के लिए अपने क्षेत्र से बाहर ले जाने और लोकप्रिय बनाने में मुसलमान साहित्यकारों का बड़ा हाथ रहा है। हिन्दू साहित्यकार अधिकतर ब्रजभाषा, अवधी, डिंगल, मैथिली आदि भाषाओं में ही अपने धार्मिक और काव्य जातीय साहित्य का निर्माण करते रहे। वस्तुतः ये भाषाएँ ही प्राकृत और अपभ्रंश से प्राप्त साहित्यिक परम्परा की वास्तविक उत्तराधिकारिणी हैं। संयोगवश बाहर जिस खड़ीबोली को मुसलमान कवियों और लेखकों का आश्रय प्राप्त हुआ, वह पुरानी परम्परा से क्रमशः दूर ही हटती गयी। 18वीं शताब्दी के अन्त में हिन्दी के गद्य-लेखकों ने इस नयी भाषा को (अर्थात मुसलमान भाइयों द्वारा साहित्यिक प्रयोग के लिए नवीकृत रूप को) ब्रजभाषा, अवधी, मैथिली आदि के साहित्य में उपलब्ध पुरातन सांस्कृतिक परम्परा के साथ जोड़ दिया। इस प्रकार मुसलमान भाइयों द्वारा सँवारी और माँजी हुई भाषा में जो कमी रह गयी थी, उसे 18वीं शताब्दी के अन्तिम भाग में पूरा कर दिया गया। ज्यों ही उसे यह सहारा प्राप्त हुआ, त्यों ही साहित्यिक वाहन के रूप में खड़ी बोली देखते-देखते समूचे उत्तर भारत में व्याप्त हो गई। बीसवीं शताब्दी के प्रथम चरण में तो वह देश की सर्वाधिक शक्तिशाली भाषा के रूप में प्रकट हुई है। कुछ लोगों को यह देखकर आश्चर्य होता है कि यह डेढ़ सौ वर्षों की भाषा कैसे इतनी व्यापक और महत्त्वपूर्ण हो गयी। वस्तुतः यह शक्तिशालिनी भाषा डेढ़ सौ वर्षों की नहीं थी। डेढ़ सौ वर्ष पहले यह विशाल भारतीय साहित्यिक परम्परा के साथ पुनर्मिलित हुई थी। जिस समय यह पुनर्मिलन हुआ, उस समय इस मिलन को गलत समझा गया। विदेशी शासकों

की कृपा से इसके महत्त्व को अधिकाधिक गलत समझने का क्रम चलता रहा। जिस बात से मैत्री बढ़नी चाहिए थी, उससे द्वेष और शत्रुता का वातावरण उत्पन्न कर दिया गया। अब स्थिति बहुत कुछ सुलझ गई है और हम सहज भाव से सोचने और समझने की स्थिति में आ गये हैं। अब यह अनुभव किया जाने लगा है कि उर्दू का पूरा साहित्य देवनागरी अक्षरों में आ जाये तो हिन्दी भाषा के लिए बहुत बड़ा शक्ति का स्रोत सिद्ध होगा। वस्तुतः हिन्दी और उर्दू भाषाएँ हैं ही नहीं। केवल लिपि के कारण इन्हें दो भाषाएँ मान लिया गया है और मध्यवर्ती काल की संकीर्ण साम्प्रदायिकता के कारण अधिकाधिक कृत्रिम भाषा बनाने की रुग्ण मनोवृत्ति ने दोनों के व्यवधान को आवश्यकता से अधिक बढ़ा दिया है। इस सहज और स्वाभाविक मनोवृत्ति का क्रमशः पुष्ट होना मुझे तीसरा शुभ लक्षण जान पड़ता है। हिन्दी और उर्दू का व्यवधान जितना ही कम होगा, उतना ही मंगलजनक होगा।

(4) हिन्दी प्रचार का एक दूसरा आन्दोलन देश की भाषागत विभिन्नता को दूर करने के उद्देश्य से चलाया गया। जिस समय देश में राष्ट्रीयता की लहर अपनी सर्वाधिक ऊँचाई पर थी, उस समय राष्ट्रभाषा की आवश्यकता समझी गई और किसी भी क्षेत्र से उसका कोई कड़ा विरोध नहीं हुआ। किन्तु ज्यों ही स्वाधीनता प्राप्त हुई और विदेशी शत्रु को उखाड़ फेंकने की लालसा तृप्त हुई, त्यों ही एक भाषा का प्रश्न अपने वास्तविक रूप में उपस्थित हुआ। वस्तुतः यह नया प्रश्न एक भाषा का राष्ट्रभाषा का नहीं है, बल्कि राजभाषा का है। राजकीय भाषा होने का मतलब है अनेक प्रकार की ऊँची सरकारी नौकरियों का विषय बनना। हाईकोर्ट, सुप्रीम कोर्ट के जज और वकील, पार्लियामेंट के सदस्य, विभिन्न क्षेत्रों से सर्व भारतीय सेवाओं के प्रार्थी तथा विविध विश्वविद्यालयों के उच्चतर शिक्षा वितरण करने वाले प्राध्यापक; सभी किसी-न-किसी प्रकार इसकी लपेट में आ जाते हैं। विदेशों के राजदूत, विभिन्न औद्योगिक अन्तर्राष्ट्रीय सम्बन्धों के संचालक, विभिन्न वैज्ञानिक अनुसन्धानों के पुरस्कर्ता और विविध शिल्प-कौशलों के विशेषज्ञ भी राजभाषा की लपेट में आ जाते हैं। इसीलिए हिन्दी के इस नये रूप के सम्बन्ध में बड़ा मतभेद है। कुछ तो पुराने अभ्यास के कारण विदेशी भाषा को छोड़ना नहीं चाहते, कुछ ऐसे पुराणपंथी हैं कि परिवर्तन मात्र से घबड़ा उठते हैं और कुछ लोग ऐसे हैं, जिन्हें अपने देश की भाषाओं के प्रति किसी प्रकार की आस्था और विश्वास ही नहीं है। ऐसे लोग तरह-तरह के आरोप लगाने लगे हैं। कुछ लोग कहते हैं कि हिन्दी का कोई परिनिष्ठित (स्टैण्डर्ड) रूप ही नहीं है, न इसमें वाक्य गठन की कोई एकरूपता है, न किसी एक-रूप व्याकरण की सम्भावना ही। इस तर्क का वास्तविक अर्थ यह है कि हिन्दी कोई भाषा ही नहीं है। कुछ और लोग हैं, जो इतना तो मान लेते हैं कि हिन्दी का एक रूप है, किन्तु उन्हें यह यकीन ही नहीं होता कि इस भाषा में

कोई साहित्य भी है। आज से कोई तीस या चालीस वर्ष पहले किसी ने कहा था कि आधुनिक खड़ीबोली में साहित्य का अभाव है। तब से गंगा-जमुना का बहुत-सा जल समुद्र में गिर चुका, किन्तु ये लोग भले आदमियों की तरह उसी पुरानी बात पर अड़े हैं। यदि तीस वर्ष पहले कोई साहित्य नहीं था तो आज भी नहीं है! इस प्रकार की बातें बिना समझे-बूझे ही की जाती हैं। एक तीसरी श्रेणी के लोग हैं, जो यह कहते हैं कि प्रान्तीय भाषाओं में कदाचित् सभी ऐसी हैं; जिनका आधुनिक साहित्य हिन्दी के समकक्ष है और कुछ तो ऐसी हैं जिनका साहित्य अधिक समृद्ध भी है। ऐसी स्थिति में प्रादेशिक भाषाओं से हिन्दी में ऐसी कौन-सी विशेषता है, जिसके कारण हम अपनी प्रान्तीय भाषाओं को छोड़कर इस असमृद्ध भाषा का सहारा लें? अगर हमें किसी बाहरी भाषा का आश्रय ही लेना है तो अंग्रेजी क्या बुरी है, उसी को क्यों न राजभाषा स्वीकार कर लिया जाये? अन्तिम विश्लेषण के बाद ऐसा जान पड़ता है कि हिन्दी के राजभाषा के प्रश्न को अब दो दृष्टियों से देखना चाहिए, हिन्दी बनाम अंग्रेजी और हिन्दी बनाम प्रादेशिक भाषाएँ। हिन्दी की अंग्रेजी के साथ तो अवश्य प्रतिद्वन्द्विता है, अन्य भारतीय भाषाओं की भी अंग्रेजी के साथ प्रतिद्वन्द्विता है, किन्तु हिन्दी का अन्य भारतीय प्रादेशिक भाषाओं से कोई संघर्ष नहीं है। जो लोग ऐसा समझते हैं, वे अकारण आशंकित हैं। मैं इस सम्बन्ध में कोई निर्णय या फैसला देने नहीं जा रहा हूँ। मैंने इस विषय में अपने को सब प्रकार के पूर्वाग्रहों से मुक्त रखने का प्रयत्न किया है। हम विश्वविद्यालयों के अध्यापकों के लिए इस प्रश्न पर केवल उतनी ही दूर तक विचार केन्द्रित करने की आवश्यकता है, जितनी दूर तक वह हमारे विश्वविद्यालयों के अध्ययन-अध्यापन और शोध कार्य को प्रभावित कर रहा है। मुझे जान पड़ता है कि यद्यपि इस दृष्टि से विचार करनेवालों का तर्क बहुत कुछ गलतफहमी और गलत जानकारियों पर अवलम्बित है, तथापि हिन्दी के कार्यकर्ताओं के लिए वह एक चुनौती का भी काम करता है। क्या कारण है कि इस प्रकार का भ्रम अभी भी फैला हुआ है? क्या हमारे विश्वविद्यालयों के प्रोफेसरों ने और शोध कार्य करने वालों ने ऐसा कोई गम्भीर और ठोस प्रयत्न किया है, जिससे हम अहिन्दीभाषी विद्वानों को बता सकें कि हमारी भाषा का यह परिनिष्ठित रूप है; इस प्रकार का परिनिष्ठित व्याकरण है, और उसकी अमुक प्रकार की वाक्य-बन्ध की प्रणाली है। फिर मैं पूछना चाहता हूँ कि हम लोगों ने क्या कोई ऐसा प्रयत्न किया है जिससे इस देश में अन्य क्षेत्रों में काम करनेवाले विद्वान या इस देश के बाहर के जिज्ञासु पण्डित समझ सकें, कि हिन्दी के आधुनिक लेखक किन नवीन प्रेरणाओं से चालित हुए हैं, संसार की विचारधारा में उनका उल्लेख-योग्य दान क्या है, किस प्रकार के साहित्य-रूपों और शैलियों के प्रयोग से उन्होंने भाषा में कौन-सी अभिव्यंजना प्रदान की है और ज्ञान-विज्ञान के विविध क्षेत्रों में इस भाषा ने क्या और कितना जोड़ा है; हमारे पास किस प्रकार का सूचनात्मक

साहित्य है और किस श्रेणी का रचनात्मक साहित्य है। जब तक हम ऐसा कुछ प्रयत्न नहीं करते, तब तक बाहर के लोग यदि भ्रान्त धारणाएँ बना बैठें तो सिर्फ उन्हें ही दोष नहीं दिया जा सकता। साधारणतः मैं इस प्रकार की चर्चा से विरत ही रहता हूँ। लेकिन ये ऐसी बातें हैं कि इनसे विश्वविद्यालयों के अध्यापक चाहें भी तो नहीं बच सकते। यह उनका दायित्व है। इसलिए मैंने यहाँ इसकी चर्चा की है। मैं भारतीय हिन्दी परिषद् के कर्मठ सदस्यों से अनुरोध करता हूँ कि वे इसे ध्यान में रखें और ऐसा कुछ करें, जिससे ये भ्रान्तियाँ अधिक न फैलने पाएँ।

निःसन्देह अंग्रेजी बहुत समृद्ध भाषा है, आज लगभग आधी दुनिया में उसी का बोलबाला है। केवल अंग्रेजों ने ही इस भाषा को समृद्ध नहीं बनाया, बल्कि संसार भर के समुन्नत देशों के पंडितों ने उसको ज्ञान के प्राप्त करने का सर्वोत्तम साधन बना दिया है। पिछले सौ-डेढ़ सौ वर्षों में हमारे देश के भी अनेक श्रेष्ठ पण्डितों ने इसी भाषा में अपने विचारों और खोजों को लिपिबद्ध किया है। हमारे इस देश के धर्माधिकरण के क्षेत्र में और प्राचीन विद्याओं के शोध सम्बन्धी क्षेत्र में जो कुछ श्रेष्ठ है, वह सब इसी भाषा में सुरक्षित है। हमारे जन-समूह के परिगणन और विश्लेषण सम्बन्धी साहित्य, हमारी भाषाओं के परिगणन और विश्लेषण सम्बन्धी विवरण और हमारी प्राकृतिक सम्पत्ति के सम्बन्ध में सारा लेखा-जोखा इसी भाषा के भण्डार में सुरक्षित है। परन्तु इतने दिनों के सर्वग्रासी प्रभाव के होते हुए भी अंग्रेजी भारतवर्ष की एक प्रतिशत जनता से अधिक विस्तार में नहीं जा सकी है। अंग्रेजों के इस देश से हटते ही उसके अध्ययन और जानकारी का स्तर इतने वेग से नीचे उतरने लगा है कि हमारी पुरानी पीढ़ी के बुद्धिमान लोग अत्यन्त चिन्तित हो उठे हैं। यह निश्चित है कि अंग्रेजी भाषा हमारे सारे जन-समूह की भाषा नहीं हो सकती। विदेशी प्रभुत्व से आक्रान्त होने के कारण हमारी देशी भाषाएँ अब तक दबी हुई थीं, वे अब सिर उठा रही हैं। अब तो अंग्रेजी उतने से अधिक का दावा नहीं कर सकेगी जितना वस्तुतः उसे प्राप्य है। मेरे विचार से इस देश में कुछ-कुछ अंग्रेजी का प्राप्य अवश्य है। हम चाहें भी तो अंग्रेजी को अपने स्थान से हटा नहीं सकते। परन्तु उसका स्थान निश्चित और सीमित है। जो लोग हमारे पुराने इतिहास का शोध करेंगे या संसार के उन भागों से अपना सम्पर्क स्थापित करना चाहेंगे, जहाँ अंग्रेजी अन्तर्राष्ट्रीय भाषा के रूप में स्वीकृत है, उन्हें अवश्य अंग्रेजी पढ़नी होगी। परन्तु यह समझना कि सारा देश का देश इस विदेशी भाषा में विशेषज्ञता प्राप्त करेगा, अपने आपको धोखा देना है। देशी भाषाएँ अपना उचित स्थान ग्रहण करेंगी और अंग्रेजी को उन सब स्थानों से हटना पड़ेगा, जहाँ उसने अनुचित रूप से और अस्वाभाविक रूप से प्रवेश किया है। इसलिए प्रश्न वस्तुतः हिन्दी और अंग्रेजी के झगड़े का नहीं है। यह अवश्य है कि हिन्दी को अंग्रेजी की समूची समृद्धि प्राप्त करने के लिए दीर्घकाल तक साधना करनी पड़ेगी। इस देश में ऐसे लोग हैं जिन्हें पर्याप्त रूप में

अनुभवी और समझदार समझा जाता है, परन्तु जो इस मामूली-सी बात को नहीं समझ पाते कि हिन्दी प्रयत्न करके उसी प्रकार अंग्रेजी के समकक्ष हो सकती है, जिस प्रकार अंग्रेज शासकों को हटाकर भारतीय लोग उसके समकक्ष और कई बार उनसे बढ़कर भी हो गये हैं। ऐसे बुद्धिमान लोग मनुष्य की कर्मशक्ति में विश्वास ही नहीं रखते। कभी-कभी उच्चपदस्थ लोग भी अंग्रेजी और संस्कृत आदि भाषाओं के पक्ष में ऐसी बहकी हुई बात कर जाते हैं, जो न तो उनकी मर्यादा के अनुकूल होती है और न भारतीय जनता की सम्मिलित सुबुद्धि द्वारा उद्‌भावित अपने संविधान के ही अनुरूप होती है। ये लोग अपने अविचारित वक्तव्यों के द्वारा जनता में यह भ्रम फैलाते हैं कि भारतीय जनता का कोई भी निर्णय नहीं होता। उसे जब कभी और जिस किसी मौके पर बदल दिया जा सकता है। जो हो, कितना भी प्रयत्न क्यों न किया जाये, अब जनता की भाषाओं को उनके उचित अधिकार से वंचित नहीं किया जा सकेगा।

जहाँ एक ओर हमारी भाषाओं का यह दौर्बल्य है कि उनमें अपने देश को अपने आधुनिक अर्थों में शिक्षित और सुसंस्कृत बनाने योग्य साहित्य नहीं है, वहीं हमारी यह बड़ी भारी शक्ति भी है कि हमें संस्कृत जैसी एक भाषा का उत्तराधिकार प्राप्त है, जिसमें किसी भी विचार को स्पष्ट करने योग्य शब्द देने की अपार शक्ति है। संस्कृत भाषा कामधेनु के समान है। उससे आप जो चाहिए, प्राप्त कर सकते हैं। अगर हमको अपने साहित्य में नये विचारों को व्यक्त करने वाले शब्दभंडार की आवश्यकता है, तो संस्कृत के सिवाय दूसरी गति नहीं। संस्कृत से निरन्तर प्रेरणा और शब्दभंडार पाते रहना परम सौभाग्य की बात है। परन्तु यह समझना कि संस्कृत कभी इस देश की राजभाषा बन सकेगी, गलत ढंग से सोचने का नतीजा है। संस्कृत सदा हमारी प्रेरणादात्री भाषा रही है और रहेगी। मुझे अत्यन्त खेद के साथ कहना पड़ रहा है कि आजकल हिन्दी के कुछ विद्वानों ने संस्कृत की उपेक्षा शुरू की है। वे कहते हैं, हिन्दी, संस्कृत से स्वतंत्र भाषा है, इसलिए हिन्दी के विद्वान के लिए संस्कृत की जानकारी आवश्यक नहीं है। मेरी समझ में यह बात नहीं आती कि स्वतंत्र भाषा होने के कारण संस्कृत की जानकारी प्राप्त करने से क्या अड़चन आ जाती है। अंग्रेजी से भी तो हिन्दी स्वतन्त्र है। जितनी वह संस्कृत से है, उसकी अपेक्षा कहीं अधिक वह अंग्रेजी से स्वतंत्र है। परन्तु क्या यह सत्य नहीं है कि आज भी हिन्दी भाषा और साहित्य की बारीकियों के विश्लेषण और चिंतन के लिए और उन्हें ठीक-ठीक प्रकट करने के लिए अंग्रेजी की जानकारी आवश्यक है? स्वतन्त्र भाषा होने मात्र से हिन्दी का विद्वान अपने को संस्कृत की जानकारी से वंचित नहीं रख सकता। वस्तुतः हमारा वह समूचा ज्ञान और समस्त परम्परा, जो हमारे विचारों, शैलियों और शब्दभंडार को चरितार्थ कर रही है, संस्कृत में ही सुरक्षित है। इसलिए संस्कृत की पूर्ण जानकारी हिन्दी की सेवा के लिए आवश्यक है। उसकी उपेक्षा

करने से हमारी भाषा और अभिव्यक्ति-शैली कमजोर हो जायेगी और अपने ही देश में दूसरे प्रदेशों में फैली हुई भाषाओं के यथार्थ स्वरूप को समझने में हमें कठिनाई होगी। जिस प्रकार संस्कृत या अंग्रेजी को राजभाषा के रूप में स्वीकृत करने की सलाह देनेवाले भ्रम पैदा किया करते हैं, उसी प्रकार हिन्दी को स्वतंत्र भाषा मानने की आड़ में अंग्रेजी या संस्कृत को न पढ़ने की सलाह देनेवाले भी भ्रान्ति ही फैलाते हैं। हमें उन्मुक्त आधुनिक दृष्टि पाने के लिए जिस प्रकार अंग्रेजी का अध्ययन करना आवश्यक हो गया है, उसी प्रकार अपनी भाषा, शब्दभंडार, संस्कृति और परम्पराओं की गहराई में जाने के लिए संस्कृत भाषा की पढ़ाई परमावश्यक है। संस्कृत की उपेक्षा करने से हम उस विशाल साहित्य को उत्पन्न करने में एकदम अशक्त हो जायेंगे, जिसकी आज सर्वाधिक आवश्यकता है।

सन् 1950 में हमारी संविधान-सभा ने हिन्दी को भारतवर्ष की राजकीय भाषा बनाने का निश्चय किया था। जैसा कि मैंने पहले ही कहा है, राजकीय भाषा की लपेट में हमारे सभी श्रेष्ठ बौद्धिक स्थान आ जाते हैं। हमारे सबसे उच्च न्यायालय और विश्वविद्यालय भी इसकी लपेट में आ जाते हैं। बिना विश्वविद्यालयों में उच्च शिक्षा प्राप्त किये न तो देश में उत्तम श्रेणी के कानून-विशेषज्ञ पाये जा सकते हैं, न प्रथम श्रेणी के अध्यापक और प्रशासक ही। पाँच वर्ष बीत गये, लेकिन हिन्दी को इस महान पद के उपयुक्त बनाने की दिशा में कुछ भी प्रयत्न नहीं किया गया। केन्द्रीय् सरकार ने सिर्फ कुछ सौ 'प्राविजनल' शब्दों का निर्माण किया है। आज तक न अंग्रेजी के श्रेष्ठ ग्रन्थों का अनुवाद हुआ है न शॉ रिपोर्टों और विश्वविद्यालयीन पाठ्यक्रमों को रूपान्तरित करने का प्रयत्न ही किया गया है। मैं अत्यन्त दुख के साथ कहना चाहता हूँ कि पाँच मूल्यवान वर्षों को हमने व्यर्थ खो दिया है। न तो हिन्दी राज्यों की सरकारों ने ही लगन के साथ और सम्मिलित भाव से कोई प्रयत्न किया; न केन्द्रीय सरकार ने ही। अब हमारे पास केवल दस वर्ष ही रह गये हैं। इन दस वर्षों के भीतर हिन्दी को तथा अन्य देशी भाषाओं को उन सब उच्च स्थानों पर अधिकार करना है, जिन पर अनुचित और अस्वाभाविक रूप से अंग्रेजी भाषा ने अधिकार कर रखा है। मेरा अनुमान है कि आगामी दस वर्षों में हमें कम से कम दो लाख शब्दों के बारे में निर्णय करना पड़ेगा कि इनके स्थान पर देशी भाषाओं के कौन से शब्द रखे जायें या कितनी दूर तक अंग्रेजी की शब्दावली ही देशी उच्चारण के अनुकूल बनाकर अपना ली जाये। इसका मतलब यह हुआ कि प्रतिवर्ष कम से कम हमें 20 हजार शब्दों के निर्माण की गति से चलना है। जहाँ तक अंग्रेजी भाषा का हिन्दी में रूपान्तर करने का प्रयत्न है, वहाँ तक हमें नवीन शब्दों के निर्माण की ओर प्रयत्नशील होना ही है। परन्तु मैं अपने अनुभव के बल पर कहना चाहता हूँ कि केवल शब्दों के स्थान पर प्रति शब्द रख देने मात्र से अनुवाद का कार्य नहीं चल सकता। हमें सैकड़ों वाक्यांशों का भी ललित और

गठित हिन्दी में रूपान्तर करना है। मेरा अनुमान है कि कम से कम छः हजार ऐसे वाक्यांशों का हमें तुरन्त अनुवाद करना पड़ेगा। इसी प्रकार अनेक कानूनी मसविदों का भी प्रामाणिक हिन्दी रूपान्तर प्रकाशित होना चाहिए। मैं इस विषय का जानकार नहीं हूँ, लेकिन अनुमान से कह सकता हूँ कि कम से कम पाँच सौ मसविदे, जो विभिन्न प्रकार के कानूनी और राजकीय कार्यों में निरन्तर व्यवहृत हो रहे हैं, तुरन्त हिन्दी में आ जाने चाहिए। महत्त्वपूर्ण लॉ रिपोर्ट, हाईकोर्ट और सुप्रीम कोर्ट के फैसले और पार्लियामेंट तथा प्रादेशिक धारासभाओं द्वारा पारित किये कानूनों का हिन्दी रूपान्तर तुरन्त प्रकाशित होना चाहिए। पार्लियामेंट द्वारा स्वीकृत और अब भी व्यवहार में आने वाले कानून (Unrepealed Acts) लगभग दस हजार पृष्ठों के हैं। इनका भाषान्तर तो अवश्यमेव करना ही पड़ेगा। अनुमानतः लगभग दस से बीस हजार तक पारिभाषिक शब्द इनमें व्यवहृत हुए होंगे। एक बार इस काम को हाथ में ले लिया जाए तो कानूनी कार्यवाही के लगभग सभी शब्द अनायास बन जायेंगे। लगभग दस हजार पृष्ठों में अन्य महत्त्वपूर्ण कानूनी कार्यवाही को आरम्भिक कार्य के लिए समेट लेना पड़ेगा। यह बहुत आवश्यक काम है। इसके आरम्भ करने में एक क्षण का भी विलम्ब नहीं होना चाहिए। जनता को अपनी भाषा में न्याय प्राप्त करने के अधिकार से बहुत देर तक वंचित नहीं किया जा सकता। मेरा अनुमान है कि इस कार्य को यदि लगन से किया जाए तो आगामी दस वर्षों में कम से कम बीस हजार पृष्ठों की सामग्री हिन्दी में रूपान्तरित करके छापनी पड़ेगी। अर्थात् कम से कम दो हजार पृष्ठों की छपाई और अनुवाद प्रतिवर्ष आवश्यक होगा। इस प्रकार हिन्दी को सरकारी दफ्तरों में प्रवेश कराने के लिए प्रतिवर्ष कम से कम बीस हजार नये शब्दों का निर्माण, छह सौ वाक्यांशों का गठन, लगभग सौ मसविदों का हिन्दी रूपान्तर और दो हजार पृष्ठों की कानूनी कार्यवाही सम्बन्धी सामग्री हमें अविलम्ब प्रकाशित करनी पड़ेगी। ये काम साथ-साथ चलते रहेंगे। उदाहरणार्थ, जिन लॉ रिपोर्टों और कानूनों का रूपान्तर होगा, उनसे नये शब्द और वाक्यांश प्राप्त होंगे और उनका निर्माण तत्काल कर लिया जाएगा। जब तक इस प्रकार की किसी कार्यसमिति का संघटन नहीं किया जाता, तब तक यह कार्य ठीक गति से चल नहीं सकता। मैं तो इस बात के पक्ष में हूँ कि यदि उचित शब्द न प्राप्त हों, तो अंग्रेजी के शब्द भी तब तक स्वीकार कर लिये जाएँ जब तक उनके लिए देशी भाषा का उपयुक्त शब्द नहीं प्राप्त होता। हमारे ज्योतिषशास्त्र के प्राचीन आचार्यों ने ग्रीक और अरबी भाषा से शब्द लेने में भी संकोच नहीं किया है। ज्ञान के क्षेत्र में छूत-छात का प्रश्न ही नहीं उठता। हाँ, शब्दों के लेने के समय इतना ध्यान रखना आवश्यक है कि वे हमारी उच्चारण-पद्धति के अनुकूल हों और देवनागरी लिपि में सरलता से लिखे जाते हों। मैं समझता हूँ कि हिन्दी को सरकारी भाषा बनाने के लिए यह कम से कम कार्य है। विभिन्न राज्यों और केन्द्र की सरकारों से हम अब भी आशा करते हैं कि वे

समय न नष्ट करें और निश्चित समय सारिणी बनाकर इतना कार्य कर दें। यह इतना महत्त्वपूर्ण कार्य है कि केन्द्रीय सरकार को इसके लिए एक पृथक् मन्त्रालय स्थापित करने में भी नहीं हिचकना चाहिए।

किन्तु यह नहीं समझना चाहिए कि केवल दफ्तरों में आ जाने से हिन्दी भाषा में वह शक्ति आ जाएगी, जो आधुनिक युग में उन्मुक्त और उदार दृष्टि की प्रतिष्ठा करती है और संसार के जटिलतर होते जाने वाले रूप को समझने और सहज बनाने में सहायक हो सकती है। हिन्दी का साहित्य भी पूर्ण रूप से समृद्ध होना चाहिए। इसके लिए कला, विज्ञान, दर्शन, सामाजिक विज्ञान, शिल्प शास्त्र, औद्योगिक शास्त्र आदि के सम्बन्ध में ऐसी पुस्तकों का निर्माण अति आवश्यक है, जिनका स्तर ऊँचा हो और भाषा सहज हो। सहज, अर्थात् विषय के गाम्भीर्य और प्रवाह के अनुरूप। सरलता के नाम पर कृत्रिम और अशक्त भाषा के बनाने के पक्ष में मैं नहीं हूँ। वस्तुतः भाषा सहज होनी चाहिए, न कृत्रिम और न दुरूह। इसके लिए कम से कम दो हजार पुस्तकों के निर्माण और अनुवाद की योजना तुरन्त बनानी चाहिए। प्रति वर्ष कम-से-कम दो सौ पुस्तकें अवश्य तैयार हो जानी चाहिए। हिन्दी और अन्य प्रान्तीय भाषाओं के शब्दकोश, मुहावरों का कोश और शब्द-स्वसार तथा व्याकरण ग्रन्थों की विशेष आवश्यकता है। इस प्रकार विभिन्न भाषाओं के कोश, व्याकरण आदि के लिए कम-से-कम 140 पुस्तकों की योजना बनानी चाहिए। यह संख्या मैंने 14 भाषाओं को दृष्टि में रखकर निश्चित की है। लेकिन जैसा कि मैंने पहले ही कहा, अंग्रेजी की उपेक्षा नहीं की जा सकती। इसलिए कम-से-कम तीन विभिन्न आकारों के हिन्दी-अंग्रेजी और अंग्रेजी-हिन्दी कोश भी बनने चाहिए। इस तरह यह संख्या डेढ़ सौ के आसपास पहुँच जाएगी। इसी प्रकार दो आकारों के विभिन्न भाषाओं के अच्छे व्याकरणों की भी आवश्यकता है। यह संख्या तीस होगी। फिर विश्वकोश की भी बहुत बड़ी आवश्यकता है। यदि हम पाँच हजार पृष्ठों के हिसाब से दस वर्षों में विश्वकोश के निर्माण और प्रकाशन की योजना बनाएँ तो सन् 1956 तक बीस जिल्दों में पचास हजार पृष्ठों का विश्वकोश तैयार कर सकते हैं। इन कार्यों को अर्थात् उत्तम साहित्य के अनुवाद, कोश और व्याकरण सम्बन्धी ग्रन्थ और विश्वकोश बनाने के काम सरकार को स्वयं अपने हाथ में नहीं लेना चाहिए। इस कार्य के साथ एक महत्त्वपूर्ण कार्य और है। वह है ऐतिहासिक अभिलेखों और फरमान आदि का प्रामाणिक हिन्दी रूपान्तर। अनुमानतः लगभग पाँच हजार अभिलेख और फरमान हिन्दी रूपान्तर के साथ प्रकाशित हो जाने चाहिए। इस कार्य को भी किसी संस्था के द्वारा करवाना उचित होगा। कुछ विश्वविद्यालयों को भी इन कार्यों में अग्रणी होना चाहिए। हमारे विश्वविद्यालयों में पिटे-पिटाये मार्ग पर चलने-चलाने की प्रवृत्ति ही जोरों पर है। समय आ गया है, जब उन्हें आर्थिक निर्मात्री-शक्ति और

उद्भाविनी वृत्ति का परिचय देना चाहिए।

यह जनता की कम-से-कम माँग है। यदि हम सचमुच भारतवर्ष की भाषाओं को उन्नत और समृद्ध बनाना चाहते हैं और अपने देशवासियों को देशी भाषाओं के माध्यम से शिक्षित और सुसंस्कृत बनाना चाहते हैं तथा देशी भाषा के द्वारा उनके झगड़ों का फैसला सुनाना चाहते हैं तो यह कम-से-कम करणीय कार्य है। मैं दृढ़ता के साथ कहना चाहता हूँ कि यह भारतीय जनता का जन्मसिद्ध अधिकार है। कोई सरकार इसकी उपेक्षा नहीं कर सकती। देश की जनता को अपनी भाषा में उच्चतर ज्ञान प्राप्त करने, कौशल सीखने और न्याय प्राप्त करने का जन्मसिद्ध अधिकार है। किसी कठिनाई का बहाना बनाकर इस अधिकार की उपेक्षा नहीं की जा सकती।

यहाँ यह उल्लेख आवश्यक है कि कई राज्यों की सरकारों ने उच्चस्तर के साहित्य-निर्माण में कुछ-कुछ योग भी दिया है। बिहार राष्ट्रभाषा परिषद् ने बिहार राज्य सरकार की सहायता से अनेक मूल्यवान ग्रन्थों का प्रकाशन कराया है। श्रद्धेय श्री शिवपूजन सहाय जी की तपस्या और सेवा ने इसे प्रथम श्रेणी का कार्य बना दिया है। मध्य प्रदेश की सरकार ने भी इस प्रकार एक शासन-साहित्य-परिषद् स्थापित की है, और आशा की जानी चाहिए कि वह भी महत्त्वपूर्ण साहित्य का प्रकाशन करेगी। उत्तर प्रदेशीय सरकार ने भी हिन्दी के श्रद्धेय साहित्य के प्रकाशन के लिए एक बड़ी योजना बनाई है। हिन्दी के श्रद्धेय साहित्यकार डॉ० सम्पूर्णानन्दजी की छत्रच्छाया में यह कार्य सुचारु रूप से सम्पन्न होगा, ऐसी आशा है। हमारी पुरानी संस्था नागरी-प्रचारिणी-सभा ने नवीन उत्साह के साथ बड़े-बड़े कार्यों को आरम्भ किया है। 'हिन्दी-शब्द-सागर' के संशोधन के लिए केन्द्रीय सरकार ने उसे एक लाख रुपये की सहायता दी है। सभा ने हिन्दी-साहित्य के बृहद् इतिहास की भी योजना बनाकर काम शुरू कर दिया है, जिसमें उसे अनेक राज्यों की सरकारों ने आर्थिक सहायता दी है। केन्द्रीय सरकार की सहायता से सभा ने आकर ग्रन्थमाला की योजना चालू की है और माननीय सेठ घनश्याम दासजी बिड़ला की सहायता से महत्त्वपूर्ण प्राचीन हस्तलेखों के प्रकाशन के लिए राजा बलदेव दास बिड़ला ग्रन्थमाला की भी योजना बनाई है। उत्तर प्रदेश सरकार की उदार सहायता से सभा ने 1926 ई० के बाद से पड़े हुए समुद्रित खोज-विवरणों की चार जिल्दें प्रकाशित कर दी हैं और आशा की जा रही है कि बाकी सामग्री के प्रकाशन के लिए उत्तर प्रदेश की सरकार से उसको उदार सहायता प्राप्त होगी। मुझे यह बताने में अत्यन्त हर्ष हो रहा है कि हस्तलिखित-ग्रन्थों की खोज को प्रोत्साहन देने के लिए उत्तर प्रदेश की सरकार ने वार्षिक सहायता की मात्रा ढाई गुनी अर्थात् दो हजार के स्थान पर पाँच हजार कर दी है। सभा का यह महत्त्वपूर्ण कार्य कई वर्षों से शिथिल पड़ गया था। अब उसमें कुछ तेजी आने लगी है। परन्तु यह

कार्य और भी बड़े पैमाने पर होना चाहिए। उत्तर प्रदेश की सरकार की सहायता से केवल उत्तर प्रदेश में ही ग्रन्थों की खोज की जा रही है। किन्तु अभी भी उत्तर प्रदेश के बाहर यह खोज का कार्य नहीं के बराबर हुआ है। विन्ध्यप्रदेश की सरकार की एक हजार की सहायता से सभा ने विन्ध्यप्रदेश में जो कार्य करवाया है, वह बहुत ही महत्त्वपूर्ण सिद्ध हुआ है। मुझे यह प्रसन्नता है कि विंध्यप्रदेश की सरकार ने इस सहायता को कुछ और बढ़ा देने का निश्चय किया है। हिन्दी साहित्य के इतिहास शोध और पुनर्गठन की दृष्टि से यह कार्य बहुत आवश्यक और महत्त्वपूर्ण है। बिहार राज्य की सरकार ने बिहार राष्ट्रभाषा परिषद् को सहायता देकर यह कार्य शुरू किया है; किन्तु मुझे ऐसा लगता है कि हस्तलिखित ग्रन्थों के विवरण लेने का कार्य एक ही केन्द्रीय संस्था द्वारा हो तो अच्छा है। संग्रह और सम्पादन का कार्य अलग-अलग राज्य करें तो उचित होगा, किन्तु जहाँ तक ग्रन्थों के विवरण लेने का प्रश्न है, वह यदि एक ही केन्द्रीय संस्था के द्वारा हो तो शोधकार्य को बहुत बल मिलेगा। मेरी दृष्टि में नागरी प्रचारिणी सभा इस कार्य के लिए सर्वाधिक अनुभवी और उपयुक्त संस्था है। वह सर्व भारतीय संस्था है, इसलिए उसके द्वारा हिन्दी राज्यों की सभी सरकारें आसानी से काम करा सकती हैं। राजस्थान से भी हस्तलिखित ग्रन्थों के कुछ महत्त्वपूर्ण विवरण प्रकाशित हुएं हैं, किन्तु मुझे ठीक पता नहीं कि राजस्थान की सरकार ने इसमें क्या सहायता की है। मैं समझता हूँ, इस कार्य को और अधिक उत्साह से बड़े पैमाने पर शुरू करना चाहिए। हमारी पुरानी संस्थाओं में हिन्दुस्तानी एकेडेमी भी महत्त्वपूर्ण साहित्य का प्रकाशन करती जा रही है। परन्तु मुझे इस बात का बड़ा दुःख है कि हमारा सबसे प्रमुख संगठन हिन्दी साहित्य सम्मेलन अभी भी मुकदमे के दलदल में फँसा हुआ है। हमें बड़े खेद के साथ कहना पड़ता है कि इस मामले में हम हिन्दी-भाषियों ने अपने-आपको दुनिया की दृष्टि में ऊँचा नहीं उठाया है। जैसे भी हो, हमें अपनी इस महत्त्वपूर्ण संस्था को इस दलदल से उबारना ही चाहिए। मुझे यह जानकर हर्ष हुआ है कि हमारे साहित्य के मनीषियों ने इस समस्या का हल करने का दृढ़ निश्चय कर लिया है, आशा करनी चाहिए कि इस विषय में साधारण हिन्दी जनता की सम्मिलित इच्छाशक्ति की विजय होगी, और सम्मेलन का मामला सुलझ जायेगा। जो सम्मेलन के भाग्य का फैसला मुकदमा लड़कर चाहते हैं, वे भी अपने ढंग से सम्मेलन का कल्याण ही चाहते होंगे, जिस हिन्दी-भाषी सामान्य जनता के सम्मिलित शुभ संकल्प और अपराजेय निष्ठा के बल पर सम्मेलन शक्तिशाली संस्था है, वह निश्चित रूप से चाहती है कि सम्मेलन की शक्ति छोटे-छोटे झगड़ों में समाप्त न होकर देश के लिए कल्याणजनक रचनात्मक कार्यों में लगे। आज का प्रत्येक दिन अत्यन्त मूल्यवान है। आपसी झगड़ों में हम जितना भी समय नष्ट कर रहे हैं, वह हमारी प्रगति को अधिक से अधिक पीछे ढकेल रहा है। आशा की जाए कि अंग्रेजी नये वर्ष का प्रथम दिन

सम्मेलन के दुर्दिन के अवसान का दिन होगा।

यद्यपि सम्मेलन पर ग्रहण लगा हुआ है, तथापि वह कुछ महत्त्वपूर्ण कार्यों का संचालन अब भी किए जा रहा है। यह प्रसन्नता की बात है कि सम्मेलन ने एक अच्छा अंग्रेजी हिन्दी का वृहत कोश इसी बीच तैयार कराया है। वस्तुतः हिन्दी में कोश-रचना का कार्य अब भी बाल्यावस्था में ही है। इस प्रसंग में हमें इस बात का उल्लेख करते हुए हर्ष हो रहा है कि हमारे वयोवृद्ध कोशकार श्री रामचन्द्रजी वर्मा ने हिन्दी-पर्याय-मालाओं का कार्य आरम्भ किया है, जो बहुत उपयोगी है। उनकी 'शब्द साधना' नाम की पुस्तक अभी प्रकाशित हुई है। इस वृद्धावस्था में स्वास्थ्य ठीक न रहने पर भी वर्माजी जिस उत्साह से कार्य कर रहे हैं, वह अनुकरणीय है। मेरा विचार है कि वर्माजी को उत्साह-परायण नवयुवकों और आवश्यक द्रव्य की सहायता देकर यथाशीघ्र ही यह विशाल कार्य पूरा कर लेना चाहिए। केन्द्रीय सरकार ने साहित्य अकादमी की स्थापना करके सम्पूर्ण भारतीय साहित्य के प्रकाशित ग्रन्थों की सूची बनाने का कार्य आरम्भ किया है, जो निस्सन्देह अभिनन्दनीय है। अकादमी विभिन्न भारतीय भाषाओं को एक-दूसरे के निकट लाने का जो प्रयत्न कर रही है वह श्लाघ्य है। हिन्दी-भाषी क्षेत्र के बाहर 'दक्षिण भारत हिन्दी प्रचार सभा', 'राष्ट्रभाषा-प्रचार समिति' आदि महत्त्वपूर्ण गैर-सरकारी संस्थानों ने बहुत ही प्रशंसनीय कार्य किये हैं। यह संतोष की बात है कि हिन्दी प्रचार के साथ ये संस्थाएँ तत्तद् प्रदेशों में प्रादेशिक भाषाओं के साहित्य के उन्नयन और शोध का प्रयास भी कर रही हैं। हिन्दी-भाषी प्रान्त के बाहर कई विश्वविद्यालयों ने हिन्दी को अनिवार्य या ऐच्छिक विषय बनाया है। कलकत्ता, विश्व-भारती, पूना, बम्बई और हैदराबाद आदि विश्वविद्यालय तो इस विषय में सबके अगुआ ही हैं। इस प्रकार प्रसार की दृष्टि से हिन्दी का काम थोड़ा बहुत आगे ही बढ़ा है। परन्तु इससे हिन्दी की आवश्यकताएँ और भी बढ़ गई हैं और हमारा प्रयत्न दारिद्र्य और नग्न रूप में प्रकट हुआ है। यह समय है जब हिन्दी अध्यापकों और शोधप्रिय छात्रों को अक्लान्त भाव से काम करने की आवश्यकता है।

एक और आवश्यक और विचारणीय विषय की ओर मैं आपका ध्यान आकृष्ट करना चाहता हूँ। ज्यों-ज्यों हिन्दीतर प्रान्तों के विद्यार्थी विश्वविद्यालयों की उच्चतर शिक्षा प्राप्त करने के लिए अग्रसर होते जा रहे हैं त्यों-त्यों यह स्पष्ट होता जा रहा है कि ऐसे विद्यार्थियों के लिए हिन्दी की अनेक उपभाषाओं के साहित्य को पढ़ाना कठिन होता जा रहा है। वस्तुतः उन्हें हिन्दी के नाम पर कई ऐसी भाषाएँ पढ़नी पड़ती हैं जिनमें हिन्दी-भाषी विद्यार्थी तो पूर्ण परिचित होता है, लेकिन अहिन्दी-भाषी के लिए वे बहुत-कुछ नवीन भाषा के रूप में सामने आती हैं। मेरे एक दक्षिण भारतीय विद्यार्थी ने बताया है कि आपके विश्वविद्यालयों में हमें अनेक भाषाएँ हिन्दी के नाम पर सीखनी पड़ती हैं। मुझे

ऐसा लगता है कि गैर हिन्दी-भाषी विद्यार्थियों के लिए एक ऐसा पाठ्यक्रम निश्चित होना चाहिए जिसमें खड़ी बोली के साहित्य का प्राधान्य हो। हमारी अन्य उपभाषाओं के पूर्ववर्ती साहित्य का ज्ञान उन्हें हिन्दी साहित्य के इतिहास और आलोचना सम्बन्धी ग्रन्थों के माध्यम से ही करना चाहिए।

आज आलस्य छोड़कर काम करने की आवश्यकता है। आपके सामने होनहार विद्यार्थी हैं जो काम चाहते हैं, इस समान जनशक्ति को उपयोगी कामों में लगाना आवश्यक है। विश्वास के साथ और दृढ़ता के साथ यदि हम काम करना चाहें तो संसार में कुछ भी असाध्य नहीं है। मैं हिन्दी को संसार की श्रेष्ठ भाषाओं के समकक्ष बनाने के कार्य को बिल्कुल ही असाध्य नहीं मानता। यदि यह असाध्य भी होता तो भी हमें करना तो पड़ता ही। हमारे सौभाग्य से हमें संस्कृत भाषा की अपार निर्मात्री शक्ति प्राप्त है। देशी भाषाओं में हजारों की संख्या में ऐसे अर्थप्रसू शब्द हैं, जो अन्यत्र मिलना सम्भव नहीं है। कोई कारण नहीं कि हम अपनी भाषा को संसार की श्रेष्ठ भाषाओं के समकक्ष न बना सकें। इस महान देश के निवासी हैं और महान साहित्य और सांस्कृतिक परम्परा के उत्तराधिकारी हैं। हम हार मानने को तैयार नहीं हैं—

**उत्थातव्यं जागृतव्यं योक्तव्यं भूतिकर्मसु।**
**भविष्यतीत्येव मनः कृत्वा सतनमव्यथैः॥**

उठो जागो; कल्याणमय कर्मों में जुट जाओ। बिलकुल परेशान हुए बिना, मन में हमेशा यही सोचो कि यह मंगल कार्य होकर ही रहेगा।*

●

* भारतीय हिन्दी परिषद् के नागपुर अधिवेशन के अध्यक्षीय पद से दिया गया भाषण।

# भारतीय संस्कृति के मूल स्रोत—वेद

मनुष्य के सामने प्रतिदिन कर्तव्यों के ग्राह्यत्व या अग्राह्यत्व के संबंध में प्रश्न उठते रहते हैं। मनुष्य उनमें से किसी को ग्रहण करता है, किसी का त्याग करता है। ग्रहण करते समय चाहे प्रच्छन्न या अज्ञात रूप में ही क्यों न हो, उसके चित्त में जीवन-चर्या के मूल्यों या मानों का प्रश्न उठता रहता है। जो मूल्य उसे अधिक वजनदार मालूम होते हैं, उन्हें वह स्वीकार करता है, जो कम वजनदार होते हैं, उनकी ओर से उसकी वितृष्णा होती है। यह और बात है कि उसका निर्णय सब समय ही ठीक नहीं रहता। यदि उसने कम वजनदार चीज को ज्यादा मूल्य दिया, तो कहा जाता है कि उसमें समझ की कमी है या वह मूढ़ या मूर्ख है। मूढ़ वह होता है, जो समझता हुआ भी किसी गलत आदर्श या उद्देश्य के प्रति पक्षपात या मोह का पोषण करता है और मूर्ख वह होता है, जो अज्ञान या नासमझी के कारण किसी बात के यथार्थ स्वरूप को न जानकर गलत मूल्य आँका करता है। नन्दिनी के लिए प्राण देने वाले राजा दिलीप को जब सिंह ने 'विचार-मूढ़' कहा था, और यह बताना चाहा था कि थोड़े मूल्य वाली वस्तु के लिए अधिक मूल्यवान वस्तु का त्याग करना विचारमूढ़ता कहा जाता है—**'स्वल्पस्य हेतोबहुहातुमिच्छन् विचारमूढः प्रतिभासि मे त्वम्'**—तो उसके मन में इसी प्रकार के विचार काम कर रहे थे। दिलीप के लिए अपनी रक्षितव्या गाय को बचाने के लिये अपने आपको बलि देना ज्यादा मूल्यवान कर्त्तव्य था। और सिंह की दृष्टि में राजा अपने शरीर की रक्षा करके गाय को नष्ट हो जाने देना अधिक मूल्य रखता था। एक ही प्रश्न पर दोनों की दृष्टियाँ बिल्कुल विपरीत दिशा को जा रही थीं। इस प्रकार जीवन-मूल्यों या मानों के विषय में बराबर ही द्वन्द्व उपस्थित होते रहते हैं और मनुष्य किसी-न-किसी प्रकार उसका निर्णय भी करता रहता है। जिस मनुष्य का चित्त निर्मल और शुद्ध होता है, उसका निर्णय उत्तम होता है। उसी को हम सुसंस्कृत मनुष्य कहते हैं। भारतवर्ष में दीर्घकाल के दार्शनिक विचार और धार्मिक आचरणों ने समस्त भारतीय मनुष्यों के चित्त में एक विशेष प्रकार के संस्कार उत्पन्न किए हैं, जिनके कारण इस देश का प्रत्येक मनुष्य जीवन-मूल्यों का निर्णय करने वाली एक विशेष दृष्टि का अन्य दृष्टियों की अपेक्षा अधिक सम्मान करता है। विचारगत मूढ़ता के कारण अर्थात् विवेक और वैराग्य के

अभाव में छोटे मूल्यों के प्रति आसक्ति के कारण वह गलत आचरण अवश्य कर जाता है, परन्तु उसके चित्त में कोई सन्देह नहीं रहता कि मूल ग्रहणीय कर्तव्य का पालन करना सम्भव नहीं हो पाता और अनुचित कर्त्तव्य का ठीक परिज्ञान होते हुए भी वह अनुचित कार्य कर जाता है। उचित और अनुचित की ठीक-ठीक मीमांसा कर सकने वाली मनोवृत्ति को विवेक कहते हैं। किन्तु केवल विवेकज्ञान मात्र से मनुष्य ठीक कर्त्तव्य का पालन नहीं कर पाता। दुर्योधन के नाम पर एक श्लोक प्रचलित है जिसका भावार्थ यह है कि—'हे हृषीकेश, धर्म को मैं जानता तो हूँ, परन्तु धर्म-युक्त आचरण के प्रति मेरे चित्त में प्रवृत्ति नहीं होती। अर्थात् समझ-बूझकर भी जो कर्त्तव्य है, उसका आचरण मैं नहीं कर सकता। इसी प्रकार अधर्म को जानते हुए भी मैं अधर्मयुक्त कार्यों से विरत नहीं हो पाता। हृदय के अन्तराल में बैठकर तुम जैसा कराते हो, वैसा ही करता हूँ।''

**जानामि धर्मं न च मे प्रवृत्तिः**
**जानाम्यधर्मं न च मे निवृत्तिः।**
**त्वया हृषीकेश हृदिस्थितेन**
**यथा नियुक्तोऽस्मि तथा करोमि॥**

इस प्रकार सत् या असत् की या धर्म या अधर्म की उचित मीमांसा करने वाले विवेकी लोग भी सब समय यथोचित कर्त्तव्यों का पालन नहीं कर पाते। शास्त्र में बताया गया है कि विवेक के साथ-साथ चित्त में वैराग्य का भी उदय होना चाहिए। जब सत् और असत् का ज्ञान हो जाए, तो असत् को त्याग करने की वृत्ति आती है, उसको वैराग्य कहते हैं। परन्तु यह वैराग्य यदि एक दिन में ही उदित होकर विलीन हो जाए, तो उसे श्मशान वैराग्य कहते हैं। श्मशान में जाकर प्रत्येक व्यक्ति को यह अनुभव होता है कि जिन्दगी का कोई ठिकाना नहीं है, सुखभोग अनित्य और नश्वर है, परन्तु यह वैराग्य क्षणिक और अस्थायी होता है। निरन्तर अभ्यास के बाद मनुष्य मनोवृत्तियों को असत् आचरण की ओर जाने से रोक पाता है। अर्जुन ने भगवद्गीता में भगवान से कहा था कि ''मन बड़ा चंचल है और उसका निग्रह करना उसी प्रकार कठिन है, जैसे आँधी का रोकना।'' इस पर भगवान श्रीकृष्ण ने बताया था कि वैराग्य और अभ्यास से इस कठिन कार्य को किया जा सकता है—

**''अभ्यासेन तु कौन्तेय वैराग्येण च गृह्यते।''**

हमारे शास्त्रों में विवेक-प्राप्ति दर्शन और अध्यात्म विद्या का विषय बताया गया है और अभ्यास और वैराग्य धर्माचरण का।

दर्शनशास्त्र में नाना युक्तियों के सहारे सत् और असत् के स्वरूप का विवेचन किया जाता है, धर्म-शास्त्र में सत् वस्तु के आचरण की विधियाँ बताई

जाती हैं और असत् वस्तु से विरत होने के उपाय बताए जाते हैं। इस प्रकार दर्शन और धर्म-शास्त्र जीवन के विभिन्न विचारों और आचारों के मूल्य के निर्णय और पालन के निर्देष्टा शास्त्र हैं।

हमारे देश का साहित्य बड़ा विपुल और विशाल है। समस्त आस्तिक कहे जाने वाले दर्शनों और धर्मशास्त्रों का मूल प्रेरणा-स्रोत वैदिक साहित्य है। वेद और वैदिक साहित्य शब्दों का व्यवहार थोड़ा भिन्न अर्थों में किया जाता है। वेद हमारे सबसे प्राचीन और सबसे पवित्र माने जाने वाले ग्रन्थ हैं। 'वेद' शब्द का व्युत्पत्तिलभ्य अर्थ 'ज्ञान' है, वेद अर्थात् चरम ज्ञान। परन्तु 'वेद' कहने से 'कुरान' की भाँति किसी एक धर्म-ग्रन्थ का बोध नहीं होता और न 'बाइबिल' की तरह एक समय के अनेक सन्तों की वाणियों के संकलन का ही बोध होता है। वेद एक सम्पूर्ण साहित्य है—और जैसा कि विंटरनित्स ने कहा है—वह एक 'होल ग्रेट लिटरेचर' का बोध कराता है। आधुनिक विद्वान नाना कारणों से एक ऐसे शब्द का व्यवहार करते हैं, पुराने आचार्यों के उन सम्पूर्ण ग्रन्थों का बोध हो जाए, जिन्हें वे 'श्रुति' या अपौरुषेय ज्ञान मानते हैं। यह शब्द है वैदिक साहित्य। वेद कहने से चार मूल संहिताओं का बोध होता है, जब कि वैदिक साहित्य कहने से इन चार संहिताओं के अतिरिक्त और भी साहित्य का बोध होता है। वैदिक साहित्य में निम्नलिखित ग्रन्थ समाविष्ट हैं—

(1) ऋक् (ऋच्), यजुः (यजुष्), साम (सामन्), अथर्व (अथर्वन्) नाम की चार संहिताएँ। इन्हें ही मूल वेद कहते हैं। इनके लोक-प्रचलित नाम हैं—ऋग्वेद, यजुर्वेद, सामवेद, अथर्ववेद।

(2) ब्राह्मण ग्रन्थ गद्य में लिखे गए हैं और यज्ञ-विधियों को बताने वाले कर्मकाण्ड ग्रन्थ हैं। प्रत्येक ब्राह्मण किसी-न-किसी वेद से सम्बद्ध है। मुख्य ब्राह्मण ये हैं—ऐतरेय और शंखायन (ऋग्वेद के), तैत्तिरीय (कृष्ण यजुर्वेद का) और शतपथ (शुक्ल यजुर्वेद का); ताण्ड्य या पंचविंश और तवल्कार या जैमिनीय (सामवेद का); और गीपथ (अथर्ववेद का)।

(3) आरण्यक और उपनिषद्। बहुत से आरण्यक ब्राह्मणों के अन्तिम भाग हैं और आरण्यकों के अन्त में उपनिषद् (रहस्य ग्रन्थ) हैं। परन्तु उपनिषदों की संख्या अनेक है। बहुत-सी तो बहुत बाद में लिखी गई हैं, परन्तु बारह उपनिषदें प्राचीन मानी जाती हैं। ये हैं—ऐतरेय और कौशीतकी (ऋग्वेद)। छान्दोग्य और केन (सामवेद), तैत्तिरीय, कठ और श्वेताश्वतर (कृष्ण यजुर्वेद); वृहदारण्यक और ईश (शुक्ल यजुर्वेद); प्रश्न, मुण्डक और माण्डूक्य (अथर्ववेद)। इसमें भी दस का अधिक सम्मान है—**'ईश-केन-कठ-प्रश्न-मुण्ड-माण्डूक्य तित्तिरः। ऐतरेयं च छान्दोग्यं बृहदारण्यकं तथा'**।

ऋग्वेद-संहिता (या (संक्षेप में ऋग्वेद) में सब मिलाकर 1028 सूक्त हैं और प्रत्येक सूक्त में कई ऋच् (ऋक्) या ऋचाएँ हैं। ऋच् अर्थात् पद्य। ऋग्वेद

की कई शाखाएँ थीं, जिसमें केवल एक ही प्राप्य है। शाकल ऋषि की शाखा के रूप में आजकल ऋग्वेद प्राप्त है। इसमें 1028 सूक्त दस मंडलों में विभक्त हैं। ऋक् प्रातिशाख्य के अनुसार शाकल की शाखा ही मुख्य और आदि शाखा है। ऐतरेय ब्राह्मण में (14-5) इसके बारे में कहा गया है कि इसका जैसा आदि है वैसा ही अन्त है; और अन्त वैसा ही आदि है। सर्प की भाँति इसकी गति में एकरूपता है; कोई इसकी गति में भेद नहीं कर सकता। इन बातों से जान पड़ता है कि शाकल की शाखा ही प्रधान रही है। यह सबसे प्राचीन भी है। एक दूसरी शाखा वाष्कल की है, जो केवल बाह्य आकार से विभाजन मात्र में भिन्न है। वाष्कल ने असल में इसी शाखा को अष्टकों, अध्यायों और वर्गों में विभक्त किया है। दोनों प्रकार के विभाग प्रचलित हैं, पर शाकल वाला ही व्यवहार में आता है। 'शाखा' शब्द का अर्थ यहाँ सम्पूर्ण ग्रन्थ का एक अंग नहीं है, बल्कि इसका मतलब एक तरह से पाठ और क्रम आदि से है। विभिन्न ब्राह्मण-वंशों में ये संहिताएँ कुछ-कुछ पाठ-भेद क्रम के हेर-फेर से संकलित हुई थीं। उन्हीं का नाम शाखा है। आजकल का संस्करण शब्द इसके निकट जाता है। इस प्रकार शाकल शाखा का मतलब हुआ उस विशेष वंश या सम्प्रदाय का संस्करण। भाषा और विषय के अनुसार जिन लोगों ने ऋग्वेद का अध्ययन किया है, उनका कहना है कि शाकल शाखा के ऋग्वेद के दूसरे से सातवें मंडल तक सूक्त अपेक्षाकृत पुराने हैं। इन्हें यूरोपियन पंडितों ने 'फेमिली बुक्स' कहकर परिचित कराना चाहा है। क्योंकि इन मण्डलों में गृत्समद, विश्वामित्र, वामदेव, अत्रि, भरद्वाज और वशिष्ठ नामक ऋषियों और उनके गोत्रजों के साक्षात्कृत मन्त्र हैं। भारतीय विश्वास के अनुसार ये ऋषि मन्त्रों के द्रष्टा हैं, रचयिता नहीं। अर्थात् उन्होंने योग और तप के बल से इन मंत्रों का प्रथम बार दर्शन या साक्षात्कार किया था। ये मंत्र स्वयं अनादि हैं। आजकल के विद्वान इन्हें रचयिता मानने लगे हैं। हम आगे इन्हें रचयिता ही कहेंगे। आठवें मण्डल में कण्व, अंगिरस और उनके वंशधर ऋषि या जैसा कि आधुनिक पंडित बताते हैं, कण्व और अंगिरस जाति (रेस) के गायकों के बनाए सूक्त संगृहीत हैं। अनुक्रमणी में प्रथम, नवम और दशम मण्डल के रचयिताओं के नाम दिए हुए हैं, जिनमें कई महिलाएँ भी हैं। परन्तु इन नामों के सिवा इन ऋषियों का और कोई परिचय नहीं मिलता। पुराण-इतिहास की सहायता से ही कुछ-कुछ इनका परिचय मिल सकता है।

ऋग्वेद की कुछ हस्तलिखित प्रतियों में 'खिल' परिशिष्ट जुड़े हुए मिलते हैं। अष्टम मण्डल के अन्त में तो सभी प्रतियों में 'बालखिल्य' सूक्त मिलता है, जिसे आधुनिक पंडित पुराना मानते हैं। ग्यारह सुवर्ण सूक्त भी काफी पुराने हैं। पर कोई नहीं जानता कि ये पुराने सूक्त मूल संहिताओं में क्यों नहीं गृहीत हुए। कुछ विद्वानों का अनुमान है कि संहिताओं के संकलित और सम्पादित होने के बाद ये सूक्त किसी अन्य परम्पराओं से स्मरण करके परिशिष्ट रूप में जोड़ दिए गए हैं।

'शिव-संकल्प' नामक खिल बाकायदा एक उपनिषद् है। इसका (1-13) प्रारम्भिक भाग पुराना बताया जाता है, बाकी परवर्ती।

सामवेद संहिता की कभी अनेक शाखाएँ थीं। पुराणों में कई सहस्त्र सामवेदी शाखाओं की चर्चा है। अब केंवल तीन का ही पता चलता है। सबसे उत्तम संस्करण कौथुभों की शाखा का है। इस चरण व्यूह में महीदास ने लिखा है कि सामवेद की सोलह शाखाओं में से केवल तीन ही बची हुई हैं—कौथुभी गुजरात में, जैमिनीय कर्नाटक देश में, राणायनीया महाराष्ट्र में। परन्तु इन दिनों सामवेद की सभी प्रकाशित पुस्तकें कौथुभी शाखा की ही हैं। शायद यही पुरानी शाखा भी है। कौथुभी शाखा के सामवेद के दो भाग हैं। आर्चिक अर्थात् ऋचाओं का संग्रह और उत्तरार्चिक अर्थात् परवर्ती ऋचाओं का संग्रह। दोनों भागों में कुछ ऋचाएँ समान हैं। सब मिलाकर 1810 ऋचाएँ हैं, जिनमें से ऐसी ऋचाओं की संख्या आदि घटा दी जाएँ जो दोनों में आती हैं तो उनकी पूरी संख्या 1549 होगी। इसमें प्राय: सभी ऋग्वेद में मिल जाती हैं, केवल 75 ऋचा या पद्य ऐसे हैं, जो ऋग्वेद में नहीं मिलते। साधारणत: सामवेद की ऋचाएँ ऋग्वेद के आठवें और नवें मण्डल से ही गृहीत हुई हैं। अधिकांश ऋचाएँ गायत्री छंद में हैं या प्रगाथा छन्द जो गायत्री और जगती का मिश्रण है—में हैं। दोनों छन्दों के नाम 'गै' धातु से बने हैं, इसलिए अनुमान किया जा सकता है कि दोनों ही छन्द शुरू-शुरू में गाने के लिए ही व्यवहृत होते होंगे, और सामवेद वस्तुत: गान का ही वेद है। 75 पद्य जो ऋग्वेद में नहीं मिलते, दूसरी संहिताओं या ब्राह्मण में मिल जाते हैं। ऋग्वेद की कुछ ऋचाएँ सामवेद के कुछ पाठान्तर के साथ मिलती हैं और कुछ आधुनिक पण्डितों का अनुमान है कि वे ऋग्वेद से भी पुरानी भाषा के नमूने हैं, पर अन्य विद्वानों ने इसका खण्डन किया है। यही अधिक सम्भव जान पड़ता है कि ऋग्वेद की ऋचाओं को सामवेद के अनुकूल करने के लिए थोड़ा पाठ बदल दिया गया है। यज्ञ का उद्‌गाता सामवेद के मन्त्रों का गान करता है।

आर्चिक में 585 ऋचायें हैं। विण्टरनित्स ने लिखा है कि यूरोपियन लोग आजकल कहते हैं कि यह पद अमुक सुर (ट्यून) में गाया जाता है, भारतीय इससे ठीक उल्टा कहते हैं कि अमुक राग (मेलोडी) या सुर (ट्यून) जिसे वह सामन् = (साम) कहता है, अमुक पद्य में पाया जाता है। इसीलिए पुराना भारतवासी पद्य को 'साम' की योनि कहता है, योनि अर्थात् उत्पत्ति-स्थल। इस प्रकार आर्चिक 585 साम-योनियों का संग्रह है। विंटरनित्स ने कहा है कि इसकी तुलना एक ऐसी गान-पुस्तक से की जा सकती है, जिसमें के गान केवल एक ही पद्य, लय या सुर की याद दिलाने के लिए संगृहीत होते हैं। दूसरी ओर उत्तरार्चिक ऐसी गान पुस्तक से तुलनीय हो सकता है, जिसमें पूरे गान संगृहीत होते हैं और यह मान लिया गया होता है कि इनके लय और सुर

पहले से ही जान लिये गये हैं। वैसे आर्चिक में ऐसे अनेक सुर बताए गए हैं, जिनका उत्तरार्चिक में कोई उदाहरण नहीं है और उत्तरार्चिक में भी ऐसे गान हैं, जिनके लिए आर्चिक में कोई सुर नहीं बताए गए, पर स्पष्ट है कि उद्गाता की शिक्षा के लिए आर्चिक की जानकारी आवश्यक है, इसे जानकर ही वह उत्तरार्चिक के स्तोत्रों को ठीक-ठीक गा सकता है। उत्तरार्चिक में 400 गानों का संग्रह है, जिसमें वह श्लोक (स्तोत्र) भी सम्मिलित हैं, जिन्हें उद्गाता गाया करता था। अधिकांश गान तीन-तीन ऋचाओं के हैं। आर्चिक में ऋचाएँ कुछ तो छन्दों के अनुसार और कुछ सम्बोधित देवताओं के अनुसार सजाई गई हैं, पर उत्तरार्चिक में प्रधान-प्रधान यज्ञों के अनुसार सजाई गई हैं—

यजुर्वेद अध्वर्युवेद कहलाता है। पतंजलि ने महाभाष्य में बतलाया है कि इसकी 101 शाखाएँ थीं। यज्ञ में अध्वर्यु लोग यजुर्वेद के मन्त्रों का पाठ करते हैं। इस वेद की पाँच शाखाएँ या पाँच विभिन्न पाठ प्राप्त हैं—

1. काठक अर्थात् कठ लोगों की सँहिता।

2. कपिष्ठल-कठ संहिता, कुछ थोड़े से छिन्न और अपूर्ण हस्तलिपियों में ही प्राप्त हुई है।

3. मैत्राणी-संहिता, अर्थात् मैत्रायणीय संप्रदाय की संहिता।

4. तैत्तिरीय-संहिता या आपस्तम्ब संहिता।

इन चारों में परस्पर बहुत साम्य है। इन्हें कृष्ण यजुर्वेद (काला यजुर्वेद) की शाखा कहते हैं।

5. वाजसनेयी-संहिता शुक्ल यजुर्वेद की संहिता कहलाती है। इसका नाम याज्ञवल्क्य वाजसनेय के नाम पर पड़ा है। यही इस शाखा के आदि आचार्य थे। इनकी भी दो शाखाएँ प्राप्त हैं, कण्व और माध्यन्दिनीय। दोनों में अन्तर बहुत कम है। माध्यन्दिनीय शाखा पुरानी मानी जाती है। उसी का प्रचार भी अधिक है। आधुनिक पंडितों का विश्वास है कि इसके 40 अध्यायों में अन्तिम 15 (या 22) परवर्ती हैं, प्रथम भाग पुराना है।

अथर्ववेद संहिता या संक्षेप में अथर्ववेद अथर्वन् लोगों के वेद का नाम है। 'अथर्वन्' शब्द बहुत पुराना है और ऐसा अनुमान किया गया है कि शुरू-शुरू में यह अग्नियाजक पुरोहितों के लिए व्यवहृत होता था, फिर साधारण पुरोहित रूप में भी व्यवहृत होता रहा होगा, अवेस्ता में भी अग्नियाजक पुरोहितों के लिए इस शब्द का व्यवहार है, विंटरनित्स ने लिखा है कि इस शब्द का व्यवहार टोना-टोटका, यन्त्र-मन्त्र करने वाले पुरोहितं के लिए होने लगा था। किसी समय देवता के आवाहक पुरोहित का काम ही टोना-टोटका, दवादारू, यन्त्र-मन्त्र भी था; आज भी आदिम जातियों के पुरोहितों में यह बात पाई जाती है। 'अथर्वन्' ऐसे ही आदिम कालीन पुरोहित रहे होंगे। धीरे-धीरे सभी जातियों के देवता के

आवाहक (होता) पुरोहित अलग हो जाते हैं और भूत, प्रेत से ओझाई करने वाले, टोना-टोटकावाले यन्त्र-मन्त्र वाले अलग हो जाते हैं। सभी जातियों में प्रथम श्रेणी के पुरोहित अपने को श्रेष्ठ समझने लगते हैं और समाज में भी उनका मान बढ़ जाता है और दूसरी श्रेणी के पुरोहित हीन माने जाने लगते हैं। कारण स्पष्ट है। एक उत्तम आत्मा (देवता) के आवाहक होते हैं और दूसरे अधम आत्मा (भूत-प्रेत) के। अथर्वन् में दोनों का मिलित पूर्ववर्ती रूप है।

परन्तु पूरा नाम 'अथर्वांगिरस' (अथर्ववेद 10 । 7। 20) अर्थात् अथर्वन् और अंगिरस लोगों की संहिता है। अथर्वन् में जिस प्रकार के मन्त्र-तन्त्र का विचार है; के शुभ फलदायक होते हैं और अंगिरस मारण-उच्चाटन आदि अमंगल फल-दायक। उदाहरणार्थ अथर्वन् में रोग-विमुक्ति के मन्त्र हैं तो अंगरस में शत्रुनाशन, मारण आदि के। इसलिए अथर्ववेद के पूरे और पुराने नाम में इन दोनों प्रकार के शुभाशुभ मन्त्र-तन्त्रों का संग्रह है। किसी समय इस वेद की नौ शाखाएँ प्रसिद्ध थीं, किन्तु इस समय सब नहीं मिलतीं। पिप्पलाद और शौनक ये दो शाखाएँ प्रचलित हैं। इनमें भी शौनक शाखा ही सुसंपादित है। पूरा वेद बीस काण्डों में विभक्त है, जिसमें इस आथर्वण और आंगिरस बताए जाते हैं। शौनक शाखा में 731 काण्ड हैं, जिनमें छह हजार के आसपास सूक्त हैं। पैम्पलाद शाखा में 19 ही काण्ड हैं, किन्तु गोपथ ब्राह्मण में बीस काण्ड वाले वेद की चर्चा है। केसल में बीसवें काण्ड के सभी मन्त्र ऋग्वेद से गृहीत हैं, इसके अतिरिक्त भी बहुत से मन्त्र ऋग्वेद से लिए गए हैं। विद्वानों ने हिसाब लगाकर देखा है, बीसवें काण्ड के अतिरिक्त अथर्ववेद का लगभग सातवाँ हिस्सा ऋग्वेद से लिया गया है। अधिकांश गृहीत मन्त्र ऋग्वेद के दशम मण्डल से और कुछ प्रथम और कुछ अष्टम से भी लिये गये हैं। कुछ विद्वानों ने यह भी बताना चाहा है कि अथर्ववेद की भाषा से परवर्ती है, पर दूसरे विद्वानों ने इस बात को नहीं माना है। वस्तुतः इस प्रकार की बात का कोई अर्थ नहीं होता; क्योंकि ऋग्वेद की भाषा एक काल की नहीं है और न अथर्ववेद की भाषा ही किसी एक काल की है। बहुत से मन्त्र अथर्ववेद में ऐसे हैं, जो ऋग्वेद के कई मन्त्रों से प्राचीन हैं। बहुत से बाद के भी हो सकते हैं। परन्तु इस पर से कई साधारण सूत्र नहीं बनाया जा सकता। कुछ लोग अथर्ववेद को आसुरी विद्या मानते हैं और इसे बराबर वेदत्रयी से अलग बताए जाने का यही कारण बताते हैं।*

इस बात को अस्वीकार नहीं किया जा सकता कि हिन्दुओं के पवित्र साहित्य में पुराने जमाने से ही अथर्ववेद की स्थिति कुछ विचित्र है। त्रयी विद्या में ऋक् यजुष् और साम का ही उल्लेख आता है। कभी-कभी तो साफ मालूम होता है कि अथर्ववेद की जान-बूझकर उपेक्षा की गई है। शंखायन गुह्य-सूत्र

---

* असुर इण्डिया, पृ० 51-71

(1-24-8) में ब्रह्मचारी के उद्‌बोध के लिए ऋक्, यजुष् साम, वाक्योक्त और इतिहास-पुराण तक की आवश्यकता समझी गई है, पर अथर्ववेद का नाम नहीं लिया गया है। बौद्ध ग्रन्थों में तीन वेदों की चर्चा है। बाद में ऋक् (पद्य) साम (गान), यजुष् (गद्य) ऐसा अर्थ करके चारों वेदों में त्रयी का ही विस्तार बताकर सामंजस्य स्थापित कर लिया गया है। कभी-कभी ज्ञान, कर्म, उपासना तीनों विद्या (त्रयी) बताकर चारों वेदों में इनका अन्तर्भाव बता दिया गया है।* ऐसा जान पड़ता है कि अथर्ववेद में कुछ जादू-टोटके आदि आर्येतर उपादान अवश्य हैं, जिनके कारण इस वेद पर शुरू से थोड़ा उपेक्षाभाव रह गया है।

संहिताओं के बाद का महत्त्वपूर्ण साहित्य ब्राह्मण-ग्रन्थ हैं। इनमें यज्ञ-विधियों का विस्तारपूर्वक वर्णन है। कोई क्रिया क्यों और कैसे की जानी चाहिए, इस पर भी चर्चा है। साधारण पाठक के लिए इन ग्रन्थों में सरसता नहीं है। पर ऐतिहासिक दृष्टि से और सामाजिक तथा धार्मिक विकास के अध्ययन के लिए इन ग्रन्थों में विशेष सामग्री मिलती है। विभिन्न वेदों के मुख्य-मुख्य ब्राह्मणों की चर्चा पहले की जा चुकी है, यहाँ संक्षेप में इनका परिचय दिया जा रहा है।

(1) ऐतरेय ब्राह्मण ऋग्वेद का ब्राह्मण है। यह इतरा (शूद्रादासी?) के पुत्र महीदास की रचना कहा गया है। इसमें चालीस अध्ययन हैं, जो पंचकों में बँटे हैं। प्रधानतः इसमें सोम और राजसूय यज्ञों का विवरण है। किसी-किसी ने इसके अंतिम दस अध्यायों को परवर्ती रचना माना है, पर इस विषय में किसी को सन्देह नहीं कि इसकी भाषा अन्य ब्राह्मणों की भाषा से प्राचीन है। कौशीतकी या शांख्यायन ब्राह्मण भी ऋग्वेद का ही ब्राह्मण है और ऐतरेय ब्राह्मण से बहुत-कुछ मिलता भी है। इसमें तीस अध्ययन हैं। आधुनिक पण्डित तो ऐतरेय को एक से अधिक की रचना मानते हैं; पर कौशीतकी या शांख्यायन को एक व्यक्ति की ही रचना मानते हैं।

(2) तांड्य या पंचविंश ब्राह्मण सामवेद का ब्राह्मण है। नाम से ही इसके 25 अध्यायों की सूचना है। इसमें एक विशेष समाजशास्त्रीय अध्येताओं के आकर्षण की बात यह है कि व्रात्यों को समाज में ग्रहण करने के लिए यज्ञ-विधि का उल्लेख है। व्रात्यों की चर्चा पहले ही की जा चुकी है। षड्‌विंश ब्राह्मण नामक एक दूसरा ब्राह्मण वस्तुतः इससे अभिन्न है। उसमें केवल एक अध्याय 'अद्‌भुत ब्राह्मण' नाम से अधिक है जिसे शकुन बताने वाला वेदांग जातीय ग्रन्थ कहा गया है। सामवेद का दूसरा महत्त्वपूर्ण ब्राह्मण जैमिनीय है, जो तांड्य से पुराना माना जाता है। धार्मिक और पौराणिक कहानियों के विवरण के अध्ययन की दृष्टि से यह बहुत महत्त्वपूर्ण ग्रन्थ है, पर दुर्भाग्यवश इसकी जितनी

---

* **त्रयी विद्यामवेक्षेत वेदे सूक्तमथाङ्गतः**
**ऋक् साम वर्णाक्षरतः यजुषोऽथर्वणस्तथा॥—म० शान्ति, पृ० 135**

भी प्रतियाँ मिली हैं, सभी बहुत छिन्न-भिन्न अवस्था में मिली हैं। पूरे ग्रन्थ का सम्पादन अभी तक नहीं हो सका है। कुछ छिन्न अंगों का ही सम्पादन किया जा सका है।

(3) कृष्ण यजुर्वेद का तैत्तिरीय ब्राह्मण वस्तुतः तैत्तिरीय संहिता का ही परिशिष्ट या अंश समझा जाना चाहिए। इसमें प्रतीकात्मक 'नरबलि' या पुरुषमेध की विद्या है और हर प्रकार से यह परवर्ती है। परन्तु शुक्ल यजुर्वेद का शतपथ ब्राह्मण सब प्रकार से सुबद्ध और पूर्ण ब्राह्मण ग्रन्थ है। इसमें सौ अध्याय हैं और इसीलिए शतपथ या सौ रास्तों वाला ग्रन्थ कहा गया है। वाजसनेय संहिता (शुक्ल यजुर्वेद, दे० ऊपर 166) की भाँति इसके भी दो साम्प्रदायिक रूप हैं; काण्व और माध्यन्दिनीय। माध्य० शाखा के शतपथ के सौ अध्याय चौदह काण्डों में विभक्त हैं। प्रथम नौ काण्ड वाजसनेयी संहिता के प्रथम अठारह पर टीका के समान हैं और अन्तिम पाँच काण्डों से पुराने माने जाते हैं। 14वें काण्ड के अन्त में याज्ञवल्क्य को इसका रचयिता बताया गया है। प्रथम से पंचम काण्ड तक उनको ही एकमात्र प्रामाणिक आचार्य मानने की प्रवृत्ति है, परन्तु षष्ठ से नवम् तक जहाँ अग्नि-चयन की विधियाँ बताई गई हैं, याज्ञवल्क्य का नाम ही नहीं लिखा गया, बल्कि शांडिल्य नामक आचार्य को प्रामाणिक आचार्य समझा गया है। अन्य काण्डों में विविध संस्कारों और कर्मकांडों का विधान है। आगे चलकर ऐसा समझा जाने लगा कि प्रत्येक वेद का एक-एक ब्राह्मण अवश्य होना चाहिए। अथर्ववेद का गोपथ ब्राह्मण, इसी मनोवृत्ति का फल है। असल में वह वेदांग श्रेणी का ही ग्रन्थ है। यह परवर्ती रचना माना जाता है।

वेद का एक अंश है मन्त्र, दूसरा ब्राह्मण। मुख्यतः मन्त्रों का प्रयोग यज्ञ की क्रिया में होता है। यज्ञ किसी-न-किसी देवता के उद्देश्य से किसी-न-किसी द्रव्य के त्याग का नाम है। यज्ञ कराने वाले गृहस्थ को यजमान कहते हैं। यजमान की हित-चिन्ता करने वाला पुरोहित कहलाता है। ऋत्विज् ऐसा ही पुरोहित है।

●●●